U0797808

国家出版基金项目
NATIONAL PUBLICATION FOUNDATION

■ 中国现代市场利率通论

刘义圣 / 主编

Economic Analysis of Chinese Folk Interest Rate and Its Marketization

中国民间利率及其市场化的经济学分析

陈 燕 / 著

長春出版社
国 家 一 级 出 版 社
全国百佳图书出版单位

图书在版编目(CIP)数据

中国民间利率及其市场化的经济学分析 / 陈燕著.
—长春 : 长春出版社，2016.12
(中国现代市场利率通论 / 刘义圣主编)
ISBN 978-7-5445-4649-2

Ⅰ. ①中… Ⅱ. ①陈… Ⅲ. ①民间利率—关系—利率市场化—研究—中国 Ⅳ. ①F832.479②F832.22

中国版本图书馆CIP数据核字(2016)第269829号

中国民间利率及其市场化的经济学分析

著　　者：陈　燕
责任编辑：程秀梅
封面设计：崔浩博

出版发行：長春出版社
发行部电话：0431-88561180　　总编室电话：0431-88563443
地　　址：吉林省长春市建设街1377号
邮　　编：130061
网　　址：www.cccbs.net
制　　版：长春市大航图文制作有限公司
印　　刷：吉林省良原印业有限公司
经　　销：新华书店

开　　本：787毫米×1092毫米　1/16
字　　数：228千字
印　　张：17.5
版　　次：2016年12月第1版
印　　次：2016年12月第1次印刷
定　　价：40.00元

版权所有　盗版必究
如有印装质量问题，请与印厂联系调换　联系电话：13604430875

编 委 会

主　编　刘义圣

副主编　黄建锋

编　委　（按姓氏笔画为序）

王世杰　王运钊　王春丽　刘义圣

苏天恩　陈　燕　林菁菁　赵东喜

黄启才　黄建锋　潘双庆

总　序

《中国现代市场利率通论》实则独立成书又连属成套的一部丛书，其中每一册书名均含蕴“中国”“市场”“利率”三个关键词语，尽显书中宏旨。丛书自古多有序言，旨在对全套丛书的编写意图、总体结构、内容大要等进行诠释。本序亦然。

在市场经济条件下，利率无论在理论上还是在实践上都极为重要，这是因为利率既是连接货币经济与实体经济的纽带，同时又是联系宏观经济与微观经济的中介，它影响着一国的储蓄、投资、货币供给和需求以及产出和国民收入的变动。通过利率与汇率联动，它不仅对一国经济具有极为重要的影响，还会对其他国家产生广泛的影响。

从 1996 年 Chibor 的诞生，到 1996—1998 年财政部第一次通过证券交易和公开招标发行债券，到 2007 年 Shibor 正式上线，再到 2013 年 7 月央行全面放开对金融机构贷款利率的管制，以及 2015 年 10 月对存款的管制全面放开，按照“先开放货币市场利率和债券市场利率，再逐步推进存贷款利率市场化”的政策方针，经过 20 年渐进的改革，我国利率市场化基本完成。利率市场化的完成，增强了中央银行对宏观经济形势的引导和调控作用，随之而来的是市场主导下的有关利率理论与实践问题日渐突出，并得到前所未有的关注。

市场利率体制改革作为中国金融体制改革需要攻克的难关之一，非常需要来自学界的理论支撑和指导，然而我国理论界对市场主导下的有关利率理论与实践问题的研究还很薄弱，从理论分析与实践结合上进行系统全面的研究的文章及专著实不多见。《中国现代市场利率通论》这套丛书，以市场利率为研究对象，正是贴合当下所需，及时送上的一份理论大餐。

这套丛书用“通论”来命名，不是要与凯恩斯的《就业、利息和货币通论》并比，而是要作为诠释我国市场利率管理和体制改革实践的学术著述，成为我国利率研究的一芹之献。这套丛书共八册，内容既包含对利息决定的基本问题认识，又包含规则与相机抉择，以及央行利率微调模式、市场基准利率选择等问题探讨；既包含商业银行等正规金融市场利率管理，又包含民间借贷市场利率探讨；既包含利率市场化改革，又包含利率汇率互动以及国际利率联动。

《市场利率的理论范式与中国实践探索》（刘义圣）以利息理论为主题，试图对两种具有代表性的利息理论——马克思利息理论和凯恩斯利息理论——进行深度比较，以探索理论真谛，丰富和发展社会主义利息理论的研究。本书首先对这两种流行的市场利率理论进行了详细的介绍，并探索了各自对中国特色社会主义市场经济体制的适用性分析；其次侧重介绍了在世界经济一体化国际金融市场相互关联度加深的背景下这两种理论在中国的最新发展的一些实践研究。

《利率规则对中国市场经济的可适性检思》（刘义圣、黄启才）从维克赛尔规则及扩展、泰勒规则及扩展、伊文思规则、最优利率规则等比较出发，分析了利率规则的适用条件与局限性，对其在中国市场经济的可适性进行了相关检验，并对利率规则在中国应用的相关制度要求与政策建议进行了分析。

《市场主导下的中国利率微调模式探索》（王春丽）对央行在“尊重市场规律、尊重市场选择”框架下的利率微调模式的相关问题进行系统分析，追溯其来源，考察其实践，并通过对其实施的前提条件以及我国宏微观环境进行深入比较剖析，同时借鉴国外利率微调的实践经验，以期探索出一个与我国国情相统一的利率微调目标模式（包括目标设构、决策规则、调控基准和操作工具等），进而为我国利率体制改革和政策环境重塑提供一种贴近经济现实的理论参照与政策建议。

《市场形成基准利率的国际比较与中国借鉴》（王世杰、刘义圣）对如何构建央行基准利率问题进行了探讨。本书首先阐述了基准利率与市场形成基准利率的概念，通过市场化前后基准利率选择的对比研究，得出结论：并不存在完全市场化的基准利率，只是中央银行对基准利率干预程度不同而已；其次，通过对发达市场经济国家和新兴市场经济国家在基准利率选择与培育的历史经验进行总结，归纳出一些能对我国基准利率选择提供参考的经验与借鉴；最后，通过对我国这些年基准利率建设实践进行梳理，剖析我国央行基准利率选择的机理，并利用实证方法检验现有备选利率，提出可能作为央行基准利率的最佳选项。

《利率市场化后中国商业银行利率管理》（黄建锋、林菁菁）立足理论知识，侧重实务探讨，重点从利率风险管理实务、内部资金转移定价实务、资产和负债端定价实务、商业银行中间业务定价实务等方面探究了利率管理的各类工具及其运用。本书认为，商业银行应该从战略高度审视利率定价管理体系的建设，应转变利率定价管理的理念，从被动接受向主动管理转变，从粗放定价向精细化定价转变，应该充分认识到精细化利率定价是关系到商业银行持续发展的核心能力。

《中国民间利率及其市场化的经济学分析》（陈燕）区分了民间借贷市场利率与正规金融市场利率的异同：相同点在于民间利率市场化与官方利率市场化改革是相互配套的，两个市场的利率改革都要坚持市场的定价机制，由资金供需双方自由协商并且结合具体的市场环境来实现利率的市场自主定价，完善市场对资金的更有效率配置的作用；不同点在于官方的利率市场化更多的是关注正规金融市场和宏观经济内的利率体系的市场化改革，而民间利率市场化更多的关注点在于民间金融市场本身的非市场性的缺陷。本书认为民间借贷市场的利率市场化与官方利率的市场化改革之间需要构建一个良性的市场互动机制；中国的民间借贷市场利率市场化改革应借鉴国外的利率市场化改革经验，要从其市场化程度高的市场利率出发；民间借贷市场的利率市场化需要结合国内的实际与官方利率的市场化改革，并且始终保持同步，注意自身的市场缺陷，进行相应的改革；在我国民间借贷市场发展比较充分的东部地区部分区域市场内的改革经验为全国的民间借贷市场改革提供了部分可借鉴的经验。

《国际市场利率联动性趋势与中国因应》（赵东喜）对国际经济政策协调中的国际利率联动问题进行了研究。随着中国融入全球经济程度的加深，中国利率的国际联动趋势日益显现，弱化了其对市场利率与经济的调控水平。本书运用数理推演与实证检验的方法探讨了国际利率联动性趋势、特征以及对中国经济与央行利率调控效率的影响，并建立了中国利率联动应对机制。国际利率联动性的本质是经济全球化，其来源有四个，即经济全球化、金融一体化、世界共同因素以及国际经济政策协调。在经济正常期，国际联动程度较低，而在经济异动时期则高。国际利率联动性与开放经济政策的“三元悖论”紧密相连。国际利率的联动性有不对称特征。美国利率政策调整对美国产出有明显促进作用，而对中国产出的促进作用较弱。国际利率联动性弱化了中国利率政策对市场利率的调控水平。

《中国金融市场利率与汇率关系研究》（潘双庆）对在人民币利率市场化与汇率形成机制改革后，利率与汇率存在着怎样的关系以及这种关系对中国目前正在进行的金融体制改革意味着什么等问题进行了研究。本书首先从利率与汇率关系的相关理论出发，揭示了理论上存在的利率与汇率关系，然后再运用计量经济学方法以及国内外经济数据对利率与汇率关系进行了实证研究。实证研究发现，人民币利率与汇率之间几乎是一种相互独立的关系，利率与汇率之间的互动关系还远远未达到理想状态，无法形成有效的人民币利率与汇率的自平衡联动协调机制。另外，实证研究还发现利率对汇率的影响与汇率对利率的影响是不对称的，利率对汇率的影响程度要远大于汇率对于利率的影响程度。这些发现的政策含义为，中国还必须进一步加大金融体制改革的力度，并且在改革中重视利率市场化与汇率形成机制改革的次序安排。

本套丛书力求广涉诸家，旁求博考，并自成机杼，期望能为金融决策提供有益的和贴近现实的理论参考，也希冀起到抛砖引玉之效果，引发思考，增进联想。但由于成书仓促，个别问题研究不够透彻，有些内容尽管写于事件发生过程中，具有即时分析色彩，但期间新现象新问题更生不断，难能至纤至悉，故难免管窥谬失，诚望学界前辈时贤不吝赐教。

是为序。

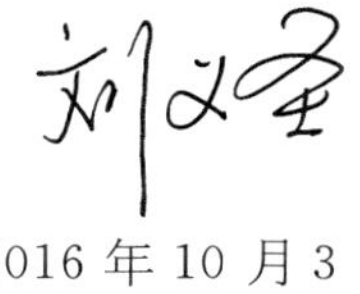

2016年10月3日

目　录

第一章

民间利率的内涵及其决定

第一节　利率与民间利率简介

一、利率的经济学概念

在市场经济条件下，利率作为经济中介指标对经济的指示和调节作用明显，即利率作为连接货币经济与实物经济的纽带，同时又是联系宏观经济与微观经济的中介指标，在整个经济体系统内的中介作用不可替代。在西方经济学理论中，因为研究重点不同，利率理论主要有两种——古典的资本借贷说和凯恩斯的流动性偏好理论。古典学派强调资本供求对利率的决定作用，认为在实物经济中，资本是一种生产要素，利息是资本的价格。利率指借款期限内利息数额与本金额的比例，是资金的价格或机会成本，利率的高低取决于资本的供给和需求，利率的高低由资本供给（储蓄水平）和资本需求（投资水平）决定。此外还有由承诺交付货币的时间长度以及所承担风险的程度等决定。而凯恩斯学派则利用货币供求解释利率的决定理论，凯恩斯认为货币是一种最具有流动性的特殊资产，利息是人们放弃货币的流动性取得的相应的报酬，而不是储蓄的报酬。因而，利息是纯粹的货币现象，利率决定于货币的供需，货币的供求在凯恩斯学派看来是由中央银行控制的外在因素决定，而货币的需求又根据人们心理需求的不同分为交易性需求、预防性需求和投机性需求，货币的供需因素共同决定了利率的水平。值得一提的是，凯恩斯学派认为持有货币本身会带来一定的成本，因而对货币的持有并不是越多越好。如果当利率水平下降到极低水平，具有理性预期的人们预期它不会再下降时，也即相应债券价格不会再涨时，人们不管持有多少货币都宁愿保留在手上而不愿意进行任何的投机性投资，此时经济陷入了流动性陷阱，货币政策基本无效。这种把利率看成纯粹的货币现象而脱离实物经济的观点饱受质疑，以至于在后来发展的新古典综合派学者们看来，利率应该是结合货币经济和实物经济为一体的综合经济体内的产物，不可单独割裂其中的某个市场来片面分析，从短期看凯恩斯的观点似乎更加适合用流量分析货币的流动性问题，但从长期来看，从资本的供求市场来分析利率为资金的价格似乎更加适合长期的存量分析。

二、利率市场化概述和对民间利率有关议题的初步认识

（一）利率市场化概述

目前，我国现行的利率体系主要有官方利率和民间借贷市场利率两种。由政府或中央银行制定的金融机构资金借贷利率即为官方利率。从运行的模式上来说，这是一种由政府严格管控的外生定价的机制利率体系。“稳步推进利率市场化，建立健全由市场供求决定的利率形成机制，中央银行通过运用货币政策工具引导市场利率”这一利率调控的目标在党的十六届三中全会上被全面阐述，可以看出我国货币当局在官方利率基础上稳步地推进利率市场化改革的决心。利率市场化的概念从字面上来理解即利率的决定不再受限于政府的过多的管制与限制约束，完全由资本市场上资金的供给与需求等市场因素自发决定，这也与我国正在推进的市场在资源配置中的决定性作用的完善的市场经济环境相呼应。尽管从短期来看，利率市场化还没有全部实现，但已经取得了一定的进展。目前，金融机构资金借贷利率并不完全由资本市场供求定律等内在运行机制决定，只有银行间拆借市场利率的市场化日臻成熟，其他各利率市场的市场化建设才能不断地得以完善。

2015 年，利率市场化的步伐不断加快，中央银行连续五次下调存贷款基

准利率，并最终取消了存款的利率上限，此阶段利率市场化目标顺利实现。这也是继 2013 年放开贷款利率上限的基础上进一步深化利率市场化改革的必经步骤。至此，存贷款的利率上限管控已经成为历史，政府的角色由全面管控的管理员转换为市场化建设的服务员。

当然，利率市场化的改革还需要进一步深入完善，利率市场化最终实现后，利率的形成和引导主要依托市场。然而，利率市场化是以官方的利率体系为基础的，不涉及民间借贷市场利率的市场化问题的研究，民间借贷市场利率的市场化的问题还有待进一步考察。我们接下来要分析的民间借贷市场生成机理及其利率的市场化规范发展问题，既要参照存贷款利率管制的历史原因造成的影响，又要从民间借贷市场本身出发去寻找内在的原因。

（二）关于民间借贷市场利率的几个有关议题

1. 民间借贷市场的形成及其发展的原因

关于民间借贷市场利率的市场化规范问题的研究，首先我们需要系统地分析民间借贷市场的形成与发展的原因。主要有三个方面因素。

（1）资本的市场供求均衡机制决定的市场化利率

在过去相当长的一段时间内，央行是国内利率决定的主要影响因素。央行通过调控操作市场利率，参照市场上资金的供需，并根据货币政策的目标制定我国金融机构的法定存贷款利率、商业银行在央行的存款准备金率以及回购利率。这种利率官定政策是央行通过利率上限手段，在信贷市场上实行利率管制，以利率上限为目标的利率决定机制，最终可能导致两种结果：其一，如图 1－1 所示，当依靠市场自发供求定律形成的均衡利率并没有超过央行实行的利率管控上限时，资金借贷市场是一个完全的自由竞争市场，利率上限管制几乎不存在任何影响，资金借贷市场会依据资金供求的规律形成市场化的均衡价格，在资金的供给方与需求方共同作用下，资金市场的均衡价格即最为合适的价格，双方都不会有偏离均衡价格的动机和行为。其二，如图 1－2 所示，当市场化的均衡利率高于政府规定的管制的利率上限时，利率的市场化机制就遭到了严重的破坏，现实中的利率上限管制使得实际的市场利率并不能完全达到

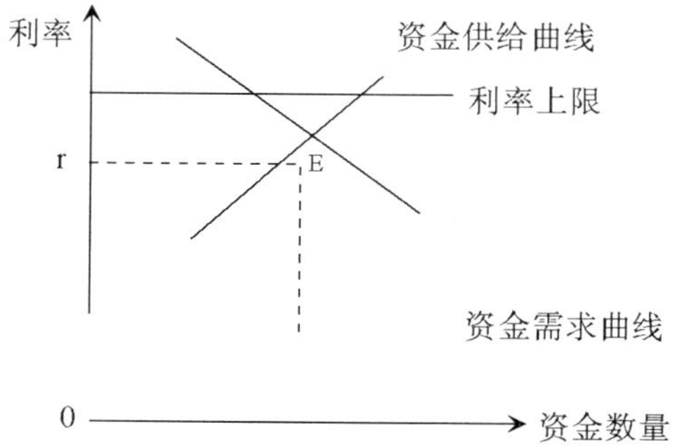

图 1－1　市场均衡利率未超过央行利率管控上限

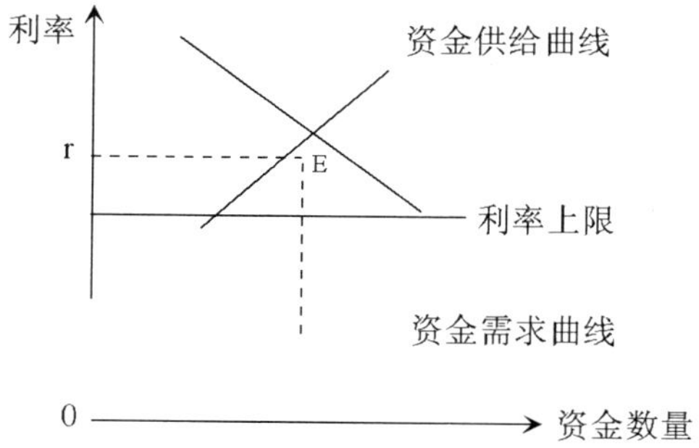

图 1－2　市场均衡利率超过央行利率管控上限

完全竞争的自由市场形成的均衡利率的高度，在管制利率上限低于市场均衡利率的条件下，资金的供给受制于管制利率的低限度出现严重的供给不足，资金的需求则受益于管制的低利率上限出现超额需求，供需之间不平等的矛盾决定了不可能实现稳定的均衡价格，只能在管制利率上限的条件下实现较少的资金供给和不能满足的超额需求。在这种条件下势必造成信贷市场的信贷配给行为，严重降低了资金市场的资源配置效率。

然而，正是利率上限管理政策造成的市场资金的错配，加上资金供给方对提供信贷产生的交易成本的权衡和有关市场信息不完全引致的潜在的风险考虑，造成了以银行为主的正规金融机构有限发放贷款的信贷配给问题，从而引致的民间资金短缺，为非正规金融范畴内的民间借贷提供了发展的契机。在利率处于官定利率上限水平时，资金需求大于资金供给，促使利率有上升之势，由于民间资本在管制之外，不受利率上限的制约，民间借贷利率便升至高于利率上限的均衡利率水平，所以民间借贷利率一般高于正规金融机构的利率水平，以民间借贷市场利率为价格基准形成的民间借贷市场上资金的投入收益要高于在正规金融机构投入的收益，同时，正规金融机构排斥的私营企业和个人所面临的资金需求无法满足的问题得到解决，尽管要承受更高的价格成本，但相对于无法融资的机会成本，这个价格成本相对较小，因而还是值得去花费更大的成本获得资金。资金的供需机制共同形成了民间资金自己的供求均衡市场，这样在正规金融机构的业务范围外民间私人资金借贷市场得以存在并发展。关于正规金融范畴内金融机构贷款利率的高低，一直是学者争论的焦点。近年来我国银行一直实行低利率信贷。考虑到通货膨胀的影响，有的年份，实际利率甚至为负，这更加刺激了市场对资金的需求。对经营资金业务的银行来说，低利率使银行面临巨大的风险，并且依靠正常的存贷款利差产生的经营收益远远小于由于对具有不确定性的企业和个人发放贷款所引致的信用风险和违约风险，这一风险与收益不对等的利率机制扭曲了信贷市场，使商业银行在资本市场进行资金借贷的积极性下降。对从事生产的企业或个人来讲，低利率使筹资成本大大降低，在生产要素投入和技术水平不变的情况下，成本下降意味着利润的直接增长。根据成本收益原则，由于企业生产活动存在超额利润，促使其对资金的需求进一步增长，导致在市场上资金需求大于供给，出现了较大的资金需求缺口。民间资本的存在正好弥补了由于低利率产生过度需求的部分资金缺口。由此可以看出，在我国利率体系的市场化建设并未完全实现的时候，由于种种政策上的偏误，恰好促使在正规资金借贷市场外的民间资金借贷市场的萌生和发展。尽管信贷配给制度和存贷款利率上限制度在利率市场化的后期阶段逐步改革完善，但包括银行系统在内的正规金融机构在种种原因作用下依旧存在着对民间资金需求的部分歧视区别对待的问题。正是由于民间资金供需之间的不对等的缺口引起了民间借贷市场的蓬勃发展。民间借贷市场的借贷利率利差要大于正规银行系统提供的官方利率利差，从而收益也高于银行借贷的收益，但相对而言，要承受更高的信用风险和经营风险。如果不适当加以引导管控，会对整个实体经济环境和社会造成较大的负面影响。

(2) 资金供给方的卖方垄断地位造成的资金供给对市场出清利率水平下要求的资金供给的偏离

从资本的供给方面来看，正规金融机构（以银行为主）由于在资金供求市场中占据卖方垄断的地位优势，因而有为了实现其资金收益最大化而做出的各种违背完全竞争市场的供需定律的行为的动机和能力，从而使得资金供求市场非出清促成了资金供需的民间市场的发育。

一方面，针对市场信息不完全的问题，为了尽可能在资金出借时减少不必要的诸如违约风险损失，正规金融机构的放贷对象主要是国有企业和政府的公共服务部门。在任何市场行为的背后，都存在着潜在的交易成本，而交易成本在存在垄断因素的非完全市场条件下变得更加复杂。首先，在甄别有条件定期按本付息偿还的市场主体时，由于中小企业和个人经营方式灵活多变且没有完善的财务制度和风险经营意识，在偿还贷款能力方面具有非常大的不确定性和风险性。银行为实现风险可控性和保证利润的实现，对中小企业和个人的财务审查和考核需要花费大量的人力物力资本，这些成本加大了银行部门对私有主体的放贷限制。而国有企业由于以国有资产为担保，并且有国家财政的背书，因而尽管许多国有企业的经营效益低下，但银行也不吝放贷。政府的公共服务财政更是依赖于银行部门的信贷资金来源。其次，在贷款发放后，买方定期偿付方面，中小企业和个人由于财务的不透明性，银行部门很难做出一个全面的监管和还款评估，在这个交易的实施成本上要远远高于由国家财政担保的国有企业，因而以银行为主的正规金融机构一般不会冒着风险去给民间市场主体放贷。最后，从银行的商业化改革来看，尽管我国的四大行已经实现混合经营制的商业化改革，但并未形成完整的市场化的银行体系，银行混业经营现象依旧严重。同时，银行系统还承担着国家财政和货币政策等政策目标实施的中介工具的作用，并不是完整的、具有理性的市场主体，政策导向性一定程度影响信贷市场的健康发展。

另一方面，从银行的经营收益来看，传统的存贷款利差收益在市场资金供应多元化尤其是民间信贷市场的发展的冲击下已经逐渐缩小。银行为实现自负盈亏，不可避免地对其他非正规金融机构的信贷采取歧视态度，并不能很好地实现两者的互补，为更大地实现表外业务的收益，银行可能会将传统的经营范围扩大到民间信贷市场，但需要我国银行业体制市场化改革的进一步深入方可实现。而民间资金借贷供求的主要供给方为资金多余的潜在投资者和以高收益、高风险为标准的经营资金借贷的地方资金借贷企业。后者往往都会在法律监管和相关政策监管的范围内打擦边球，这也隐性地增加了整个实体经济的经营风险和债务违约风险，同时，由于民间资金借贷经营活动的不确定性和隐蔽性，很容易造成央行等货币当局对经济形势的错误判断，增加了整个宏观经济的不确定性。同时，由于经营分散灵活不易监管，并且由于信息的不完全性，其经营活动会存在偏离宏观政策要求的滞后性，如 2008 年的 4 万亿刺激计划后，在相当长一段时间内民间资本过多地涉足房地产等行业，助长了经济的泡沫，加上资金供给方对经济形势的判断滞后性，造成了资金过度重复投入到产能过剩的产业，至今依旧是经济产能过剩的一个主要危机源头，这样客观地加大了对整个实体宏观经济的风险。对个人而言，资金多余者在正规金融机构的存款投资和相关证券市场的投资的收益都要小于在民间市场上投入资本投资的边际报酬收益，唯一的缺陷是要自己独立承担过高的违约和偿付风险。另外，从我国具体来看，个人和家庭也倾向于将多余资产投入到房地产等固定资产中，以期得到高于银行存款投资和证券投资的收益。当然，也有一部分人选择民间借贷市场的资金中介机构、企业将资金投入到急需资金的企业。

由于以银行为主的正规金融机构在资金供求卖方市场的强势垄断地位，在选择资金供给的对象时，为了避免在交易中产生过高的交易成本，就选择对国有企业和公共部门投资、融资的供给，而忽略民间中小企业和个人对于投资和消费的资金需求，使得在正规金融机构系统内，中小企业和个人的融资成本远远高于在民间自由发展的民间借贷市场内的融资成本，主要是因为，为了获得需要的资金在正规金融机构系统内所花费的巨大的寻租成本和市场耗租，远高于在民间资本借贷市场上获取的资金成本，从具有资金卖方市场垄断地位的资金供给方的片面选择问题来看，民间融资需求者从正规金融市场得不到的资金供给，需要从民间市场中补全，而追求高收益的民间资金供给方恰好填补了这个资金需求的供给，这也就促进了民间资本借贷市场的发育。

(3) 资金的需求方得不到正规资金供求市场的支持，从而使得偏离市场均衡的民间资金借贷市场得到发育

从资金的需求层面来分析，民间资金借贷市场的主体为民间经济活动单位，主要是私有的中小企业和个人，中小企业的融资需求主要是为了满足生产经营活动以实现预期的生产的利润收益。而个人的资金需求主要侧重于固有资产投资（如房地产等）和大额消费需求。

一方面，中小企业融资难的问题一直是中央关注的重点问题，如前文所

述，正规金融机构的有限资金供给并不能满足中小企业的融资要求，这样势必会造成在正规金融市场外的民间资本借贷市场的发育。由于中小企业的经营方式灵活及财务制度并不健全，具有很大的不稳定性，正规金融机构并不愿意过多地提供资金借贷支持，他们的融资需求只能在民间市场寻找更高成本的民间资本的供给。民间市场高融资成本势必要以更大的风险投资的高收益来弥补。正因为如此，民间资金借贷市场的发展，弥补了中小企业的资金需求，在经济正周期时，可以更好地促进经济的发展，但在经济进入下滑状态时，可能会积累过多的风险债务和过剩产能的产品供应，进一步恶化整个宏观经济，形成恶性循环。因而在适当的时机加以督促和引导，对经济大有裨益。

另一方面，从个人和家庭的资金需求来看，主要是用于房产的固定资产投资的资金需求和大宗消费的消费需求，这两者都是整个宏观经济的重要组成部分，在经济周期的各个阶段，民间资本借贷市场的资金供需由于存在着滞后性，因而在经济高涨时期需要适当地加以限制，而在经济低迷时又需要鼓励个人和家庭消费来拉动经济增长，这需要货币当局审慎地把握，一有偏差就可能会对经济造成不必要的麻烦，如过热引致通货膨胀的风险，在低迷时期可能会进一步加剧低迷的影响。而正规金融机构提供的正规资金借贷需要考察个人和家庭的财产和收入等限制条件，有些家庭和个人因而面临着借贷限制，因而在家庭和个人资金需求过度的情况下，民间市场就会相应地发展壮大。

2. 民间借贷市场利率概念

民间借贷市场利率是指游离于经国家有关机关依法批准设立的金融机构之外的，以资金融通为目的的个人与个人、个人与企业、企业与企业之间的民间借贷行为而自发形成的资金交易价格，是民间借贷市场的核心要素。民间借贷市场的存在，是因为利率市场化改革过程中利率的过分扭曲，破坏了资本市场的供求市场定律而带来的资本供需结构矛盾问题所引起的特殊时期的产物。在短期来看，民间借贷市场是随着民间市场主体（主要是民营的中小企业和个人）存在的过度资金需求并没有得到市场应有的供给保障，从而在各种限制因素作用下，民间市场主体试图寻找的在正规金融市场以外获得所需资金的一种替代市场。在利率市场化改革完成后，利率的形成完全由资金市场的供需决定，也就解决了利率水平偏离资本市场均衡价格水平的问题，因而民间借贷市场也应逐渐转型或作为正规金融借贷市场的补充市场。民间利率的市场化问题的关键在于充分认识民间借贷市场内有关的市场化缺陷问题，从而找出解决的办法，进而更好地实现民间利率对于民间非正规金融市场的资金配置的作用。

3. 官方利率与民间利率的比较

在讨论民间利率的市场化改革问题之前，需要对前文所述的我国两种平行的利率体系（官方利率体系和民间借贷利率体系）进行充分比较，以更好地认识民间利率的市场化改革所需要面对的实际经济环境。

（1）官方利率和民间借贷利率的共性

第一，利率作为资金交易的价格表现是共同的。资金本身是可以作为一种商品在市场上实现正常交易的。当然商品本身的属性并没有发生很大的改变。当货币所有者将货币资金以一种特殊商品出让时，自然需要用货币商品的价格来衡量其价值，利率表现为这种商品的价格。民间借贷市场的资金盈余方提供给有需要的资金需求者以获取预期的报酬和价值增值。当然，也可以从持有货币本身的机会成本的角度来评价，把利率作为资金的相对价值的衡量标准。货币作为一种资产可以自己持有也可以用于投资和消费，资金自持在手中会消耗掉资金本身用其投资所产生的利息收入，但获取了资金的流动性。

第二，从市场出发，资金的供求关系直接影响了国家的信贷市场利率和民间借贷市场的利率。这里需要明确的是，资金的供求关系本身就反映出社会资金的运转情况和供求双方市场力量。从国家来看，资金供求的范围和大小都决定了整个经济的产业发展的方向和经济结构的质量。从微观经济主体来看，资金的供给与需求由市场本身决定，资金价格低则供不应求，价格高则出现供给过剩，资金供给与需求的变化是从整个经济的微观环境是否获利这个本质动机出发的。

第三，从两个利率体系的市场地位来看，官方利率占据市场的主导地位，民间利率的存在只是为了弥补由于制度调控因素引起的利率扭曲，从而部分市场主体生产和消费的阻滞问题，两个利率体系市场的互动关系是整个利率市场化建设的重要内容，两种市场、两个利率体系构成了完整的资金借贷市场。值得关注的是，由于过去的信贷配给制度与利率管制相辅相成，国有企业和大型企业都能够在银行等金融机构通过正常渠道获得生产所需的基本投资资金需求，而民间借贷市场的形成主要归于民间中小企业的融资需求得不到正规金融市场的满足。民间借贷市场的发展是对官方利率市场体系利率扭曲效应的一种间接应对方法，它与金融机构的借贷市场共同构成了整个经济体的借贷市场。

（2）官方利率和民间借贷利率的区别

第一，两种利率产生的目的不同。官方利率的存在，主要是为央行的利率调控政策提供一种政策工具。在利率市场化改革初步完成的背景下，央行需要进一步不断完善自己的政策利率工具箱，以完善对市场化的市场利率的合理引导调控。而民间借贷利率的存在，只是在民间借贷市场上资本借贷交易的市场化定价的一种价格表现方式，它产生的目的仅仅是为了更好地表明民间借贷市场内的资金交易的市场变化方向与幅度等指标的变化。

第二，两种利率体系的本质差别。一是从各自的作用来看，正规金融机构的官定利率一般是央行等当局对国家宏观经济进行调控管理的工具，同时也是经济运行状况的一种良好的监控指标，特别是商业银行的信贷利率高低更是经济冷热状况的晴雨表；二是从央行等部门对两者关系倚重度来看，国家的官定利率体系由于数量规模大、对经济的调节预测作用明显，因而成为制定相应经济政策的重要考核指标，而民间借贷市场的利率，因为缺少统一性，不宜一刀切地实现管理调控，虽然对地方民营和私有经济的刺激作用明显，但在相当长一段时间内未得到应有的监控管理；三是执行利率的手段各不相同。正规金融机构的利率变动是严格受相应的法律法规和货币当局调控管理的，要求严格且变化的方向和幅度不宜过度，而民间借贷市场的利率由资金借贷双方协议和互相承诺来实现，且因时而变，基本上属于被动从属于经济环境的变化，而不具有调控的作用。当然民间借贷利率的高低也反映出不同行业、不同产业之间利润的变化，从资金的流动方向可辨别微观经济结构的稳健性。

国家管制利率问题虽然已经成为历史，但它的惯性作用还在，央行仍然是市场利率决策的主导者。银行股份制改造和市场化经营也逐渐完善，但一些体制惯性的思维方式和行政化的工作方式依然延续着，这也使得市场化的开展仍然需要一定的时间来适应。利率工具作为央行可调控的经济中介指标，在市场化的环境下依然要肩负国家宏观经济调控的政策工具任务。在货币政策目标的要求下，官方利率可能还是会存在着一部分的市场扭曲的问题，因而还是需要发展民间借贷市场来补充整个利率市场结构。然而，现实问题是，民间借贷市场由于经营形式上的灵活多变性而很难做到有效的监管，同时，由于民间借贷市场存在着严重的信息不对称和信息失灵等问题而引起的逆向选择和道德违约的问题，破坏了整个民间市场的完整性，由于为实现有效融资而花费的交易成本的显著下降，中小企业会为了追求短期内的逐利而疯狂借贷，但由于市场经济的周期性问题，在高收益的诱惑下发生的借贷融资很容易在经济形势发生变化后难以实现有效偿还。因而，加上了风险贴水的因素的民间借贷利率必定要高于官定利率的水平，但小于在正规金融市场融资所花费的整个交易成本，因而民间借贷市场依然发展蓬勃。简单来说，官定利率只是在兼顾市场需求的基础上的一种政策工具，不可能完全由市场供求因素决定，而民间借贷利率则是完全考虑市场供需并且兼顾违约高风险因素在内的市场利率，只是规模有限，不可能影响到整个经济主体的投资决策。

第三，两种利率的敏感度不同。利率对市场的敏感度，指的是利率对于市场上的资金供求状况的一种反应程度。敏感度越高，对市场资金供需变化的反应速度越快，反之亦然。完善的市场化的利率调节机制，能够在经济环境发生变化时引导市场主体对经济形势的判断评测方向，发挥利率合理引导市场的资金流向并适时追踪经济形势的变化的调节作用，使得利率变化与经济状态的变化相统一。正规金融市场的官方利率在原来管制和计划调控的基础上，随着市场化改革而不断推进改革，在官方利率体系中，也出现了一批具有部分市场自主性的浮动利率。浮动利率的自主浮动权限和区间在不断扩大，对调节市场资金供求的作用收效甚微，因而缺乏应对市场资金供需变化的灵敏度，在一定程度上阻滞了利率作为市场资金配置的主要作用。相反，在民间借贷市场的利率体系中，各种利率完全由民间资金的供求市场自主定价，加上部分个人主观情感和人脉关系等非市场因素的影响，几乎不受政府政策目标的管制约束，从整个微观经济市场体系来看，民间借贷的市场利率，大致可以反映出整个经济基本层面的资金供求关系和市场供需结构的变化，其大小变化也与经济周期、产业间市场资金收益率差异变化和国家信贷供给变化有关。民间利率对诸多的市场因素变化的反应具有高度的灵敏性，是一个很好的信息指示器。

第四，两种利率的弹性不同。提高利率弹性是近十多年来我国利率体制改革希望达到的目的。但由于受外部环境制约，使利率固有功能未能发挥。首先，企业的生产活动的获利性目的引起企业主对于资金的需求的弹性较小，正规金融市场利率的变化对于其投资活动的影响不大。在经济高涨周期时，对资金过度需求和经济萎缩期间对资金的需求不足的问题都不能够通过央行的正规金融市场的利率体系的变化来解决，更多地依靠市场主体对经济的判断和自身可实现的融资能力（大部分依靠民间借贷市场融资）。在现行信贷利率体系中，利率档次数十个，浮动利率也增加不少，但利率差距大小，反弹力和回旋余地都很小，不能对资金供求起到有效的调控作用，最重要的是并没有完全实现整个利率市场资金供求方完全自主定价，只有银行间拆借利率自1993年渐渐放开，到现在逐步实现了按照市场供求自主定价。尽管在制度层面已经放开了存贷款的利率上限管制，但真正实现依据整个经济的具体资金供需关系来定价的市场定价机制依旧是困难重重。民间借贷，由于势力相对薄弱，不可能对整个资金市场产生明显效应，但有一点，利率差距较大，就借贷双方而言具有较强的弹性。

第五，两种利率发展的规模和经济基础不同。正规金融市场的官方利率是我国利率体系的核心，也是主导资金流向和影响投资、消费行为的关键因素，而民间借贷市场的利率则是小范围内的基础市场利率，是对官方利率的一种有效补充，在局部有着资金配置和影响投资消费行为的作用，但存在着很多的灰色地带问题。从空间上来看，官方利率基本上是以银行等金融机构的资金融通和分配行为为基础的资金价格，而民间借贷利率由于具有分散性和灵活性，不能形成一个有效的组织系统，不具有经济意义上的传导机制作用，只是局部范围的一种资金再分配。而且就目前形势来看，东部发达地区由于经济产业结构和相关配套设施较为完善，同时经济较为活跃，中小企业多，企业经营中面临的资金缺口问题更多，因而民间借贷市场发展较为完善，而中西部欠发达地区发展滞后，仅有的也是在农业经济体内农村自助行会的发展，但那种机构的发展只是一种以依靠人际关系为基础的熟人互帮互助模式的一种短期资金的周转，而且受制于熟人关系圈，也不可能实现大范围的规范市场。

第二节　民间利率的决定理论

一、民间利率决定的理论基础

探讨民间利率的规范化问题，首先借鉴麦金农－肖的“金融抑制”与“金融深化”理论，再从制度经济学内有关制度设计和制度变迁过程中相关交易成本变化对经济绩效的影响，来分析有关制度缺陷对于民间借贷市场发育和民间利率规范化的问题探讨。对民间借贷及民间利率的市场形成机理的分析，既是全文展开论述的基础，又是文末关于如何进行民间利率规范化的重要依据。

（一）麦金农－肖的“金融抑制”与“金融深化”论要

麦金农教授在他的首部著作《经济发展中的货币和资本》中成功地分析了金融抑制的危害，在这本著作和之后的另一本著作中提出了金融抑制和金融深化概念。金融抑制理论的核心在于“抑制”二字。金融抑制的概念指的是政府过多地对本国的金融活动和金融市场进行干预，而这种干预又严重阻碍了本国金融市场的健康发展，从而不利于本国的资本形成，阻碍了经济的进一步发展，从而政府又进一步进行过多的干预，形成一个资本市场的恶性循环，这种干预的核心在于政府对于本国的利率和汇率进行管控，使得金融市场的金融产品价格发生严重扭曲偏离市场均衡价格，金融政策调控工具失去作用。

麦金农教授在长期对发展中国家金融市场的研究的基础上，从金融市场的体制本身出发，寻找这些国家金融发展迟缓的原因。在他看来，发展中国家的经济发展不足并不应该简单地归因于资本积累不足，而应归因于不完全的金融市场和过度干预的非市场机制严重阻碍了金融市场资产自由流动和健康发展，这种人为的金融限制和干预成为各国资本深化不足的重要原因，而并非是各国本身储蓄率不足引起的资本形成不足。他提出了一个开创性的观点，认为发展中国家的贫困不仅在于资本的稀缺，更重要的是金融市场的扭曲造成资本利用效率低下，抑制了经济增长。他认为，在很多发展中国家，为了实现经济发展的既定目标，即扶持整个经济体内的重要支柱产业（主要是国有企业）的发展，减少相应的国有企业和部门的财政赤字负担，政府普遍实行深层次的金融抑制，通过对名义利率的管制来实现实际低利率的目标，从而减少了相应国企和国有部门的融资负担。但值得一提的是，这种片面的政策目标本身存在着很大的负面作用，在实际利率极低甚至偏向负值的时候，金融资产的持有者不可能将资金用于存储，从而减少了资本市场内的可贷资金，金融市场吸收的有效存储不足以应对市场对资金的贷款需求，为了解决资金供给不足的问题，政府又变相地实行信贷配给，将资金投入国家需要优先发展的产业部门，而并没有照顾到市场的实际需求，这种政府的非市场选择的优先配置方法严重破坏了资本市场的供求定律，从而造成了资本市场的畸形发展，在政府的规划产业部门内有充足的资本供给，而这些资金由于管理上的欠缺并没有实现资金的最优化利用，而在非重点产业部门内，由于信贷配给的限制在正规金融市场内正常的融资需求不能得到满足，严重破坏了市场内资金的有效配置，阻碍了经济发展。

结合我国的实际情况来看，虽然我国市场化的改革随着时间的推移在不断深入，但这种政府管控金融市场的影响在利率市场化改革中依然存在。目前，我国的金融市场内金融机构发展较为单一，缺乏完整的体系，同时，金融机构的市场化经营经验欠缺，以银行为主的金融机构仍然是以传统的存贷款利差赚取利润，表外业务发展相对滞后，银行为避免遭受过高的信用风险和违约风险给经营带来的不利影响，惜贷行为非常严重，对急需资金发展的中小企业的资金融通要求关注较少，也缺乏完善的金融风险控制意识和能力。

针对发展中国家普遍存在的金融抑制现象，麦金农和肖对应提出“金融深化”理论。该理论的核心思想是，放松政府部门对金融体系的管制，尤其是对利率的管制，使实际利率提高，以充分反映资金供求状况。这样，投资者就不得不考虑融资成本，充分权衡投资成本和预期收益，从而使资金配置效率大为提高。而且，高利率鼓励人们储蓄，从而提供了储蓄向投资转化的顺畅渠道。正如爱德华·肖所说：“金融自由化和金融深化的实质是放松利率，使之反映储蓄的稀缺性和刺激储蓄。”

此外，他们还在研究中发现，长期的贷款利率管制，还将导致场外直接金融交易市场的发展。这样一来金融市场将被分割为两个市场：一个是被政府管制的、有组织的、正规的金融市场，其资金主要流向低效率的公有制企业和政府部门，且为了减少这些部门的融资成本压力，实际利率被限制在非常低的水平，甚至为负值；另一个是没有政策管制约束的自由市场，其利率一般高于前者，中小私人企业和家庭投资的资本需求在不能得到正规市场的满足时，通常会转向这一非正规市场进行高成本的融资。这种严重的价格歧视和市场分割的做法，使得资金配置的效率降低，破坏了市场配置资源的决定性作用，阻碍经济的健康发展。由此，他们得出结论：实际利率水平低下造成的资本配置效率低下是发展中国家经济不发达的根本原因，要使这些国家摆脱贫困就必须解除“金融抑制”，实施“金融深化”，即必须取消信贷配给，放开利率管制，实施金融自由化。

爱德华·肖认为“金融深化”是解决金融抑制的关键，也是促进经济发展的重要方法，通过“金融深化”的各项措施，可以解除金融抑制对于储蓄增长的限制，从而增加生产投资所必需的资金供给，降低投资融资成本，从而使投资规模得以扩大，实现就业和产出的稳定增长，优化资本的配置效率，这不仅有利于投资规模的扩大，就业和产出的稳定增长，而且有利于优化资本配置效率，完善资本市场的合理配置资源功能。也就是说，“金融深化”的顺利进行能通过储蓄效应、投资效应、就业效应及收入分配效应，促进经济稳定和发展。实际上，仔细推敲爱德华·肖的“金融深化”理论，可以推出其理论的关键与核心是利率自由化，故而其“金融深化”理论就成了“利率自由化”理论。此外，爱德华·肖还指出，要完全解除“金融抑制”，实现“金融深化”，仅仅靠放开利率管制是远远不够的，还需辅之以相配套的金融改革，才能达到预期的效果。①

麦金农在其后又拓展了金融深化理论的内容，在《经济市场化的次序——向市场经济过渡时期的金融控制》一书中对金融深化的宏观次序进行了探究，这一新的理论观点对于当前利率市场化问题的研究参考意义重大。在他看来，只有在政府无须通过通货膨胀来弥补赤字、实现价格稳定及平衡中央政府的财政预算的条件下，一个国家才能实行整个金融体制的市场化。这样，银行体系的利率才有可能成为真实地反映市场的供求关系且不受政府管制的市场化利率，这样才能实现整个国家资本市场的健全发展，并在适当时机开放国内的资本市场。但是在市场化过程中，国家不应急于对国有银行进行商业化，更不能贸然放松对银行系统等金融机构的监督管理，因为尚未完全适应市场体制的经济运行的银行易于受起伏不定的利率的冲击，从而阻碍金融体系和宏观经济的稳定与发展。因此，只有当通货膨胀得到明显抑制及国内借贷能按均衡利率进行时，才能将放开资本项目的外汇作为经济市场化次序的最后阶段付诸

① 李社环．利率自由化——理论、实践与绩效［M］．上海：上海财经大学出版社，2001：22—23.

实施。[①]

正是由于大范围的金融抑制的做法限制了各发展中国家的资本市场功能的缺失，发展中国家要改变贫穷落后的状况就必须放弃金融抑制的做法。也就是说，要改变过去的行政规划管理的思路，取消对利率的管制做法，逐步推动利率市场自由化的改革，交由资本市场的供求规律决定市场的利率水平，逐步提高过低的人为限制的实际利率，使得利率能够更好地反映资本市场资金的供求关系，充分发挥其对市场资金的有效调节分配作用，从而改变过低利率水平下储蓄不足的问题，提高资金的有效供给，促进整个金融市场和经济的合理稳定发展。

麦金农-肖的"金融抑制"与"金融深化"理论是本章论述民间借贷及民间利率的市场生成机理的依据，对制定民间利率规范化政策具有现实的指导意义。

（二）制度设计的缺陷造成的交易成本的变化对于民间借贷市场发育的影响

资本的成本或者说资本的价格（利率的形成），是由一个复杂的金融媒介结构所决定的。在这个结构内，存在着个人的信用与抵押债券市场等的关联，同时也受到政府的监管约束和管理机构的复杂结构的限制。这些管理机构为上至中国人民银行，下至各个相应的子市场内的地方上各种功能分工明确的具体监管机构。资本价格（利率）的决定在资本的供给与需求的背后，还存在着像产权保险制度和信用评级制度等各种制度因素的制约。官方利率作为货币当局对整个经济形势调控的有力工具与整个宏观经济发展的指示器，在规模上必须具有全国性乃至全球性，在质量上必须始终保持在市场供求平衡要求的大致波动区间内，而且受到货币当局的强有力的管理和约束，从制度层面上说，官方

---

① 刘义圣. 中国利率市场化改革论纲［M］. 北京：北京大学出版社，2002：36—56.

利率是否平稳，反映出当局对整个经济的治理与调控能力的大小，必须具有权威性与全面性。个人与私有企业，由于自身规模有限且对经济周期的规律把握能力不足，因而他们各自独立的需求不足以影响到当局的政策决策。当然，如果整个私有企业团体联合起来组成整个经济体内最大的经济组织，因而获得了在资金市场的买方垄断市场。同时，因为对整个经济的平稳发展作用明显，而获得了更多的与银行和背后的政府当局讨价还价能力，足以改变现行制度设计下的利率决定的方式与方向，但由于自身的分散性和内在的独立性，这种情况得不到满足。

在一个制度设计得以确保实施之后，在其制度设计背后的强势集团因此而收获了既得利益。从目前的整个正规资本供求市场来看，国有大型企业和公共部门因为讨价还价能力强大，并且成为整个经济系统内的主要部门，因而有能力游说当局做出对其利益有保障作用的制度设计，从银行业的信贷配给就可以看出这个问题。相比较而言，中小企业与个人力量分散，难以掌握资本市场和利率形成的制度设计的话语权，成为现有制度设计的受害者。如果要在现有制度设计框架内获取想要的资金需求，他们必须耗费大量的人力物力及时间成本来贿赂银行业等金融机构的管理层，而现有制度内对于其生产经营活动监管和实现利润后还款的信用问题的监管都需要耗费大量的交易成本，从双方来讲，这种大额的、非生产性的交易成本的存在使民间借贷需求得不到满足，催生了民间资金借贷市场的发育。一般来讲，民间借贷市场的交易主体为中小企业和少数存在资金借贷限制的个人，他们在正规金融机构几乎无法融资，也没有足够的能力去实施现有制度内的权力寻租，得不到特权照顾，因而急需在既有资金融资市场外的第二个隐蔽的融资市场来实现资金融通。当然，他们在这个市场（民间借贷市场）获得的融资基本上是基于个人诚信和人际交往关系下的一种友情支持，因而有更大的意愿去实现资本投资升值后按期偿付的要求。与此同时，资金借出者也不会花费过多的时间与其他人力资本去考察借贷对象的按期付款能力与投资的用途。这样也就从非正式的约束（人情关系及个人信誉度）中节省了资金需求方为突破正规金融市场融资限制所耗费的额外的非生产性用途的交易费用，也节省了在该市场条件下所需要耗费的更多的关于借贷者个人信息甄别、经营活动等行为的收益状况监督及按期还款能力判断等交易费用。民间借贷市场供需双方为节省所必须耗费的交易成本所做出的努力，实现了在现有的制度正规约束条件下本来无法实现的资金交易，并且达成了一种非明文规定的非正式约束条件来保证交易的实现，这成为促进民间借贷市场发展的关键因素。

二、民间借贷利率的市场生成机理

针对民间借贷市场及民间利率的有关研究，由于研究的角度不同，各自的说法和口径也不一致。在这里针对民间借贷市场的研究，主要从国家长期的利率管制形成的超低利率和信贷配给问题出发，结合麦金农教授的“金融抑制”理论，试图探讨解释民间借贷市场及市场利率的生成机理。从他的研究中可以得出结论：由政府的严格管控形成的偏离市场均衡的过低利率是“金融抑制”的核心内容，而由此产生的信贷配给则是结果。具体的供求分析如下：

在存在政府利率管制的时候，分两种情况来分析。

第一，当政府的管制利率水平高于市场均衡的时候，如图 1－3 所示管制利率 r_1 高于均衡利率 r_0 时，如果政府的管制严格有效的话，在 r_1 水平下，由于高额的利率价格刺激了资金的供给，而相应资金的成本价格上升需求会下降，市场出现供过于求的情况，正规金融市场的资金供给充足，不存在资金需求不足的问题。

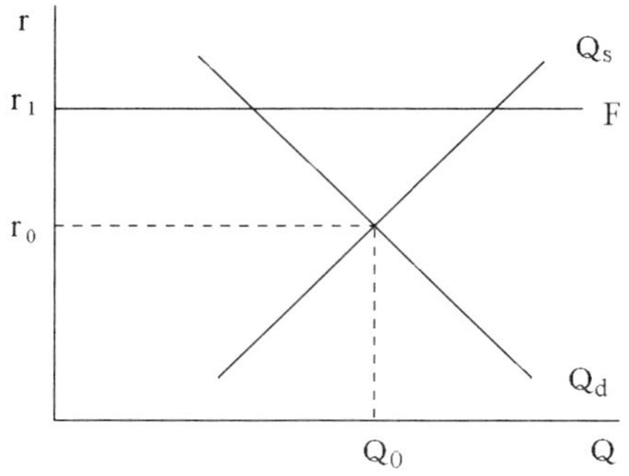

图 1－3　放松利率管制时资金供求模型

第二，当政府的管制利率水平低于市场均衡的时候，如图 1－4 所示，在管制水平下的实际利率 r_2 将低于均衡利率 r_0，在资本市场上资金的供给价格将下降，资本的边际收益上升，企业的融资成本下降，将进一步扩大资本的投入继续追加投资，从而增加在资本市场上对资本的需求，而资本的供给在价格下降的条件下将减少，市场出现对资本的过度需求。$\Delta(Q_{S1}-Q_{d1})$ 为资本的过度需求缺口。在正规金融市场没办法实现的融资需求将促使部门投资者转向非正规的金融市场，并花费高额成本进行融资。

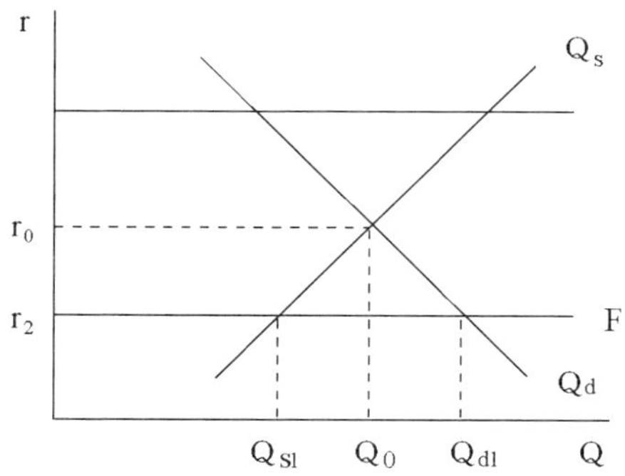

图 1－4　实行利率管制时资金供求模型

在相当长一段时间内，国家经济政策偏向于以极低的利率政策手段刺激投资和消费行为。一方面，极低的利率减少了民间资本拥有者将资金存入银行的可能性，降低了储蓄率的水平，从而使得资本流向非正规金融市场以寻求更高的资本收益；另一方面，政府的刺激政策在短期内促进了投资规模的扩大和消费的增长，但长期来看，过度扩张的资本投资在资本的边际收益递减规律下收益将下降，且持续的投资增长也激发了经济过热和通货膨胀的危险，同时也增加了经济体系的债务杠杆风险。为了避免经济过热带来的负面影响，央行采用极低利率政策的同时又不断加息实行适量偏紧的货币政策，这又使得正规金融市场内资本的供给相对下降，出现资金的过度需求得不到满足的缺口。政府为解决这个问题又采取信贷配给的政策，将资金配置给国有企业和国有部门，民营经济因为在经济结构内的弱势地位，融资需求得不到正规金融市场的有效供给，进而转向非正规金融市场寻求资本。

这两个方面的因素造成的结果是民营经济在非正规金融市场的场外市场内寻求资金的有效供给。非正规金融市场的利率一般高于正规市场的数倍，在经济偏热投资回报率较高的时期，民营企业为实现盈利不需花费巨额的融资成本以获得扩大再生产急需的资金。这样一来，民间借贷市场也就应运而生了。

值得注意的是，随着我国利率市场化改革的稳步推进，利率管制将成为历史，利率的形成机制将要参考货币市场的具体供需要求和整个宏观经济政策调控的要求，着重关注货币增发引起的通货膨胀问题，利率将成为央行货币政策调控的主要工具之一，利率的形成也不能简单地依靠政府当局对经济的主观判断而设定，更多地要求在遵循市场供需要求下结合宏观政策调控的目标具体执行，基本上以市场为主，政策目标为辅。因而在利率市场化完成后，官定利率将成为历史，民间资本存在的大背景也将随之消失，金融深化将伴随金融结构调整和整个金融体系的改革一起加速，进一步引导民间借贷资本市场的正规化和合理化改革，从而充分发挥其对整个金融机构资金有效融通功能缺失的补充。并给予央行更多的、具体经济运行的微观经济基础数据，从而更加准确及时地发现市场行情的变化。而信贷配给问题，是计划经济体制运行的一种遗留，也是在资本市场发展不完善条件下，为最大限度地减少交易成本的一种做法。由于金融机构在甄别各经济主体的经营风险和违约风险时，大的国有企业和国家公共事业开支部门由于财务相对透明，并且有国家财政作为担保，相对来说违约风险和信用风险较低，因而在尽可能节省资金放贷的交易成本的背景下，正规金融机构更愿意放贷给这些企业而不关注企业的盈利状况。而从规模来讲，大型国企和公共事业开支部门事业开支部门因为投资周期长、规模宏大并且有可靠的担保，在放贷时需要甄别企业信用风险和违约风险的时间成本较小，并且在交易过程中所需要花费的讨价还价的时间较少，一般直接以国家宏观经济政策划定的利率价格为基础，因而在交易过程中无论事前调查成本、事中讨价还价的商议成本还是事后的追偿成本相对来说都较小，交易成本较小从而使得信贷配给成为惯例做法。

信贷配给的问题，也从另一个侧面反映出中小企业和国有大中型企业在融资方面所面对的信息不对称问题，前者虽然数量众多但难以形成统一有效的组织体，分散性使得银行在处理资金放贷问题时需要花费时间与中小企业个体讨价还价并对其进行甄别，较高的交易成本使得正规金融机构不愿意从事中小企业的放贷。同时，由于中小企业各自为营，自身掌握的知识有限，对经济形势的把握能力较差，生产上具有很大的滞后性，因而加大了经营风险，在经济环境变化中表现出来的脆弱性也加剧了中小企业的违约风险和信用风险。而国有企业一般不会有这么明显的问题，即使存在经营风险也有国家财政补贴，因而违约风险较小。另外，判断中小企业的盈利能力和可持续经营能力需要花费太多的额外成本加以仔细甄别，正规金融机构一般不愿意投入太多的时间和成本，从而使得中小企业在大型国有企业面前面临着非常严重的歧视待遇。抓大放小，这也是我国金融机构存在的一种惯性做法。

然而，我国民间利率的市场形成机理与正规金融机构大不相同。在利率市场化改革不断深入推进的阶段，我国正规金融机构的利率体系有两种：政策性引导利率和市场化利率。前者主要关注整体经济宏观调控的政策引导，以存贷款利率为代表；后者则是完全放开管制的由资本市场的供需方自主决定的市场化利率体系，以各种银行间拆借市场交易的利率为代表。正规金融机构的政策性引导利率作为国家宏观调控的一个主要工具是由国家通过中央银行统一制定和调整的法定利率，对各金融机构而言具有强制性。因此，正规金融机构政策性引导利率并不是完全通过市场竞争自发形成的市场利率，它并没有反映出市场资金定价遵循市场供求定律的要求。国家在制定和调整利率时主要考虑的因素有存贷的平衡、企业的利润水平、银行业的健康发展、居民存款者收益、国家税收、物价水平平稳等，其中，尤为关注市场流动性水平对于经济通货膨胀高低的影响。

对于民间利率而言，它由民间借贷市场资金的供求双方共同作用而自发形成，是微观借贷主体在诸多影响因素存在的情况下讨价还价的结果，其真实地反映了民间资金供求状况。民间利率水平的决定主要受机会成本、风险成本、交易成本、资金供求状况以及市场中的贷方垄断地位和产权保护问题等制度因素的影响，具体分析如下：

第一，资金的机会成本。资金作为一种特殊商品在资本市场上流通，当其推出市场流通或者持有在手中时会产生机会成本。资金拥有方在决定资金供给时要充分考虑各种投资活动所包含的预期的风险和收益比，在面对各种投资如股票、债券储蓄和外汇以及房地产等时需要做全面的考虑，选出最佳的投资用途使得机会成本最小化。当然，当经济遭遇过度低迷出现流动性陷阱时，自己持有资金以及转向消费是比较合适的配置方法。

第二，资金的风险成本。在资本的借贷市场，作为资本供给方的贷款人在进行可贷资金的定价时必须加上对该贷款行为的风险评估。民间借贷的资金供给大多来自民间私有的个人和家庭所有的盈余资金，一般不具备风险准备金，对风险的意识也不够强，而且资金的供给大多通过民间借贷市场上的借贷公司和典当行等中介公司进行，对借款人的信息掌握得不够充分，因而在这个市场的交易过程中由于市场的相对隐蔽性和市场信息的非完全性，在委托人和代理人之间存在着道德风险问题。这样就加大了民间借贷市场资金的违约风险和信用风险。因而需要有足够高的利率作为风险的补偿收益。另外，由于市场相对分散隐蔽，相关监管部门不能做到很好的监管，过高的利率超出政府规定的法律保障范围，将使得民间借贷市场的存贷关系得不到法律的保障，而且有可能面临惩处的危险。

第三，交易成本的补偿。在民间借贷市场，由于市场较为分散狭隘，且信息透明度不高，因而在资金借贷的交易过程中产生了大量的交易费用。一方面资金需求方为实现在正规金融市场无法满足的融资需求，需要花费大量的时间寻找合适且风险合理、定价适中的贷款方，而贷款方也需要花费大量的时间和精力审查借款人的资格（诸如公司经营状况、经营产品的产业发展现状、公司财务制度审查、经营者个人消费因素等），在贷款投放后也需要花费大量的精力进行催收款。这其中所耗费的管理费用、信息搜寻费用和评估费用都需要计算在具体协议的价格内。加上民间借贷的数额规模小，资金借贷不存在规模效应，因而分摊到具体的交易中使交易成本要高于正规金融机构的交易成本。

第四，资金供求状况。我国民间借贷市场上的资金供求是随行就市的。在国家紧缩银根政策时，市场资金相对紧缺，民间借贷市场的规模扩张，利率在资金供不应求的情况下出现上扬，反之亦然。在大多数民营企业得不到正规金融市场融资的条件下，刺激民间借贷市场上的资金需求急剧增长，在可贷资金来源有限的条件下，资金的供求价格即利率水平上扬是正常现象。但值得关注的问题是确立合适的价格上扬区间，避免过度膨胀的市场以及由此引起的高利贷等非市场行为的滋生横行。

第五，垄断因素。民间借贷市场虽然是由供求双方参照市场规律形成的一个自由竞争的市场，但由于该市场存在着资金分布的区域不均衡以及借贷双方市场地位的不对等问题，一定程度上引发了局部市场垄断行为。垄断主要有两种：一是民间资本分布的不均衡性形成的地域垄断；二是民间资本相对稀缺，有限的资金供给方对大量的资金需求方的市场地位不均衡形成了资金供给的卖方垄断市场。这种资金借贷交易双方的非对等性主要源于民间借贷的市场细分性和各资金借贷者的分散性，各自之间缺乏必要的信息沟通和交流使得卖方资金贷出方具有一定的控制资本借贷价格的垄断势力。① 因此，民间利率的决定不能不渗入垄断因素，也正是这一垄断因素在某种程度上致使民间利率水平较高。

第六，制度因素。由于我国民间借贷市场是在民间资本需求得不到满足，正规金融机构有效贷款供给不足的情况下，民间资金拥有方（贷方）和民间企业资金需求方（买房）在遵循资金供需市场规律的前提下各自讨价还价形成的一个局部市场。然而，由于国家相关保护和监管政策的缺失使得民间借贷市场地位十分尴尬，同时又存在着民间非法集资和高利贷问题，从制度层面来分析，国家缺乏对相应民间借贷市场的制度和法律保障，同时也缺乏对相应资本产权的保护制度，因而，民间资本借贷市场的风险性远高于正规金融市场的借贷市场风险，这也促使民间借贷资本的价格（利率）包含着更高的风险因素，因而要高于正规资金市场的利率。这也是一种局部的均衡价格，但难以影响到整个宏观经济市场的价格水平。

---

①　姜旭朝．中国民间金融研究［M］．济南：山东人民出版社，1996：225.

第二章

民间利率市场化的理论框架

第一节　我国民间借贷利率的概况

民间借贷在现代市场经济确立以前，在我国各个历史阶段都有不同的表现，只是那些都只能是商品经济里的借贷关系，不能算是完整的借贷市场。

而在市场经济体制建设改革不断推进的过程中，我国市场经济体系不断丰富完善，民间借贷资本市场也随之而发展，其中以浙江温州的民间借贷市场为典型代表。温州民间借贷市场得以形成的基础在于政府对于民营经济产业的扶持和激励，以及温州典型的私有商业文化熏陶促进了民营经济的发展，在地区资本存量有限的条件下，需要有一个发达融资市场即民间借贷市场的存在促进投资和资本的流动，显然温州正规金融机构的数量有限，且资金投放规模和方向都有严格的要求，仅仅依靠银行等正规的金融市场融资难以解决这些民间经济体之间的融资需求。在这个背景下，温州民间借贷市场和民间借贷利率得以成为学者们研究我国民间借贷问题的一个典型案例。

关于我国民间利率的分类，有很多种方法。在这里主要采用以利率的数值限度为分类标准。一般来讲，主要有低、中、高三种民间市场利率。见表 2－1。

表 2－1　我国民间借贷利率各类型概况

类　型	利率水平	表现形式
友情借贷市场利率（零利率或者低利率）	零利率或者低利率	友情借贷、合会、农村合作基金会
灰色借贷市场利率（中等利率）	不高于银行同类贷款利率的四倍	民间集资
高利贷市场利率（高利率）	高于银行同类贷款利率的四倍及以上	非法典当业、高利贷、非法集资、抬会和标会等

第一，低的市场利率几乎为零，一般为象征性的利率，这普遍存在于友情借贷市场。友情借贷市场也叫作人脉市场，仅仅凭借贷款人与借款人之间的经济和人际熟人关系交往为基准，没有任何的贷款抵押和风险分担机制，大部分为企业间互帮互助的一种合作式的借贷市场关系，主要是为了互相帮助以应对生产和生活中的紧急情况，主要是以友情借贷、合会和农村合作基金会为代表。严格来讲不能算是一种市场关系。

第二，利率高于在正规金融市场规定的利率四倍以内的，为中等利率。这是民间借贷市场主要的利率形式，而且从数量上看，也是占绝对优势的。一方面，解决了民间私有企业和个人的融资难问题，另一方面因为缺乏银行业之类的正规金融机构的规模经济效益和风险承担力，一般借款人要求在高于正规金融市场的利率四倍以内，这在国家法定要求的利率水平内是得到保护的一种借贷市场利率。而高利率带来的高收益也足以弥补高风险的压力。

第三，是极端的高利贷借贷市场的高利率水平。该利率远远高于国家要求的最高借贷利率水平，是一种不受法律保护的灰色交易，且交易的市场隐蔽，无法全面实现有力监管。主要集中在两个地区：一个是经济比较落后的西部欠发达地区，另一个是经济相对发达的东部沿海地区。前者以个人借贷消费为主，后者主要以私有企业的扩大再生产的投资资金需求为主。这是因为，在西部欠发达地区，个人收入水平有限，在超过收入水平的消费需要有借贷市场的贷款支持，而银行等正规金融市场在西部欠发达地区资金主要投放于政府开支和国有企业以及国有大中型产业，对民间开放较少，且该地区居民收入水平有限，放贷的风险极高，银行没有放款的意愿。而在东部发达地区由于民间投资活动活跃，对资金的需求大，银行的正规金融市场投放资本有限，私有企业为了在合适的时机追加投资扩大再生产，以谋取更多的收益不得不去民间借贷市场以数倍价格融资，但这也隐含了民间经济经营的风险，尤其是在经济环境恶化、投资回报率下降的时候，巨额融资成本会成为企业的负担拖垮企业和地方经济。

决定利率水平高低的因素主要有借贷对象不同、借贷类型差异、借贷用途差异、借贷方式和借贷的区域性差别等。

第一，从借贷的对象和借款的用途来看，主要分为私有企业借贷和个人借贷的差别。私人借贷大部分是为了解决个人的收入流约束对大宗消费品消费的制约，比如住房消费，一般银行获得的贷款条件要求严格，私人需要有更多的借贷市场来解决个人收入相对有限的问题，由于个人主要以个人信用和财产及收入担保为风险评估的标准，具有很大的变动性，因而个人借贷市场利率也具有极大的变动性。而企业借贷一般是随经济周期变动而变动，在经济高涨阶段，一般借贷需求极高，民间资金借贷市场出现供不应求，借贷市场的利率也逐渐走高，在经济低迷期，私有企业借贷需求下降，利率水平相应也下降。

第二，从借贷类型来看，有无担保抵押及企业和个人的信用情况的不同会影响利率的高低。

第三，从借贷关系来看，民间借贷市场缺乏统一的市场标准和规范，因而从借贷双方的熟悉程度层面来看，不同关系的利率水平可能有所不同，同时，民间借贷市场上的借贷关系具有隐蔽性和随机性等特征，因而借贷双方彼此间就掌握信息程度不同而具有的不同讨价还价的能力也左右着民间借贷市场的利率水平。

第四，从借贷的期限来看，期限越长，利率越高；期限越短，利率越低。这与银行间借贷市场是一致的。

第五，从地区差异性来看，市场分割而形成的区域性的垄断因素对利率水平的高低有着明显的影响。同时，信息不对称的问题也造成不同信息流通的区域性差别增大。在东部发达地区民间经济活动活跃，信息流动速度快且区域性市场相对统一，且有发展成熟的民营经济为支撑，利率的市场化比较好，利率水平也接近于完整的市场均衡利率水平，而西部则恰好相反。

从实际来看，我国民间利率之所以表现出如此明显的差异性，在于我国民间借贷市场并没有形成一个完整统一的市场，加上正规金融市场的垄断力量对民间借贷市场的打压，地区性的经济和行业差异决定了各个分散的民间借贷市场的借贷利率水平只能以区域市场内的经济发展状况和行业内的盈利水平为基础。

此外，民间借贷市场的利率普遍要高于正规金融市场利率，且控制在四倍以内的范围。由于民间借贷市场主要是为解决正规金融市场融资难的问题，具有普遍的高利率性质。与市场经济发达、成熟的经济体相比，我国目前的民间借贷市场利率缺乏规范且具有随意性，造成了高利率的盛行。普遍来看，发达市场经济条件下，民间借贷市场利率基本上与正规金融市场各种利率水平持平。另外，发达市场经济体的国内金融机构稳定，有各种完善配套的制度与监管，民间借贷市场相对规范，这也是我国民间借贷市场利率市场化改革建设的一个重点目标。

第二节　我国民间借贷利率的特征

由于民间借贷市场是在正规金融市场外自发形成的，以供需均衡为标准的一个场外市场，因而民间借贷的市场利率体系具有相对的多维性和多变性，这也是由民间借贷市场的不够统一、相对分散决定的。借贷双方的讨价还价能力、借贷的目的、借贷过程产生的风险因素、借贷期限和借贷的不同时间地点都会影响借贷市场利率的变化。民间借贷市场的主要特征有以下几个方面。

一、利率的期限结构复杂，大体呈现出“中间小，两头大”的U形结构

所谓的“中间小，两头大”指的是利率的大小随着借贷期限的时间延长不断变化，短期（一般为3—6个月）的利率较高，期限长（一般在12个月以上）的借贷利率高，而在中间期限（一般为6—12个月）不定期的相对利率较低。一般超短期的临时性借款周转月利率高达20‰，在经济形势趋紧的货币紧缩阶段（2008年）供不应求的民间借贷市场短期日利率甚至超过一毛多（120%），倘若有资产抵押和担保，双方协商可以酌情降低利率。由此可以看出，民间利率水平也是随行情变化而变化，并且有资产标的抵押和担保的利率明显要低于无任何资产抵押和担保的利率水平，这也说明民间借贷市场借贷双方着重关注借款的风险度把控，而不是针对流动性的敏感性。

二、利率的大小区间范围大，区域差异性显著

第一，民间借贷市场的利率结构是多元性的，既存在象征性的低利率甚至是零利率的友情借贷，也有超过银行等正规金融机构法定利率水平四倍甚至更多的高利贷市场利率。就温州市场的利率波动幅度来看，2003—2009年正是该市场的繁荣期，月利率从最低的4.2‰到最高的50‰不等，差异明显。然而随着温州民间借贷市场的繁荣发展后，越来越多的市场力量进入市场参加自由竞争，资金借贷利率的高低值比例趋向于下降，民间金融市场也逐渐转向同质性的市场发展。

第二，不同地区的利率区间性差异显著。主要原因在于经济区域的相对产业结构差异和信息的闭塞性，不同区域相对信息流动性小，市场分割性和信息不完全性反映在不同区域内利率差异显著。利率的区域性差异也反映出不同区

域内资金供求结构的不同，在经济发达的地区，如江浙地区，由于民间资金充裕，且正规金融服务相对完善，民间利率水平基本上与正规金融市场的法定利率水平相当，变化范围大的时间段仅仅出现在经济低迷、货币紧缩阶段、市场流动性趋紧的大环境里。而经济相对落后，信息流动性弱，且民间资本并不充裕，这样供不应求的市场规律决定其利率水平要显著高于经济发达的区域。由此可见，民间利率的差异性主要植根于区域经济发展和区域内资金的可供给的条件。

三、利率变化波动不受借贷周期的影响

主要以温州地区为典型代表来分析民间借贷市场利率波动的复杂性。

以央行温州支行的检测数据来看，温州民间借贷的高峰期为每个季度的季末即 3 月、6 月、9 月和 12 月。2006 年 3 月民间借贷发生额为 8748 万元，相对 1 月、2 月有明显的增长，而 3 月利率却相对出现了下降。2009 年 3 月末民间借贷总额为 13869 万元，相比前两月也同样出现了明显较大幅度增长，而利率与前两个月相比持续走低。据温州银监局对温州地区 369 个监测点的监测数据显示，2010 年累计发生民间借贷 164754.5 万元；2016 年 3 月，民间借贷达 790721 万元，比年初增加了 117927 万元，增长 17.53%，高于同期全市贷款平均增速 12.54 个百分点。2010 年以来，温州民间借贷利率大幅度跃升，全年月度平均利率 11.85‰，比上年提高 0.98 个千分点。进入 2011 年，民间借贷利率继续高涨，2011 年 1—3 月，民间借贷利率持续上升，平均月利率环比分别提高 0.649、0.253、0.306 个千分点。3 月温州民间借贷月利率达 15.381‰，比年初高出 1.208 个千分点，再创历史新高。2013 年 4 月，温州民间借贷利率为 14.369‰，比上年同期下降 1.924 个千分点，除上年 10 月外，已连续 14 个月下降，连创两年以来新低。政府引导下的利率市场透明化

也一定程度上助推利率下行。2011—2014 年，由于民间借贷市场高利贷投资活动出现了一系列的跑路事件，风险急剧走高，为避免过度地追求高收益带来的高风险，投资主体大多有所收敛而追求较低利率水平下的稳健投资。政府在民间高利贷盛行期间对民间市场也有所引导，鼓励资本重新回归实业，这也降低了利率的平均值，但资本回收周期明显加长，在收益稳定的条件下利率下调是正常现象。由此可以看出，在全国货币市场政策方向改变和地方独特的经济环境下，民间资本的投资方向时刻在变化，利率大小也与期限结构不对等有关。

四、从借款的用途看，不同用途的借款利率差异性显著

民间资本借贷市场的买方以民营企业和个人为主，其中，企业用于生产规模扩大的资本融资由于有实体经济的经营利润为保障，且有厂房和资产担保，相对利率水平较低；用于各种风险性投资的个人借贷利率由于投资活动本身具备的高风险性也相对走高；而用于个人的临时性资金短缺的消费借贷，则基本上以市场借贷利率标准为准加上借贷双方相互协商的谈判因素而适当变化。以温州为代表，2008 年金融危机之前，民营经济活动异常活跃且生产投资收益较大，因而资金大多投向民营经济的生产经营活动，借款利率相对平稳，在市场的正常均衡水平内变动。而在 2008—2014 年，由于温州地区民营经济增长乏力，且产业结构粗放，发展潜力不大，在经济转型期间面临淘汰的风险，由于民间高风险性的投资活动异常活跃，特别是在银根紧缩时间段内，为维持正常经营活动而不惜进行高利贷贷款的私有企业带动了高利贷市场的繁荣。房地产投资又在另一个方面助长了高利贷的盛行。2014 年后，由于过度追求高利率的高利贷市场给经济增长带来了巨大的风险和麻烦，政府再一次引导民间资本进入实体经营活动，因而利率又回归至民间借贷市场的均衡利率政策区

间内。

五、从贷款发放方式来看，有资产担保和抵押的贷款利率正常且偏低，而完全依据个人信用的信贷则相对较高

两者之间的差距在1‰—1.5‰。此外，以资产为标的的贷款由于资产本身价值的不稳定性，因而贷款的利率波动区间变化大，而以个人信用为担保的利率，由于个人信用相对来说比较平稳，以个人信用为依据的贷款的利率变化区间也较小。

第三节　我国民间利率的市场缺陷

一、我国民间利率的高利率特征

正常来看，民间借贷活动一般是在当地正规金融市场不够健全和发达的条件下，加上当地地域偏僻经济发展不足和正规金融信贷活动严格受限等因素，才缓慢发展起来。在这些正规市场外的民间借贷活动得以发展壮大后，形成了一个隐形的场外资金交易的民间借贷市场，一般来说，该市场的民间借贷资金来源有限且供给有限，资金的竞争压力小，容易形成资金供给的卖方垄断势力，使得该市场在自由竞争的基础上有一定的垄断因素，是一个非完全竞争市场，但垄断的因素也因为卖方势力过于分散不足以形成一个完整的寡头市场，从而市场的竞争性和效率性得到有效保证。此外，由于民间借贷市场的隐蔽性，使得市场上的资金供给方容易规避政府的有效监管，利率也不完全受约束于央行的基准利率法，具有很强的自主性。同时，民间资本的垄断供给方能够依据自己对企业资金需求的意愿和经济环境的判断，加上对企业的经营活动相关信息的了解自主定价，并对不同企业实行不同价格的歧视政策，这里主要指实行民间借贷市场的利率多元化体系，以期通过自身的垄断势力实现更大的资金投入收益。在这里，我们用三级市场垄断的价格歧视原理来简单分析一下民间借贷市场的部分垄断势力是如何造成民间高利率的。

相对于民间借贷市场等量的资金借贷需求，具备垄断势力的资金供给方能够依据自己所拥有的资金供给垄断能力和对资金需求方的不同企业资质和经营活动的获利能力等相关信息的把握程度，对不同的资金需求方给予不同的资金借贷价格，即不同的借贷利率水平，从而实现自己的价格歧视目标。在这里假定民间资本垄断供给方贷给企业 1 和企业 2 相同数额的资金且实施不同的利率水平 r_1 和 r_2，从两个企业资金借贷中获得的边际收益分别为 MR_1 和 MR_2，垄断者信贷供给的边际成本为 MC；企业 1 和企业 2 对资金供给的利率弹性为 E_{d1}，E_{d2}；企业 1 投资意愿较企业 2 强烈。$MR_1=r_1(1-1/E_{d1})$ 为贷款方给企业 1 放贷实现的边际收益，$MR_2=r_2(1-1/E_{d2})$ 为给企业 2 放贷实现的边际收益，由收益最大化原则的公式 $MR_1=MR_2=MC$ 可得，$r_1(1-1/E_{d1})=r_2(1-1/E_{d2})$，即 $r_1/r_2=(1-1/E_{d2})/(1-1/E_{d1})$，由 $E_{d1}<E_{d2}$ 可以得出 $r_1>r_2$。由此可以看出，具备一定垄断势力的资金供给方会依据资金需求方的实力和具体经营状况决定不同的价格，对资金需求意愿强烈的（需求的价格弹性小）企业给予较高的利率水平，而对需求弹性较大（资金需求不强烈，对价格较为敏感的）企业给予较低的利率水平。对于资金需求强烈的企业，一般来说，在当地正规金融市场融资困难时，为尽快融资以实现生产扩大后的规模报酬收益，不得不接受民间资金贷方的价格，而这些企业一般来说是民间借贷市场的资金需求主体，在这样的价格歧视下资金需求强烈的企业为实现更高的收益而对资金需求价格不敏感（成本只要不超出其经营活动实现正常收益的界限），这样就造成了整个民间借贷市场的高利率。而市场信息不流通和不完全性打破了资金供给方自由进入的机会，使得这些具有部分垄断势力的贷方有能力保持这样的价格歧视政策，而破坏了完全竞争市场的自由竞争的原则，这些部分存在的垄断因素就是造成民间借贷市场利率高的一个关键因素。同时，这种垄断势力造成的高价格具有稳定性，不容易实现竞争性均衡。

对于高利率的稳定性特征，可以从制度结构因素进行分析。在这里假设民间利率的整体风险 R 由无风险利率 R_1 、制度风险补偿利率 R_2 以及对资金借贷的需求方的个体风险补偿利率 R_3 三个部分组成。就无风险利率 R_1 而言，由于民间借贷市场游离于正规金融市场外，受管制小，投资机会多，变现容易，投资的灵活性强，因而无风险利率相对正规金融市场来说微不足道，而且这部分融资的市场规模小，对整个民间借贷市场的利率结构影响甚微；就制度风险补偿利率 R_2 而言，民间借贷市场上的资金借贷行为一直处于政策监管的漏洞区，对政策的监管规避较多，这样也造成了政府对该市场的谨慎态度，为了避免可能隐含的金融系统性风险，政府可能会加强对民间市场的监控和管制，使得现有的民间借贷市场面临较高的制度风险，因而在民间市场融资必须要考虑对该风险进行补偿的加价利率；就个体风险补偿利率 R_3 而言，由于企业资质和市场行情各不相同，信息不可能完全披露，贷款方也无法实现全面的考察，因而在面对不同资金需求主体的具体状况时会形成不同的资金供给价格，这一点需要有各自借款人的风险补偿加价来实现风险规避。同时，由于民间市场是隐性市场，只是具备市场的某些特征，由于灵活性和多边性，借贷双方都不愿在经济环境变化时由于市场的变化而遭受过多的损失，因而有互相协定稳定价格的意愿。这一点是双方谈判的结构类似于市场中的均衡价格形成机制。但没有市场均衡那种稳定的动机，只能依靠利率加价的风险分担机制来实现稳定互利。

显然，民间借贷市场的高利率成因是自身所包含的制度风险补偿加价和个人风险补偿加价成本。

二、民间利率——游离于正规金融市场外的场外利率

一般而言，市场利率的概念指的是在市场上自发由资金供需方按照供求定律自主定价的一种非管制利率。相对而言，作为国家宏观调控工具的法定基准利率，虽然也有市场因素的影响，但决定性因素还在于国家相关调控政策的管控调节。随着利率市场化改革的系统化推进，势必要减少国家对经济内的各种干预措施，除了必不可少的利率需要接受法定基准率的管控外，大部分要随着市场化建设的完善而逐渐放开。就市场化的利率本身而言，具有市场的自发性和完全性等特征，在国家利率体系市场化改革过程中，市场化的利率是国家宏观调控的重要杠杆中介工具。就其本身的特征而言，市场化的利率具有客观性、普遍性、灵敏性和权威性等特点。客观性指的是市场化的利率反映着市场资金供求本身的规律，能自发调节社会的资金活动，进而传递至实体经济活动中，实现资源的最优化配置；普遍性指的是市场利率就整个市场而言具有统一性和全面性，不以个别市场的特殊情况而改变，是一个全面有效的市场化的利率，它代表的是整个资金借贷市场资本的流动本身的规律，不以个别市场主体的意志而改变；灵敏性指的是市场利率是时刻多变的，紧紧追踪市场资金供求变化的方向，具有灵活性，因而具备引导资金合理流动实现社会经济结构优化的功能；最后，权威性指的是市场利率是整个市场利率体系的标杆，具有权威性。不能因特殊目的而随意改动，其他利率应该以该利率为参照指数来合理变动。

就我国民间借贷利率而言，因为其由民间借贷市场力量双方依据市场资金供求规律自由协商生成，比较客观地反映出市场的资金供求变化规律，而且具

备随市场环境变化而变化的灵敏性和客观性，具有部分市场化利率的特性。然而，我国民间利率因为民间借贷市场的灵活性、分散性和分割性带来了部分垄断因素的影响，造成民间利率的内部差异性明显，并不完全是一个完整的市场化的利率体系。此外，民间借贷市场存在着很多政策管制的灰色空间地带，具有一定的隐蔽性，因而也不能算是一种市场化的利率。因此，民间借贷市场本身具有分散性、分割性、灵活性、部分垄断性和隐蔽性，使得民间借贷市场利率并不完全具备市场化利率所要求的标准，它只能算作一种具有部分市场利率特性的市场外的一种场外利率体系。

在这里引用制度经济学有关制度规范和交易成本的概念来分析民间借贷市场利率的非市场性。

民间借贷市场得以形成的关键在于正规金融市场在利率市场化改革之前过于严格的利率管控造成的资金供给限制，即信贷限制。就正规金融市场上的金融机构而言，严格的利率管控限制了其资金多元化投放的可能性，同时为了规避过于分散的民营经济体的融资需求背后的潜在风险，银行选择有限度地发放信贷，这也激发了民间资本市场的活跃度。我们从有无交易成本的对比成本收益分析中来具体分析这个问题。详见表 2－2。

表 2－2　有无交易成本的成本收益分析

市　场	有交易成本	无交易成本
正规金融市场	(3，2)	(1，3)
民间借贷市场	(1，2)	(1，1)

注：表格中（）代表的是具体发放每一单位资本所代表的成本—收益。

第一，从正规金融市场来看，一方面，由于市场监管严格，对资金的投放方向和规模存在着制度性约束的管制；另一方面，由于民营经济体数量纷繁众多，且各自规模较小，在一一审核的要求下相应地对各自信息处理花费的信息成本较高，且分散化的资金需求方并不能实现资本投放的规模报酬收益，并且在贷款发放后需要投入过于分散的人力与物力资本回收贷款。针对各分散经营的民营企业而言，实现全面的生产和经营状况的监督也要花费巨额分散化的成本，从而使得贷款这一投资行为的成本远高于收益，成为银行等正规金融机构惜贷行为的原因。而忽视交易成本，可以看出收益远大于成本，但这种情况要求苛刻难以实现。

第二，从民间借贷市场来看，首先，由于资金供给方并不是一个完整的系统，与资金需求方一样是各自分散的，这样对于分散的资金需求就有了分散的资金供应相对应，从而很好地解决了民营经济分散化的小规模资金需求方难以实现有效融资的难题。其次，民间借贷市场很好地规避了货币当局对于资金借贷行为的管制，从监管制度的漏洞里寻找到很好的发展契机，从而使得政策管制方面的成本很小，但面临相当高的有效监管的制度风险，同时，由于民间借贷市场存在隐蔽性和区域性特点，使得整个市场缺乏有效的、统一的约束标准，各资金供给方所要面临的个体借贷的风险性各不相同，从而使得交易成本中对风险分担的部分价格加成要高于市场均衡价格要求，这一成本加高了民间借贷市场资本的借贷价格。最后，分散化的分割市场里，要对各自的借贷对象进行所有有关信息搜寻和处理，同时也要承担贷款发放后及时回收所耗费的监管成本，这些零碎的交易成本叠加在一起也加大了在民间借贷市场提供资金的交易成本总量，因而分摊在具体交易中的交易成本也相对较高，但针对有效监管不足而各自自主定价的优势可以很好地解决这个问题，且以加高的成本价格来提高整个借贷活动的收益还是有利可图的。

由以上分析可以看出，民间借贷市场利率的高利率特性是由其市场本身所具备的特征决定的。民间利率也因为高利率特征使其脱离了市场化均衡价格的市场利率特征，并不具备完全的市场化利率要求，因而是一种游离在均衡市场外的场外利率。

第四节　民间利率市场化理论的内涵及比较

一、民间利率市场化的概念

一般来说，市场利率是由市场资金供求规律决定的均衡利率水平，它具有普遍性、客观性、灵活性和权威性等特征。市场化的利率反映着市场资金供求本身的规律，能自发调节社会的资金活动进而传递至实体经济活动，实现资源的最优化配置，是一种客观性的利率。市场利率就整个市场而言具有统一性和全面性，不以个别市场的特殊情况而改变，是一个全面有效的市场化的利率，它代表的是整个资金借贷市场资本的流动本身的规律，不以个别市场主体的意志而改变，因而又具有普遍性。市场利率又是时刻多变的，紧紧追踪市场资金供求变化的方向，具有灵活性，因而具备引导资金合理流动、实现社会经济结构优化的功能。市场利率是整个市场利率体系的标杆，具有权威性不能因特殊目的而随意改动，其他利率应该以该利率为参照指数来合理变动。

我国的民间借贷市场利率具有高利率特征，并且是一种游离于正规金融市场外的场外“市场利率”，具有一定的缺陷性。首先，民间市场利率反映的仅仅是民间经济活动的某一部分的资金借贷规律和部分区域内的经济活动的状况，不能代表整个经济系统内的资金供求的实际情况，因而不能作为国家宏观调控的中介指标来参考，同时，由于市场分割性和分散性的特质，有时民间市场利率的水平与国家相关货币政策是背道而驰的，严重阻碍了货币当局货币政策的有效传导并且扭曲部分市场的活动，从而使得货币政策在部分经济领域失效，破坏了货币政策的有效性，造成经济政策与经济实际的负向交叉影响。其次，由于民间利率具有高利率的特征，使得在经济形势恶化的背景下，部分资金需求者为实现正常收益弥补高融资成本的损失而不得不进行投机性投资活动，破坏了金融市场的稳定性。同时也给整个经济带来一定的累积性风险，破坏了整个经济的正常运行秩序。再次，民间利率的高利率特征在正规金融市场法定利率相对稳定的对比情况下，可能会使得部分正规金融市场的资金和民间活跃的现金资本流入部分非正常生产的行业，如高利贷和投机性房地产证券交易中，高经营风险容易引发经济的系统性风险，同时破坏央行的法定基准利率，合理引导资金流向的调控作用，干扰宏观货币政策的正常运行。最后，由于缺乏合理性监管和有效的利率监控体系，使得游离在正规金融市场外的资金容易追逐过高风险的高收益投资投入，不利于经济的健康有序发展运行，同时，风险加大的投机性投资容易造成跑路等资金链断裂和整个融资系统崩溃等问题，这也恶化了整个金融市场的有序秩序，造成金融市场的混乱。

虽然民间市场利率存在高利率水平和场外市场的缺陷等问题，但同时也具备部分市场化的利率特征。这些市场化的因素值得我们在利率市场化改革中学习和借鉴。民间借贷市场利率是一种随行就市的利率体系，定价灵活多变，主要参照资金市场上资金的供需双方力量的变化而变化，并且一定程度上与经济形势紧密相连。值得利率市场化建设的借鉴点有如下几个：其一，从民间利率的定价机制来看，民间市场利率并不是一成不变而是灵活多变的。也就是说，民间借贷市场利率是随着市场资金供求的现状和整个民间资本市场行情的变化而变化的，并且在这个基础上加上资金借贷双方关于交易成本、制度成本和风险成本等成本因素的谈判，协商形成双方都满意并可接受的市场资金的供求均衡价格。其二，民间市场利率因没有制度层面的过多干预和控制而具有相当大的市场自主性，能在经济的不同形势下，相应地做出不同的变动来响应经济环境的变化，尽管具有一定的滞后性。民间借贷的双方市场力量能从这个变化了的利率中发现市场因素的变动，从而改变资金投入的方向和规模。这一点充分发挥了民间市场利率对于资金的合理配置和反映市场变化的市场性作用，因而值得利率市场化改革参考。

综合来看，民间利率一方面具有高利率和脱离政策监管的缺陷，另一方面却又明显有着市场化的利率本身所具备的调节资金配置和促进经济发展的功效。因而不能一味地不承认或者实施政策打压，应该合理引导，并适当加强有关风险把控和规模控制的监管，使得民间借贷市场成为正规金融市场的有力补充，从而促进社会资金的合理流动，并实现资金向投资和消费的有力转化，从而刺激经济的进一步增长和发展。因而，对民间市场利率的“市场化”改革也是整个金融市场改革的一个重要环节，不容忽视，最重要的问题在于充分发挥民间借贷市场利率的市场化调节功能，并且在政策上需要加以适当引导避免其本身的不利因素对经济的破坏影响。

二、利率市场化的内涵

在我国社会主义市场经济体制建设的过程中，商品市场的市场化建设已基本完成，商品交换实现了市场对资源配置的决定性作用，劳动力等要素市场也逐步向市场化的方向发展，然而资本要素市场却一直停滞不前，计划经济的管制因素依旧制约其发挥资本要素市场配置资金的效率。要建设社会主义市场经济体制，就是要在商品市场、要素市场和资本市场等各个市场体系的市场内，实现在国家宏观调控的有效引导下，市场对资源起决定性的配置作用的市场经济体制。这就要求资本市场不再实现资金供给的信贷约束，放开对资本市场的严格管制，实现资金需求与供给双方自由竞争，实现市场均衡的均衡资本供给量和需求量。实现这个目标的基础在于资金的价格，即利率水平的市场决定机制的功效的有力发挥。

当然，利率市场化改革的最终目标并不是实现利率的完全自由化，而是指利率的生成机制要实现市场化。利率作为资金的价格在整个经济体系中起着重要的中介作用，因而既要在微观经济市场内实现资金价格，即利率的市场自主性，但同时又要在经济宏观调控的思路下，加强政府对利率体系的有效引导，从而使得利率的中介作用最大化。就资金的供求规律而言，利率是经济体自由竞争条件下由资本市场供给和需求双方共同作用自发决定的，但就货币供给的政府调控层面而言，资本的供给需要由央行等货币当局决定其规模和大小。总而言之，利率市场化的目标在于既要实现在资本市场体系内利率生成的市场化机制，又要保留央行宏观调控的基准利率体系的外生性，从而合理引导市场资金流向和资源配置。利率市场化强调的是利率的生成机制以市场经济环境下资金供需双方自由竞争和讨价还价形成的均衡为核心，而不是由货币当局来操控这个部分，当然，货币当局又要坚持利率作为市场经济条件下一种货币政策的调控工具，当局要更多地间接参与资本市场，并间接地影响市场利率，从而更好地引导资金的流向，调控市场的流动性和货币供给量，进而引导资源的有效配置，实现宏观调控的目标。

十六届三中全会提出“稳步推进利率市场化，建立健全由市场供求决定的利率形成机制，中央银行通过运用货币政策工具合理引导市场利率”的目标之后，我国利率市场化改革的方向逐渐明朗。也就是说要建立这样的利率机制，一方面，要在资本市场上实现利率依据市场供求规律自发形成，以更好地实现资本的收益率；另一方面，要充分挖掘利率作为政策调控中介工具的潜力，使得货币当局能够更好地通过利率政策来引导社会资金的合理配置，以便更好地调控经济。然而，利率市场化是一个系统的工程，需要货币市场和资本市场等各个市场有效配合，也需要各类参与主体积极配合才能取得成效。利率市场化的整体内涵应包括以下几个方面：

第一，利率体系内利率的决定权应交回货币市场和资本市场的参与主体。利率市场化的核心在于利率决定权要从以前的国家规划移到现在的货币市场和资本市场参与主体自由竞争的市场。也就是说，要解决以前货币当局对于资本市场和货币市场过多干预这个问题，给予市场参与主体更多的自主权，把诸如存贷款利率等市场化的利率的决定权交回市场，从而给予相应的金融机构更多的利率定价自主权，以更好地实现市场化的利率体系。

第二，要在整个市场利率外搭配由央行调控的基准利率，从而形成完善的利率体系。从整个市场的利率结构来看，利率体系繁杂，各种市场利率充斥市场，需要找出一种交易规模大且为市场普遍接受的利率作为市场利率体系的代表利率，一般来说，银行间同业拆借利率和长期国债利率可以作为这个代表利率，它们将作为其他利率水平变化的标准。这几类适合作为整个利率体系的基准利率，成为央行更好地引导市场资金流动的一个指标。

第三，关于利率的期限结构和风险结构应该由市场来决定。市场决定的意义在于资金能够在供需双方自由竞争的条件下，依据市场行情和具体资金供需矛盾来协商探讨决定其供给价格。而通过这种市场机制形成的均衡利率能够很好地代表市场上对于资金供需的方向和结构，并且具有客观性和合理性。

第四，利率水平也需要反映出央行的货币政策的意图，一定程度上具有货币政策的传导工具的作用。在自由竞争的市场经济体制内，并不能排除国家相关的货币政策的调控作用。央行对于经济的调控主要依靠自己所掌握的，如公开市场业务和基准利率定价能力，来间接影响资本市场和货币市场的利率水平，从而影响市场参与主体的预期和决策行为。在特殊时期还允许央行通过窗口指导的方式来引导市场行为，但也只是在极为特殊的经济环境（如遭遇市场流动性陷阱的时候）才适当，操作频率不宜过高，以免破坏整个金融市场的正常运行。

三、利率市场化与民间利率市场化的异同

第一，相同点。利率市场化和民间利率市场化，从含义上来讲，民间利率市场化应该从属于利率市场化，两者的目标都是要实现利率生产机制的市场化运行机制，改变以往政府过多参与利率的决定机制；从方式上来看，也要求各金融市场无论是正规金融市场还是非正规的民间金融市场，都要坚持市场的定价机制，由资金供需双方自由协商并且结合具体的市场环境来实现利率的市场自主定价，完善市场对资金的更有效率配置的作用。

第二，不同点。利率市场化更多地关注正规金融市场和宏观经济内的利率体系的市场化改革，而民间利率市场化更多地关注民间金融市场本身的非市场性的缺陷。利率市场化的核心是改变以往政府过多参与利率的定价问题，给予市场更多的自主性，以形成更加完善的利率定价机制。而民间利率市场化的核心在于解决民间借贷市场资金供求的片面性和盲目性，给予民间金融市场参与主体更多自主性的同时，要加强对于民间借贷市场的监管和合理调控，避免由民间借贷市场资金的盲目逐利性引致的资金配置失当，从而建设一个更加合理的民间借贷市场，使得民间借贷市场成为正规金融市场外的一个很好的补充，解决部分市场主体无法融资的难题，同时又加强对市场的合理调控和引导，以便更好地促进经济健康有序的发展。

第三章

利率市场化改革的两种模式及对我国民间利率市场化改革的启示

从利率市场化改革的国际经验来看，虽然各经济体面临的国内金融环境各自不同，但在利率市场化的改革过程中都面临着相应的问题，不同的是各国针对同一问题采取了不同的政策，从过去的历史经验来看，主要分为激进式和温和渐进式两种利率市场化改革的模式。渐进式改革的特点在于结合国内复杂的金融环境，稳步有序地持续推进市场化改革，一般成效明显，但周期较长(一般 10 年以上)，对宏观金融体系的要求高，在面对复杂的国际和国内经济环境变化的时间段能够承受住改革的逆向阻力因素，持续推进改革。国际上主要以美国、日本为典型代表。

第一节　美国、日本的渐进式改革实践

一、美国利率市场化改革实践

（一）美国利率市场化改革的进程

从策略上看，美国采取的是温和渐进式的改革政策。从 20 世纪 70 年代开始，持续 16 年后才实现了存款利率的市场化改革。从整个过程来看，美国利率市场化是在国内不断推陈出新的金融改革的刺激下倒逼进行的。美国由于其长时期处于世界金融中心地位，金融创新也是日新月异，在金融市场参与方与政府监管层两方形成了长期的博弈，创新是为了突破监管限制，为实现进一步监管又需要紧随金融创新实现政策改革。从具体的政策策略来看，美国存款利率市场化的改革采用“先大额定期存款、再小额定期存款、最后储蓄存款”逐步实现了对存款利率管制的改革。详见表 3－1。

表 3－1　美国存款利率市场化改革具体实践

时　间	做　法
1970 年 6 月	美国国会授权美联储取消了 Q 条例中关于 10 万美元以上、90 天以内的大额存单的利率管制。
1971 年 11 月	准许证券公司引入货币市场基金。
1973 年 5 月	取消 1000 万美元以上、期限 5 年以上的定期存款利率上限。
1978 年 6 月	准许存款机构引入货币市场存款账户（6 个月、1 万美元以上），不接受支票存款不允许支付利息的限制。

续表

1980 年 3 月	自 1980 年 3 月 31 日起，分 6 年逐步取消对定期存款利率的最高限，即取消 Q 条例；设专门委员会负责调整金融机构存款利率；批准全国的商业银行和储蓄机构开立可转让支付命令账户和自动转账服务账户。
1980 年 12 月	允许所有金融机构开设 NOW 账户业务。
1982 年 5 月	准许存款机构引入短期货币市场存款账户（91 天期限，7500 美元以上），并放松对 3 年 6 个月期限以上的定期存款的利率管制。
1982 年 12 月	准许存款机构引入货币市场存款账户（2500 美元以上）。
1983 年 1 月	准许存款机构引入超级可转让提款通知书账户。
1983 年 10 月	美国存款机构放松管制委员会取消了 31 天以上的定期存款以及最小余额为 2500 美元以上的极短期存款利率上限。
1986 年 1 月	取消了所有存款形式对最小余额的要求，同时取消了支付性存款的利率限制。
1986 年 4 月	取消了存折储蓄账户的利率上限。对于贷款利率，除住宅贷款、汽车贷款等极少数例外，也一律不加限制。

注：资料源自美联储网站。

（二）美国利率市场化改革的有益经验

1. 过高的实际利率严重影响经济体的有效投资和消费，利率市场化改革势在必行

从美国的利率市场化改革实践来看，有着美国金融市场的独特性即在发达的金融市场内，为实现更好的资金经营收益不断变化深入的金融创新突破了原有的为限制资本市场的畸形发展的种种政策限制，从而激励了新的政策变革。

从整个过程来看，是金融管制限制了金融市场的自由发展，从而激发一次次的金融创新，进一步刺激了加强政策监管的金融市场改革。政府管制的范围和力度在不断深入的市场化改革中受到了严格限制，进一步促进了金融市场的繁荣发展。

美国金融市场的管制以存款利率的 Q 条例限制为典型代表。所谓的 Q 条例是在 20 世纪 30 年代大萧条后为维护稳定的金融市场，美国政府人为设置的储蓄存款和定期存款的最高利率上限法则，也就是对存款利率进行严格管制的一种表现。政策的初衷是为了维护和恢复金融市场的秩序并为美国政府在 20 世纪 50 年代低成本的融资和美国经济的发展提供帮助。在相当长一段时间内确实成效显著，但任何政策都存在时间有效性，在 50 年代以后即美国摆脱大萧条的危机后相当长一段时间内的积累条件下，继续实施这样的存款利率上限政策严重阻碍了经济的进一步增长，主要表现为积累了居高不下的市场高利率，存款机构可获得的存款有限，传统金融机构的可持续经营困难，最重要的一点是刺激了不断发展的金融创新工具和市场的发育。为了解除这一条例对金融市场和整个经济发展的限制，美国在 20 世纪 80 年代不得不废除这一条例，颁布并实施了《解除存款机构管制和货币管理办法》并在其后六年时间里渐渐终止了 Q 条例的严格监管，实现了存款市场的利率市场化。

从这个历史经验中可以看出，美国启动利率市场化改革的关键在于实际利率的高低是否与经济发展的要求相适应，而不在于经济增长的好坏程度，也不在于实体企业融资成本的高低。从数据上看，1970—1980 年，美国国内的实际 GDP 有出现过负增长但并没有刺激利率市场化改革，而在贷款利率不断飙升的过程中也未曾见利率市场化改革的措施出台，而在 20 世纪 80 年代后，美国金融市场不断推进的金融市场创新不断扭曲资金市场的资金价格，以实现弱化金融监管的限制和金融抑制，达到金融深化的目的，这一关键举措对利率管制的原有政策提出了改革的迫切需求，也促使美国利率市场化改革的正确实施。20 世纪 80 年代初期，美国的贷款利率不断飙升至两位数，在通货膨胀不断增长的同比条件下，贷款利率增速更快，从而使得实际利率也不断增长，高达 5.63%，同时，实际利率高于实际 GDP 增长率达 5%以上，这比之前 1%以内的基数要大得多，实际利率的居高不下，严重影响到金融市场的融资成本大小和企业的投资实际收益回报，同时也影响到贷款消费的水平。这些影响因素杂糅在一起就加高了经济运行的成本，阻滞了经济的有效增长。

然而，利率市场化改革并非一蹴而就，需要相当长的时间。对于企业和金融市场主体来说，面对逐步解除的利率限制，提供了更多的投资和经营机会和选择，从而进一步促进市场多元化的发展。然而，就实际情况来看，利率市场化开始阶段，实际利率并不能在短期内降下来，甚至出现高低反复的情况，这也表明市场对政策改革反应的逐步调整。在长期来看，实际利率在改革逐步推进的过程中也将逐步下调，1986—2012 年，美国的实际利率维持在 4.35%的均值水平，较之前有了明显的下降。实际利率高出实际 GDP 增速的幅度也出现很大的下降，从 4%到 1.78%。这也证实了美国温和渐进式利率市场化改革成效显著。

2. 利率市场化的改革加剧了银行业竞争，对银行成本管控和综合化经营提出了迫切要求

在全球金融市场不断发展的条件下，证券市场也在不断发展，金融投资的规模和范围大大扩展，并实现了国际化经营的市场。证券市场收益率也在不断攀升。而在美国利率市场化改革之前，美国银行业经营范围受到严格限制，在分业经营的管制下，美国银行业为实现更好的经营收益不得不绕开分业经营的监管限制，不断通过金融工具的创新参与金融领域业务，如证券市场业务的竞争等。美国的金融创新具体如表 3－2 所示。

表 3－2　美国金融市场创新过程

时　间	金融市场创新
1961 年	花旗银行推出可转让大额存单（Certificate of Deposit，简称 CD），该产品是可转让且具有固定期限附有息票的银行有效定期存款；同年政府为 CD 开辟二级市场。CD 与其他货币市场工具（即银行非存款性负债）成为银行资金来源的主要部分，使得银行淡化了其单独依靠存款作为资金来源所形成的约束，同时在美国存款利率管制体制打开缺口。CD 是美国商业银行逃避最高利率管制和存款准备金规定的手段，也是商业银行对其吸纳储蓄市场份额下降所做的竞争性反应。
1971 年	美国的投资银行和券商推出货币市场互助基金（Money Market Mutual Fund，简称 MMMF），突破了储蓄存款和定期存款利率上限管制，并且赋予开具支票的功能，具有活期存款的优点。作为一种金融产品创新为小额投资者投资货币市场提供了新的途径。
1972 年	美国马萨诸塞州互助商业银行于 1972 年首次推出可转让支付账户命令（NOW），1980 年《放宽对存款机构管理和货币管理法》颁布后，全美商业银行均可以设立。该产品是一种计息的支票账户（活期存款账户），兼顾了储蓄存款和活期存款优点。
1974 年	美国信贷协会推出股金汇票账户（Share Draft Account，简称 SDA），该产品具有储蓄账户和支票账户功能，允许存户像签发支票那样开出汇票取现或转账，在取现或转账实现前，存户资金可取得相当于储蓄存款的利息收入，并不受 Q 条款管制。
1978 年	货币市场存款账户（Money Market Deposit Account，简称 MMDA）是商业银行 1972 年推出的抗衡非银行金融机构货币市场互助基金的业务。MMDA 是活期存款和定期存款的混合产品，适用利率灵活，能有条件使用支票。不仅对居民和非营利机构开放，也对盈利机构开放，各类企业极大拓宽了该账户的存户基础。MMDA 向客户提供的利率能迅速反映利率变动，规避利率上限，同时帮助商业银行夺回被 MMMF 抢走的存款。
1978 年	自动转账服务（Automatic Transfer Service Accounts，简称 ATS），是 1978 年联邦储备委员会和联邦存款保险公司批准商业银行提供的服务产品，该产品具有活期账户和储蓄账户的双重优点。

续表

1982 年	美国国会通过了《高恩－圣杰曼存款机构法案》，该法案允许存款性金融机构开办货币市场存款账户和超级 NOW 账户，其中超级 NOW 是一种利率较高的新型活期存款账户，利率高于普通可转让支付命令账户的利率，且不存在上限。在向客户支付利息的同时，又可签发支票或预先授权汇票来支付商品或劳务。
1987 年	美国储蓄机构首次推出货币市场存单（Money Market Certificate of Deposit，简称 MMCD），该产品是不可转让定期存单。银行可向该产品支付等价于半年期国库券的平均贴现率水平的最高利率，但最高利率不得超过 Q 条款规定的银行利率上限的 0.25%。

注：资料源自美联储网站。

值得注意的一点是，利率市场化之后不一定会引起银行利差的缩窄，相反，银行业根据经营规模不同，各自面对的改革风险和机会相应也不同，同时，利率市场化的改革打破原有的分业经营的限制，使得银行业的经营范围得以扩展，银行不再依赖于单纯的存—贷款利差来获利，银行业的经营效益也因为日益严峻的竞争压力变得富有效率。在生息资产收益率下降的同时，银行的生息资本付息率也出现明显的下滑，从而使得银行业的经营利差不降反升。

从美国联邦存款保险公司（FDIC）公布的数据来看，美国银行业净息差（NIM）1986 第一季度为 3.29%，到 1992 年第一季度攀升到 4.2%，到 2012 年末期，对比 1986 年第一季度的数据仍高出 0.05 个百分点。在 2012 年末期，美国资产规模 100 亿以上、10 亿—100 亿和 1 亿—10 亿美元的三类银行的 NIM 较 1986 年利率市场化改革完成后初期水平分别高出 0.2%、0.71% 和 0.33%。只有资产规模小于 1 亿美元的小规模银行由于自身经营能力和资金能力有限，NIM 下滑了 0.5 个百分点。从中可以看出，银行业竞争加剧的环境下，只有依靠自身的规模经营优势，不断降低经营的资本成本和资本经营效率，才能在竞争中获胜。这种良性的市场竞争促进了银行业整个结构内的优胜劣汰的遴选机制的发展，从而促使银行业稳定发展。

当然，仅仅依靠传统的利差收益显然很难满足银行业长期稳定发展的需求，尤其是在银行业突破了分业经营的限制，实现了混业经营这样的大背景下。银行业也在不断发展自己的表外业务，以实现多元化经营，从而实现风险分化和资本经营最大化收益的目标。1986—2012 年，美国银行业的非息差收益从 12%左右飙升至 33.79%，这一数据也证实了银行业这一多元化经营的做法。

显然，银行业的混业经营进一步引发了各种金融工具的创新，以期避开各种复杂的监管，从而实现更好的经营收益。金融工具的创新也是层出不穷，但这样加剧了整个金融市场的复杂程度和隐藏了系统性的经营风险。2008 年的次贷危机正是由于银行业各种金融创新，尤其是大量次级贷款债券滥发引发的一次大的潜在风险的爆发。在之后美国银行业监管部门不得不又重新加大对银行业的分类经营监管，这也提醒我们，利率市场化并不意味着利率完全自由化，不能放任市场主体的盲目逐利行为。

3. 利率市场化必然带来银行业乃至于整个金融行业的震荡调整，需做好政策配套建设，以保障微观个体的金融安全，从而使金融市场在震荡中稳步发展

为妥善应对利率市场化改革后造成的监管不力，美国相继出台了一系列的加强监管的法律，以更好地适应利率市场化之后的金融创新和金融国际化的问题。主要有 1987 年《银行公平竞争法》、1989 年《金融机构改革、复兴和强化法案》、1991 年《联邦存款保险公司改进法案》、1999 年《金融服务现代法案》取代不合时宜的《格拉斯-斯蒂格尔法》，这一法案的通过最终解决了商业银行、投资银行和其他业务银行的业务分离的分业经营的麻烦，最终开启了银行业混业经营的时代。其中 1991 年的法令颁布后，美联储开始注资 FDIC 并设定了以风险为基础的存款保险费，加强美联储对在美经营资金业务的外国银行的监管，同时打破了“大而不能倒”的银行保护法则，使得银行的经营活动回归到市场竞争实现优胜劣汰。对于那些危险的、风险过高的银行给予破产和资产重组的方式，以实现资本的更好利用和投资收益；对于风险过高和经营不善的银行给予破产处理，并及时清理其遗留的不良债务问题，同时给予经营困难的银行一定的补助和援助，以期实现经营好转的目的，并且还筹建了资产重组公司，对经营困难的银行的债务进行证券化交易打包出售，并通过不同的风险组合标的资产的招标和投放市场实现风险分散，解决了经营不善的问题。但从长期来看，加剧了金融市场和整个经济体内隐性的系统性风险。

利率市场化以后，银行业面临竞争加剧，并且为实现有效的资本来源而进行放贷业务，有可能引起同业竞争者之间的恶性价格竞争，争取低息揽储等问题和开源还是节流都成为棘手的经营难题，银行业的不同应对策略也会引起市场上不同的动荡。为解决银行业的激烈竞争有可能给储户造成不必要的损失，美国政府当局一方面通过大量的注资援助计划，帮助大的银行实现扭亏为盈，另一方面又加强对银行储户的存款的保障计划和保险计划的法令，以期更有效地保护储户的资金安全，避免银行业的经营风险延伸至整个金融市场，以免宏观经济遭受系统性风险的冲击，这样就维护了金融市场的稳定，减轻了利率市场化对经济的直接冲击。其中建立和完善存款保险的制度建设意义尤为重大。

4. 利率市场化改革只有长期循序渐进稳步推进，方可见效

利率市场化的改革，不是一蹴而就的事情。尽管有相应的配套政策，但对经济体的短期内冲突还是比较明显的。美国在改革的那几年遭遇了增长乏力的问题，微观主体也在这个过程中遭遇到了损失，失业率较以往升高了 2 个百分点，最高甚至超过了 5 个百分点，金融市场内由于改革的稳步推进，部分缺乏竞争实力的银行不得不破产清算，这也从结构上解决了问题银行对经济的长久

破坏影响，使得整个金融市场健康有序地稳步发展，富有竞争力的银行在推陈出新的金融创新的基础上，不断丰富完善自己的经营业务，并且在这个过程中不断积累新的经验，从而为更好地适应新的金融环境和金融国际化的趋势做好准备。当然，改革必然带来一定的机会成本，在短期内遭受的损失必须要以长期的、持续有效经营获得的稳定收益来分摊，才能确保改革的稳步实施，当然并不是实现了利率形成机制的市场化就算完成改革，必须要不断结合实际情况推陈出新，以跟上金融创新和金融发展的步伐。同时，循序渐进的改革可以在很大程度上降低改革带来的风险，减少改革耗费的成本，进而防止短期的金融动荡演化为系统性的金融风险，以致危及整个经济系统。

二、日本的渐进式利率市场化改革实践

（一）日本利率市场化改革的具体流程

日本的利率市场化改革较美国而言，具有更加明显的时滞性。以至于在1975年开启的利率市场化改革到1994年小额存款利率管制完全放开后才完全实现。在其利率市场化的过程中积累了大量的问题，其中主要突出的问题在于金融市场的改革使得金融资产投资收益率高于在实体经济进行购买设备等扩大再生产所得的收益，使得资本流向金融市场而没有有效引导至实体经济，从而堆积起挥之不去的泡沫经济，泡沫的背后是银行金融资产的扩张明显超过实体经济的扩张，并且民间持续的低通货膨胀预期与持续走高的资本增长不相符，从而使得泡沫累积，最终只能以破灭和经济体的崩溃为代价重新启动新的改革。日本中央银行20世纪90年代才注意到这方面的问题，从而把利率市场化改革的重点从大额存单利率管制到小额存单管制的松绑。直到小额存款利率管制放开，日本的利率市场化才算最终完成。

日本利率市场化过程大致分为四个步骤：一是实行国债交易和发行的国债

交易市场利率市场化；二是不断拓展短期资金交易市场的品种主要是大额可转让存单和商业票据两个品种的开发，并不断扩大其交易规模，使得各金融市场均可实现交易；三是在实现了市场交易品种和交易规模的扩张后，再增加小额交易品种，将市场利率从大额交易引入小额交易市场；四是实现整个存贷款利率的市场化，解除利率的严格管制要求，从而最终实现利率市场化。具体的操作过程如表 3－3 所示：

表 3－3　日本国内利率市场化的具体操作过程

时　间	做　法
1975 年	开辟国债流通市场，进行国债利率的市场化定价；废除日本银行对贷款利率的指导性限制。
1977 年 4 月	批准国债自由上市流通。
1978 年 6 月	日本同业拆借利率和票据发行、交易利率市场化。
1978 年 11 月	用公开招标方式发行中期国债，国债的发行和交易首先实现了利率市场化。
1979 年	允许商业银行发行市场利率的 CD（50000 万元），出现了首个利率市场化存款品种。
1983 年	设立了“日元美元委员会”，发表了《日元美元委员会报告书》，提出了废除定期存款利率上限控制、引入利率市场化存款等措施。日本大藏省发表了《关于金融自由化和日元国际化的现状及展望》，对利率市场化做出阶段性安排，主要内容有：废除定期存款利率上限、提高 CD 的发行单位、缩短发行时间、允许银行开办市场利率联动型存款业务（MMC）、放松对大额存款的利率管制，为小额存款利率市场化进行准备。
1985 年	引入大额货币市场存单（5000 万元以上），取消大额定期存款（10 亿元以上）利率管制。
1989 年	引入较小额度的货币市场存单（300 万元以上），取消大额定期存款和货币市场存单（1000 万元以上）利率管制。

续表

1991 年 7 月	日本银行停止贷款利率窗口指导，允许商业银行贷款利率在再贴现率基础上加点确定，其后又过渡到贷款利率由商业银行按平均经营成本加一定利差确定，最后过渡到按市场利率加一定利差确定。
1991 年 11 月	大额定期存款利率市场化。
1992 年 6 月	存款的支付职能与储蓄职能分离，具有储蓄职能的存款利率市场化，具有支付职能的存款无息化。
1993 年	取消小额定期存款和货币市场存单（1000 万元以下）利率管制。
1994 年 10 月	存贷款利率全部实现了市场化。

（二）日本利率市场化改革的经验

1. 在改革的过程中要充分考虑银行利差缩窄带来的潜在风险控制

在日本推行利率市场化的整个时间段内，日本当局都非常关注改革可能带来的隐藏风险对经济造成的破坏性问题，因而在政策配套上尽量做到先行配套再改革。但由于日本货币当局过于谨慎行事，还是在最重要的节点耽误了改革的最好时机，以至于只能不断延长利率市场化改革的进程。日本的利率市场化改革是与日本国内的金融自由化改革紧密联系的，在改革中当局就非常重视金融安全和稳定的问题，尤其注重存款保险制度的建设。为了更好地实现金融自由化和利率市场化的改革，日本早在 1971 年就建立了银行存款保险制度，同时以日本央行的信用背书和担保为准则，实现了很好的改革开局，即准备好了必备的制度配套建设。这样做以后，一方面，为日本国内中小金融机构实现公平有效的市场竞争、保障国内的金融稳定提供了确切的制度保障；另一个方面，也为之后进行的利率市场化改革引起银行利差缩窄问题而有可能引致的银行业之间的恶性竞争问题提供了一个很好的解决办法，即给予金融机构实现优胜劣汰的竞争淘汰机制，并且创造了被淘汰的金融机构的破产清算等一系列安全有效的退出市场的有效平台，从而避免金融机构倒闭而引起的不必要的金融恐慌等问题出现。

日本银行的贷款定价因为受到严格管制而能力有限。一般只考虑利率成本和经营利差这两个因素。日本银行的贷款利率分为短期优惠贷款利率和长期优惠贷款利率两种，前者是以日本国内信用度最高的企业一年期贷款利率，一般与隔夜拆借市场利率和CD等短期基准利率相关联。长期主要以日本国内央行发行的五年期一般债券利率等基准利率为标准，视具体经济环境的变化而灵活调整。在与企业关联度更高的短期小额存贷款利率方面，银行的利率定价基准还是受到一定的限制，而长期利率定价基本上实现了市场化定价机制。总的来说，日本银行的利率定价主要参照银行业经营的利差和利率成本，前者在改革深入完善以后将不断缩窄，这也迫使银行业想办法实现多元化经营，尽可能争取更多的收益渠道而不只是依赖于存贷款利差这单方面因素，后者主要是由企业信用风险银行经营风险和资金成本风险等因素决定。这些都需要在改革深入完善以后进一步加大关注力度，以尽可能地减轻风险，实现更好的收益水平。

2. 利率市场化改革应该优先于资本项目的可自由兑换改革

资本项目的可自由兑换是实现一国金融改革和金融深化的重要步骤，也是金融国际化的一个代表项。然而盲目地实行资本项目可自由兑换而不考虑国内具体的金融市场的发展和潜在的金融市场的风险累积的问题，是不可取的。同时，实现资本自由化一般是在金融市场改革完善、金融市场健康有序发展以后才进一步实行的改革。盲目开放可能会引起国外游资的投机性攻击，加速了金融市场的不稳定性和金融风险性。换言之，应该是利率市场化的改革要优先进行。日本的金融自由化改革和利率市场化改革，主要也是通过一系列的创新方法实现对原有严格限制的突破，从而实现利率和金融市场的市场化自由发展。

第二节　阿根廷、智利的激进式利率市场化改革

阿根廷和智利这两国在决定实行本国的利率市场化改革时并没有做到循序渐进，而是采用了激进式的急速前进的改革大步调。他们本想通过快速放开利率管制的束缚因素，解决国内金融市场无效率的状态，从而提升本国的金融业的竞争和资金的配置效率，稳定本国的宏观金融秩序，以建立完善的金融市场。但是，由于国内的金融市场缺乏实施市场化改革的有效条件，而且金融结构脆弱，放开利率管制后大部分的优势被具有垄断能力的大集团所垄断，贷款质量下降，坏账频出，并没有起到释放国内金融市场的潜力，提高资金配置效率的目的，因而改革是失败的。显然，放开管制只需要一次改革的政策决策即可，但为改革所配套的制度建设并不能短期内一蹴而就。

一、阿根廷的利率市场化改革

（一）改革的进程

1975 年，阿根廷在取消了除存款利率外其他所有利率的管制限制，1976 年，进一步放宽了对储蓄存款利率的管制，1977 年 6 月，颁布了《金融法》决定全面放开存款利率的限制，因而放开了所有的利率限制，进而实现了利率市场化和自由化的改革。20 世纪 80 年代，阿根廷又爆发了大面积的金融危机，多家金融机构不得不破产清算，为了解决这个问题，20 世纪 90 年代，政府又不得不放弃利率自由化的政策实行新的利率监管。

（二）改革积累的经验教训

在阿根廷国内开启利率市场化改革阶段，国内的通货膨胀居高不下，金融市场发展缓慢，而且不成熟、不完善，经济对金融波动的敏感性强。尽管利率放开后短期内由于银行利差扩大而加大了贷款热情，出现了一段时间的经济过热，GDP 也是出现明显增长，但高涨热情过去后，由于持续高利差、高利率的情况未改变，国内资金出现了供不应求的市场短缺，投资者不得不开始在国际资本市场筹集资金，而国际利率相对于国内利率成本更高，企业的成本变相增长，后期经济过热的趋势下降，恢复平缓趋势，企业经营环境恶化、资不抵债的情况盛行，因而波及国内银行业的贷款回收，进一步蔓延至国内的整个金融市场，从而引发了经济危机。银行最终不得不面对破产重组等现实，债务危机引发的经济危机继续蔓延，最终使得政府被迫放弃早先开启的利率市场化改革，重新管制利率，并且注资银行以解决债务危机和银行危机。从中不难看出，急于求成的激进式利率市场化的改革很难在长期内取得成效，往往功亏一篑。

二、智利的利率市场化改革

（一）改革的进程

智利的改革相对而言还是按照新自由主义经济学的要求循序进行的，只是智利国内的金融市场过于脆弱，且在心态上急于求成，埋下了改革失败的伏笔。1973—1975 年，利率放松阶段，政府试图通过放松对价格的管控放开金融市场的私有化门槛，允许私有资本参与金融市场的竞争，并适时提高了利率管控的上限。在 1975—1976 年开始正式实施了利率市场化的改革，政府部门通过财政政策的紧缩大量缩减政府财政开支。紧缩需求并且深化了经济的结构改革，在货币政策方面开始放宽对银行等部门的管控，允许私人参与银行业竞争，开始实施银行私有化改革，取消对银行存贷款利率的全部管控限制，并且在国际市场上大量实施货币贬值的汇率政策。最后，在金融市场实行利率市场化改革的同时，不断在国际市场上实施汇率贬值政策，并且放开了对资本自由流动的限制，从而吸引大量外资进入国内金融市场，这也为改革留下隐患。

智利的利率市场化改革与金融市场自由化改革以及资本市场的自由化改革几乎是同时进行的。允许银行私有和资本的可自由流动，并且不断实施汇率贬值的政策，使得大量外国资本流入，在短期内确实提高了银行业的竞争效率和国内的资本利用率，但从长期实践来看，在改革的红利被吸收后，由于国内的金融监管机制不全，银行改制又出现了公司治理结构混乱的问题，外资过多流入，本币相对升值对出口部门经济破坏力巨大，出现了严重的衰退，因而在1982年之后，智利政府不得不宣布本国货币大幅贬值，而流入国内的外资大部分转化为国内经济部门的外债，加高了经济运行的风险，同时银行业资本大部分依赖外债，本国货币贬值的同时加高了其资金成本，经营出现了困境，为此智利政府不得不中断银行私有化的改革，重新收归国有，并进一步实施对利率的管制。这样看来，智利的改革也是以失败而告终的。

（二）智利的改革教训

在利率市场化的改革中搭配了资本市场的改革，造成了利率改革的外部环境恶化，这是智利利率市场化改革失败的关键。由于过于急躁地开放外部资本流入，引发了比索升值和国内利率超调的问题，同时，过多的外资涌入国内导致出口产品产业的瘫痪，从而引发了国内经济环境的恶化，破产企业增多，堆积的坏账增高，从而引发了国内的金融危机。最终智利政府不得不重新将银行业收归国有经营，并且为了保护储蓄存款人的财富，不得不将商业银行堆积的坏账打包出售给中央银行，从而由国家埋单。由于银行业的经营混乱造成的贷款烂账问题对经济造成的系统性破坏，智利央行不得不重新对利率加以管制，并加强宏观指导，最终利率市场化的改革也是以失败而告终。

第三节 两种利率市场化改革模式的经验对我国民间利率市场化改革的有益启示

一、两种市场化改革模式的经验

两种改革的模式在改革的基本指导原则和理论上基本相同，即主张建立完善的市场体制，从而充分发挥市场在资源配置中取得的决定性作用，同时在政策制度上要不断减少人为的制度设计不合理等制度因素对经济的破坏作用。在市场决定价格的基础上，管理层需要结合实际情况利用合适的市场因素对经济进行宏观指导和监管。两者的差异在于对于改革的持续时间长短不一致。出现这个情况的原因也在于各国对经济宏观形势的把握和预测能力各自不一，且在事前的准备工作和改革期间的过程控制的能力也不尽相同。利率市场化改革成功的前提是既要准确认识和把握国内的经济现状和环境，又要掌握足够的外部环境信息，并且始终保持谨慎态度，不可盲目一刀切。具体而言，在国内既要考虑本国金融市场的发育程度和本国金融主体的业务实力及相关行业的发展实际，对相应的政策条例也要进行充分的研究，探究是否需要对政策进行配套改革等，最重要的是要给予市场主体充分的自主权，充分发挥市场在配置金融市场资源时的效率优势。

第一，就改革的过程把握而言，要遵循循序渐进、安全可控和稳步推进的策略。在现实经济环境中并不存在理论上的完全信息市场，市场本身机制的不健全因素，如信息不完全和交易成本过大的市场交易行为，都阻碍着利率市场化改革的有效推进。同时，由于信息不完全等因素引起的经济不确定性因素增加，给经济的有效运行带来了很多潜在的隐性风险，也容易破坏改革的继续深入。因而改革要充分认识到市场机制的不完美因素，结合实际情况适时调整改革的细节内容。

第二，就政策配套和相关的金融市场配套建设来看，改革的成功需要有成熟完善的金融市场和完善的政策制度保障相配套。利率市场化改革的关键不在于放开原先严格的政策管制限制，而是要建立一个完善的资金配置市场，从而激发金融市场和非正规金融市场内市场交易主体的市场化交易意识，使得各市场主体都具备一定的资金自主定价能力，也就是要建立一个利率生成的市场化机制，从而最大限度地发挥市场交易对资金配置的效率优势，引导资金合理配置促进经济的发展。同时，市场需要有一个完整的利率体系，央行必须寻找到一个合适的基准利率体系作为国家宏观调控经济的风向标，在宏观经济层面引导社会资金的大致配置的方向，从而建立符合本国经济发展实际情况的基准利率体系和全面市场化的利率体系。在改革的进程中，切不可盲目求快，应该以本国的实际经济环境和当时具体的国际经济环境为两个参照系，结合能源价格的变化等因素对国际资本流动的影响。同时，也要参照本国经济发展的具体周期和国内产业结构经济总供给和总需求的不同状况等具体的经济环境来因时因地制宜，在不同市场配套不同的改革政策。当然，最重要的一点在于利率市场化的改革，应与本国金融市场的改革创新相结合，并且结合资本市场和整个国内经济的调整而调整。

二、两种利率市场化改革模式的启示

我国由于之前的宏观调控体系对金融市场管制严格，导致资金有效供给的不足和信贷配给的问题，民间企业借贷在正规金融市场融资受限，催生了民间借贷市场的发展萌芽，从而在正规金融市场外形成了一个非正规的民间借贷金融市场。之所以说不正规，是因为其有市场的分散性、分割性加上长期缺乏监管的政策漏洞造成其隐蔽性和高风险性。从国外两种利率市场化改革模式的经验中，可以找到一些对民间借贷市场利率市场化有益的经验以供借鉴。

第一，从时间上看，民间利率市场化改革和正规金融市场利率市场化改革，都应该遵循我国金融市场起步晚、发展不成熟、相关政策配套不完善等实际，本着审慎态度应该循序渐进，不宜操之过急。对于民间借贷市场，由于在该市场形成早期，市场机制不健全，并在相当长一段时间内没有得到改观，相应的政策监管滞后使得市场监管漏洞大，造成了市场内市场参与主体鱼龙混杂，对于资金成本价格定价因缺乏相应的市场准则而随意性较大，且在资金供给方盲目逐利和资金需求方融资受限的情况下，资金借贷的成交价格因地域、经济实力和资金买卖双方实力的不同而不同，资金价格利率的体系复杂，相应利率缺乏一个市场化的标准，需要长时间慢慢调整改革，最终实现一个与正规金融市场利率体系相匹配且符合市场实际供需要求的标准利率，从而改变民间借贷市场秩序混乱、高利贷盛行的问题。

第二，从空间上看，民间借贷市场的区域差异性显著，如何具体深入全面地综合考量各个区域内的借贷利率的区域特性，也需要从各地的经济发展实际和产业发展以及区域创新能力等各个方面权衡考量。具体来看，对于不同地区的民间借贷市场的利率需要结合该区域的实际具体考察，在政策上保持和国家推行的利率市场化改革政策方向相一致，主要的工作重心放在如何实现民间借贷市场的正规化和合法化，并从监管政策层面加以扶持和引导，从而更好地发挥区域民间借贷市场对解决区域内民间企业和个人的融资难问题，以及发展和完善地区金融体系，从而为完善全国金融体系提供帮助。最重要的一点在于充分认识到区域发展不均衡这个实际。如何实现区域内和区域间借贷市场的合作，从而形成统一的民间借贷市场的问题尤其突出。

第三，从国家宏观层面考虑，民间借贷市场的市场有效性的发挥，对于完善我国金融体系和解决正规金融市场资金配置缺乏效率的问题作用甚大。但是，民间借贷市场本身也是一个市场，市场都存在着盲目性和自发性等弊端，并且民间借贷市场信息透明度低，存在着很大的信用风险和偿还风险，从政策监管来看，也需要由政府适当调控引导，从而避免因其市场本身的缺陷性造成的破坏。具体来看，民间借贷市场过去长期钻政策漏洞加上资本逐利性等特点，在经济走软阶段积累太多呆账死账，企业经营更是困难重重，这对实体经济层面的民间私营经济体的冲击巨大，也危及整个宏观经济。在民间利率市场化的改革中，政府的监管该怎样到位，又该如何引导民间借贷市场的资金流向和风险控制等问题需要进一步探讨。

第四章

我国民间利率市场化改革的实际考察

第一节　温州民间利率市场化改革

温州是自改革开放以来民营经济较为发达的传统地区，长期的民间融资活动为其发展构筑了不可或缺的“造血”功能，所涉及的融资规模在全国范围内较为庞大，各类融资技术也较为先进。而且，温州是最早进行利率浮动改革的试点地区，民间利率市场运行体系相对完善，同时还设立了全国唯一一个民间利率变动监测点。目前，我国的利率市场化改革，处于进程不断加速、布局广泛铺开的宏观趋势之下，温州地区的民间利率市场化改革发展最具代表性和典型性。

那么，通过考察和分析温州民间利率市场化改革的演进阶段，梳理其改革的基本成效，挖掘出影响其改革的关键因素，并从民间利率市场变动趋势中，揭示其背后可能隐藏的规律性，为各地区的民间利率市场化改革发展提供借鉴与参考。

一、温州民间利率市场化改革的阶段演变

自改革开放以来，民营经济的快速发展，民间资金的频繁往来，使温州地区最早具备实行利率浮动试点的土壤条件，也使其成为国内进行利率改革试验的排头兵和先锋队。从 1980 年开始作为改革试点，可以将其发展归结为五个典型阶段，同时温州在此期间取得了具有代表性的改革成效与经验。温州民间利率市场化改革所经历的五个阶段概括如下：

（一）1980—1990 年存贷款利率联合浮动阶段

20 世纪 80 年代初期，温州苍南县的金乡农村信用社率先推出存贷款利率联合浮动制度，标志着温州市利率浮动改革试点的序幕正式拉开；以此为起点，利率浮动改革开始在温州地区大面积铺开。存贷款利率的联合浮动机制，不仅能够有效组织、分配与利用民间闲散资金，而且还能增强传统金融机构的资本实力，提高资产负债率等财务指标。由于利率浮动改革的试行，尤其是特种储蓄存款利率和大额定期存单利率等特殊利率的稳定上浮，有效地调动了城乡广大居民参与储蓄业务的热情和积极性，在一定程度上有力地促进了金融机构存款总额的增长。正因如此，温州地区的利率改革逐步被官方所认可。特别是 1987 年，中国人民银行正式将温州确定为利率改革试点城市。

（二）1990—1998 年贷款利率“双轨制”阶段

20 世纪 80 年代，温州地区以民营经济为主的非国有经济发展迅猛，对货币资金需求与日俱增，同时，非国有企业经营活动的灵活性与弹性，对利率制度提出了新的要求。在这一背景下，从 1990 年开始，各个金融机构适时地推出了贷款利率“双轨制”，对国有企业和非国有企业分别实行不同的贷款利率浮动机制，以非国有企业的贷款利率浮动幅度大于国有和集体企业为特点，因此，贷款利率“双轨制”本质上是一种倾斜性政策。温州实行贷款利率“双轨制”，激励了银行等金融机构将信贷向民营中小企业倾斜，在一定程度上满足了非国有企业灵活的资金需求，对其经营活动和业务增长具有良好的促进作用。

（三）1998—2002 年贷款利率统一浮动阶段

尽管倾斜性的贷款利率“双轨制”在一定程度上达到了非国有企业对资金需求灵活性的要求，但是相对于日益扩张的民营经济，其作用显得仍然有限，也就为异常活跃的民间借贷活动提供了温床。民间借贷，特别是高利贷的快速扩散，为非国有企业的发展埋下了风险隐患，如果不加以科学治理，还会带来严重的社会问题。因此，贷款利率统一浮动政策应运而生。这一收紧性政策的有效实施，一方面，增强了各金融机构对资金的吸纳能力，提高了全社会储蓄存款总额，并从源头上减少了民间借贷资金的供给；另一方面，有效扩大了银行信贷的社会辐射面，加强了正规金融机构对宏观经济的渗透力，并有力抑制了民间高利贷活动。

（四）2002年3月开始的新一轮利率市场化改革阶段

在这一阶段，农村信用社与商业银行等金融机构逐渐能够抓住利率的控制权与决定权，这主要得益于利率浮动阈限持续扩张政策的实施和推广，同时形成了良好的社会影响，不仅使银行利率与民间利率逐步接近，而且还在一定程度上有效调动了民众对储蓄存款的积极性。此外，这一扩张性政策，刺激部分民间游资再次流入正规金融循环体系，促使银行的资金供给增加，以及民间利率与银行利率的差距也有所缩小。

在中国人民银行的主持下，温州地区新一轮的利率浮动试点改革序幕在2002年3月21日正式拉开，其中，农村信用社被选择为改革试点工作中的首批银行业金融机构。农村信用社作为试点改革工作的“先遣部队”，对温州地区的利率浮动的大面积推广，作用十分明显，不仅带来了积极有效的成果，而且民间借贷利率持续高涨的局面得到一定缓解，以及猖獗的民间高利贷活动也因此受到一定程度的遏制和平息。根据有关统计资料，在实施利率浮动改革之前，温州民间借贷利率的日息平均水平大约在1%，基本的浮动区间保持在8‰—1.5%，尤其是2002年年初，温州民间借贷月利率为12.11%；启动利率浮动改革后，民间借贷利率从1%降到8‰左右，有的甚至降到6‰，到2003年6月，民间借贷利率月息水平竟下滑至历史最低点8.9%，跌幅近30%。

（五）2012年3月28日以来温州建立全国首个金融综合改革试验区

由于三十多年的高速发展和积累，温州的利率市场出现“两多两难”的困境，即民间资本多、民营企业多，投资难、融资难；为应对和破解“两多两难”的不利局面，在距离上一轮利率改革十周年之际，国务院于2012年3月28日通过研究决定，正式批准将温州地区设立为金融综合改革试验区（以下简称“金改区”），这在全国尚属首次。在国务院研究制定的多项改革任务以及浙江省政府批复的实施方案的指导下，温州金改区把破解“两多两难”顽疾作为改革工作中的重点与目标，构筑产品和服务、资本市场、金融组织、地方金融监管四位一体的基本框架，并将落实重大项目作为突破口，推动金融服务实体经济的“三对接”，即银行大资本供给与小微企业资金需求的有效对接、民间中小资本投入与大产业大项目产出的有效对接、各类社会资本与宏观经济转型升级的有效对接，同时以高标准、高起点、高水平的要求进行科学规划、合理建设与精准服务，促进“三升三降”，即明显提高小微企业融资渠道和满意度、民间金融资本转化为产业资本的效率和比例，以及民间借贷风险管控和防范能力，显著降低了各类企业融资成本、民间金融活跃程度、商业银行与农村信用社等金融机构的不良贷款额和不良率。

二、温州民间利率市场化改革的基本成效

随着温州民间利率市场化改革进程的推进，地方金融总体风险表现为平稳可控，一系列改革成果逐步显现，一些可借鉴、可复制的“温州经验”也逐渐成形，并在利率改革领域取得了多个“全国第一”。

第一，最早进行国内民营银行的改革试点。据统计，当前温州地区存有6000亿民间资本，共设立156家地方法人银行业金融机构，而民间资本在这些机构中总持股合计487.15亿股，为股本总额的74.08%。特别是，包括浙

江泰隆商业银行、万向财务公司在内的40家地方法人银行业金融机构已经实现百分百的民间资本持股。此外，作为浙江首家民营银行，温州民商银行于2014年7月获得国务院批准进行筹建，到2015年3月28日领取央行颁发的金融许可证后正式开业，助力温州实体经济和小微企业的发展。

第二，首创具有地方特色的民间资本专业管理机构共12家。这是落实国务院部署的温州金融综合改革任务，即“发展专业资产管理机构、引导民间资金依法设立创业投资企业、股权投资企业及相关投资管理机构”的重要措施；也是对温州“1＋8”地方金融改革创新战略的专门具体子方案的严格实施。民间资本管理公司设立的目的是通过一系列规范化的专业引导，将部分“地下”民间资本引到“地面”，克服其虚拟化、泡沫化的缺陷，发挥其阳光化、透明化的优点，以促进民间资本投身实体经济。

第三，为搭建民间借贷综合服务平台，首设7家民间借贷服务中心，此举多受外界关注，对外影响力较大。由该中心负责登记借贷双方当事人的相关信息，通过一套标准化流程，并在入驻的第三方融资中介机构的协助下，提供合同规范文本撮合交易。同时，中心会根据来自多重渠道的民间借贷统计的加权，每周定期发布民间借贷的平均利率水平，最终形成了一个“温州指数”。此外，该中心对所有的融资中介机构的日常监督管理较为频繁，所入驻的P2P及民间贷款中介公司需要每天向中心提交一次业务成交的报表数据，以及至少每周要和中心开一次例会。

从当前来看，温州民间借贷登记中心已明显呈现出两大可推广的实践经验：一是规范性，这使民间借贷行为予以法定认可，将以前脆弱波动的“关系型”借贷转变为如今稳固可靠的“交易型”借贷，进而加强社会对民间借贷的信任感，同时，借贷登记有利于利益相关方对资金去向和用途的跟踪，也是资金借贷阳光化的表现；二是登记中心创造的借贷管理机制以及适时发布“温州指数”，对于借贷利率的透明化具有正向作用，同时还会实际再影响和干预民间借贷双方当事人的心理预期，有力地打击月息达到6%的高利贷活动，使其借贷规模迅速萎缩，利率水平降低至合法的银行基准利率4倍以内，这让正常的企业和个人的贷款承受能力增强，进而形成更加符合市场预期的合理利率水平，为当地实体经济发展提供更好的投融资环境。

从官方公布的数据来看，近几年在温州民间借贷登记中心成交的借贷交易金额，保持在每年平均4亿多人民币，而每天平均不足200万元的成交额。而这对于温州一年民间借贷万亿目标市场规模而言，上述借贷数字的象征意义仍大于实际的影响力。所以，温州金融改革试验所采取的建立民间借贷登记中心举措，仅仅用规范指引性的策略和目的，并不能从根本上解决实际民间企业借贷难的困局。归根到底，实际所需的资金需求不能满足，对经济发展的负面影响不可小觑。

第四，成立了全国首个地方金融管理局和首先创立了民间金融组织非现场监管系统。最早推进民间融资立法，并进行国内首次地方金融监管类别执法，法制、行政等综合管理力量亦得到逐步强化。率全国之先成立地方金融管理局，690家各类市场主体被纳入地方金融监管体系，并实现116.6亿元民间借贷金额备案，以及开出了全国首单民间融资执法行政罚单。

尤其是作为金融综合改革的一大成果，温州起草了首部民间融资法规《浙江省温州民间融资管理条例（草案）》（以下简称《条例》），其中最惹人注目的是，为引导民间市场利率合理化，实现民间资本阳光化、规范化，《条例》拟定了“借贷资金年利率不得超过48%上限”的条款，否则“将按照高利贷予以行政处罚”。48%并非保护利率的上限，即利率在48%以下并不是都能得到保护，而是政府干预利率市场的红线。如今，地下金融暗流逐渐浮上水面，村镇银行、小微贷款公司、商业银行皆成为个人和企业融资的主要途径，曾经治理多年的“地下钱庄”顽疾基本消失了。

第五，发行全国首单地市级城市保障房私募债，同时，首先发行小额贷款公司优先股和定向债。将首创的“地方发、地方用、地方还”的“蓝海股份”和“幸福股份”融资模式，运用到城市轨道交通和围海造田的建设中，并成功募集来自民间的32亿元的投入资金；根据温州市金融办提供的数据，截至2015年，“幸福股份”“蓝海股份”已募集资金43亿元；成功发行全国首单副省级以下城市保障房私募债36亿元；探索定向债和优先股，累计备案金额分别为5.5亿元、2.9亿元。

第六，全国首创民间融资综合利率指数——“温州指数”。2012年11月22日，《浙江省温州金融综合改革实施细则》（以下简称《细则》）最终发布，其中的一大亮点是民间融资综合利率指数的打造；即《细则》中规定“建立健全民间融资监测体系，形成民间融资综合利率指数‘温州指数’”。这是进一步推进和支持利率市场化的重大举措，也被市场视为利率市场化开启的明确信号。此外，这一《细则》中提出的“3个月以内的民间借贷利率实现利率市场化”等核心条款，是利率市场化改革工作的深入，将会在“温州指数”的基础上快速推广开来。需要指出的是，多年来，温州民间借贷实际利率都已超过法律规定的银行基准利率4倍界限之上了，但此界限又是处理借贷双方发生纠纷的重要法律依据；倘若这个法律救济条款不能与市场资金供需的现实状况相适应，那么“温州指数”将很难对市场起到良好的指导作用，同时利率市场化改革工作也会受阻。

第七，设立国内第一个地级市人民银行征信分中心，以及最早实行国内外商投资企业外汇资本金意愿结汇改革试点工作等。

总而言之，温州以及全省各有关方面都积极探索、大胆实践、稳步推进，积累了一些可借鉴、可复制的温州经验。温州综合金融改革不仅有利于温州地方经济的健康稳定发展，而且对其他地区的金融改革发展具有重要的探索价值。

三、温州民间利率市场化改革的主要影响因素

(一) 活跃的民间借贷为利率市场化改革提供了良好的社会基础

温州是我国民营经济发展最快的地区，当地民营企业群体不仅庞大，而且还在持续发展壮大中，以至于民营经济在地方经济发展中占据着极其重要的地位。当前，温州民营经济比重已占80%以上，有33个国家级生产基地、32个国内名牌产品、38个国家驰名商标以及136个国家免检产品，并有16家大型企业集团，成功跻身中国企业竞争力500强。但由于温州商业银行主要针对国有企业发放贷款，再加上贷款手续烦琐，温州民营企业难以从商业银行获得借贷资金，所以温州民营企业在发展扩张的过程中，都不可避免地遇到资金短缺的问题。特别是温州部分小微企业融资较为困难，也有部分企业从正规金融渠道根本融不到资金。因此，迫于资金短缺窘境，民营企业纷纷转向民间金融市场寻求资金支持，这两方面的原因使得异常兴盛活跃的民间借贷活动无论在市场规模上，还是在融资渠道上，相较于其他同级别城市，温州都领先一步。

当前，温州大多数民营企业的资金来源主要由企业自有资金、银行贷款、民间借贷三部分组成，而其中民间借贷则占据较大的份额。根据中国人民银行温州市中心支行课题《温州区域性资本市场研究》显示，1991年温州民间借贷规模为4.5亿，1998年为40亿—50亿，2001年为300亿—350亿，2004年为400亿，2005年年末约为450亿—500亿，2011年约为1800亿，2015年回落到1100亿。综上所述，出现较早的温州民间借贷，发展速度较快，并且随着民营经济的发展，其市场规模在波动中不断壮大。

（二）相对完善的民间利率监测体系

温州是我国最早并且是唯一一个建立民间利率监测点的改革试验地区，其民间利率监测体系较为完善。2002 年温州超常火爆的民间借贷市场，最终引起了中央监管机构的关注。中国人民银行决定将温州设为民间利率监测试点地区，以推进存贷款利率市场化的改革。顺应央行的改革要求，2003 年年初，温州市正式推出了民间利率监测制度，在遍及全市的 30 个乡镇中，每个乡镇选 10 个监测点，包括民营企业、个体企业、农民个人等定向监测对象。同时，中国人民银行温州中心支行还建立了 300 户民间利率监测点，并委托农村信用社负责，对这些类型不同的监测对象按照月度进行监测，以期凭借其跟踪民间借贷利率的变动趋向，最大程度上管控民间借贷行为可能产生的风险。此外，定期监测网络的建立与实施，为及时反映温州的民间借贷的动态提供了有利条件。从分析温州辖区内 300 个民间借贷监测点的实际情况看，当地民间借贷的规模、投向、期限和利率水平呈现出多样化的趋势。正因如此，温州作为我国最早并且是唯一一个建立民间利率监测点的改革试验地区，已成为反映我国民间利率市场变化的“晴雨表”，以及我国利率市场化改革的一个可参照样本和民间利率监测体系的典型代表。

除了上述影响因素，金融监管制度的完善程度、商业环境的健康程度、信贷决策制度的科学程度、民间借贷法律地位的明确程度和宏观经济的稳定程度等都会对民间利率市场化改革产生部分作用。

四、温州民间利率市场化走势及其根源与启示

（一）温州民间利率市场化的变动趋势

从 1980 年温州推行农信社利率浮动试点开始，温州利率改革进入存贷款

联合浮动阶段（1980—1990 年），在此期间，温州民间利率水平处于历史高位，而且波动幅度较大；同时，与我国金融机构一年贷款利率水平相比较，二者的利差总体较大。从 1990—1998 年，温州开始进入贷款利率“双轨制”阶段，由于这一倾斜性政策的实施，加大了银行等正规金融机构将信贷资源向民营经济投入的力度，这一举动的直接结果即是民间利率水平的下降，与官方的一年期贷款利率的差距迅速缩小。1998—2002 年，由于官方实行了贷款利率统一浮动政策，温州民间利率水平继续维持下降态势，与官方的一年期贷款利率的利差也同样如此。2002 年，温州启动新一轮的利率浮动试点改革，并建立民间利率定期监测网络，民间利率水平持续较低，同时保持总体平稳，与官方利率的利差也为历史最低水平。这一轮改革，直到 2011 年下半年，由于温州发生民间借贷风波，引发了企业间的信用危机，在 2012 年年初，中央审时度势，决定在温州建立全国首个金融综合改革试验区；2012—2015 年，温州民间利率水平开始逐步走高，与一年期贷款利率的差距也开始扩大，但幅度较小。

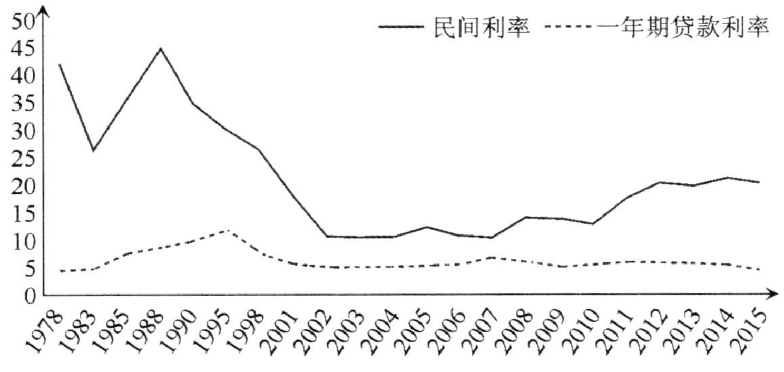

图 4－1　1978—2015 年温州民间利率和金融机构一年期贷款利率走势图（%）

通过分析温州民间利率的市场走势，可以发现，有别于传统的民间借贷市场，温州民间借贷市场的利率变化有其自身的逻辑与特征。即整体而言，我国民间利率水平较之以往有所下降，而且与官方利率的利差也有所缩小，有着逐渐理性化的趋势。在这一趋势背后，可以发现，温州民间利率不仅受制于货币政策、固定资产价格，也受到地方经济发展和金融形势的制约，以及民间利率透明化、规范化的市场驱动力量。但不完善的市场机制决定着民间利率的规范化发展仍需要非市场力量的介入，即各级政府部门应适时地予以干预和引导。

（二）温州民间利率市场化变动趋势的根源

在把握温州民间利率三十多年的基本变动态势后，可以发现，其变动的根源主要有以下几方面：

第一，流动性供给增加，表现为正规金融机构增加了贷款投放数额。自从 2002 年后，温州市全社会人民币贷款持续增加，同比和环比增幅得到较大提高，正规金融机构的融资环境逐步宽松。温州金融机构对贷款投放力度的加强，及时满足了“三农”及中小企业的资金偏好，以至于对民间借贷的资金需求逐渐减少，进而民间借贷市场因此发生相对萎缩，利率水平也会有所降低。

第二，工业企业去投资化意愿加强，资金需求减弱，民间借贷市场的有效需求不足。根据中国人民银行温州中心支行编撰的《温州民间借贷利率新走势报告》：2006 年以来，由于劳动力成本持续上升和产业升级转型不顺利，以制造业为主的温州工业企业的竞争力下降，传统制造业进入微利时代，其对生产资金的需求持续减弱，加上当地缺少投资机会，温州民间资金开始走向全国，这在一定程度上导致了当地民间借贷资金及利率的双重下降。

第三，民间闲置资金回流速度趋缓。温州地区民间闲散资金从进入金融机构转向社会回流，居民的闲散资金日益增多，又由于有投机性和逐利性的偏好要求，居民更加会减少在正规金融机构的存款与投资，而是将闲置资金投入到盈利颇高的民间借贷市场。那么，相对充足的民间借贷资金供给，民间借贷利率随之下降。总体而言，温州利率浮动政策的实行，在一定程度上盘活了金融机构逐渐“呆滞”的利率运行机制，也部分延展了企业和个人的融资渠道，还加强了农村信贷资金的投放力度，减缓了民间借贷市场异常繁荣的局势，利率水平比以往有所降低。

随着我国社会主义市场经济改革的深入，非国有经济成为宏观经济不可或缺的一部分，而非国有企业则俨然成为经济发展中的重要支柱。一般而言，某地区民营经济愈发达，民间融资活动愈兴盛。在长期来说，民间借贷市场能弥补我国正规金融市场的不足，两者呈现互补关系，这样为我国民营经济的发展提供不可或缺的资金供给渠道。但是民间融资市场的兴起，造成大量的资金游离于正规金融体系之外，重度减弱了宏观货币政策效果。同时，倘若发生行业性信用风险，民间融资又缺乏政府的规范引导和有力调控，则为出现系统性金融风险埋下隐患，而资金的安全性将大打折扣。所以，怎么面对民间借贷出现的问题，以及能否使之与经济发展相匹配、相适应，将影响我国利率市场化改革任务能否顺利完成。

(三) 温州民间利率市场化变动趋势的启示

总体而言，凭借对温州民间利率市场走势的考察及分析其变动根源，可以获得重要的市场启示：

1.“温州指数”仍高于全国平均水平，温州金融改革的期望值存在落差

长期以来，温州市政府下辖的金融监管部门对各类社会资本入股正规金融机构，一直都是依法采取一视同仁的态度；而在诸多政策中，择优吸纳和选择民间资本入股正规金融机构，是温州地方法人银行业金融机构中民间资本所占比重持续走高的关键，这一办法对于依法解决民间投融资难题、优化银行业金

融机构的股本结构、完善金融服务体系都具有积极的探索意义。尤其是优质民营资本的加入，使得银行业金融机构与民营中小企业直接匹配资金交易需求更为有利，也使得金融服务效果得到较大改善。但是温州综合金融改革实施以来，不少核心问题如融资利率偏高、民间借贷登记率较低、P2P网贷资金链断裂，以及引起的跑路频发，困扰和影响着温州地区，乃至于海峡西岸地区的经济发展，在一定程度上和范围内一直没有得到根本性转变。也就是说，综合金融改革政策的实施，对温州大多数的中小微企业而言，还未能从实质上解决融资难和融资贵等问题，只是起到部分缓解的作用。

以温州金融办等权威机构公布的数据为例，在2014年第四季度，温州地区民间借贷综合利率指数保持为年化利率20.2%，显然高于全国民间借贷综合利率指数19.53%的水平，这表明反映温州民间融资成本的“温州指数”偏高，使得整个温州利率改革试点成果接受着各方检视。所以，温州是全国首个国家级金融改革试验区，承载了社会各界对改革成果能够“立竿见影”的期望，这与改革循序渐进的逻辑矛盾。

2. 民间利率存在潜在的市场缺陷，需要将其纳入正规金融监管范畴内

对于民间借贷利率所呈现的潜在市场不足，需要积极打造切实可行的民间金融管理机制，正式把民间借贷活动归入正规金融监管范围内，以构造一个良好的融资市场环境。一般来讲，任何一项金融创新都天然伴随着不确定性结果，尤其是如今在“三期叠加”的深度调整期的宏观经济形势下，民间资本管理公司的纷纷设立，对金融风险的控制显得尤为重视。伴随着宏观经济去泡沫、去产能、去杠杆的大背景，部分机构与个人投资面临的信用风险加大，这可能会拖累民间借贷市场的发展，并会产生不必要的连锁反应。严峻的治理形势，需要各地政府审时度势，未雨绸缪，动用多种力量加大风险防范力度。但是与传统的正规金融相反，民间借贷利率本身所具备的发展态势，决定着相关

部门只能采取间接手段对民间利率进行规范监管，而不能违反其本身的市场运行规律，所以说相关部门只可对民间利率进行辅助性的监督引导。

此外，不仅要建立健全民间借贷监管法制体系，还要加强民间资本的监管。不得不指出的是，现存不少法律法规不合理地限制了民间借贷市场的自然发展。例如，应解绑《贷款通则》《刑法》中等不合理条款对民间借贷市场发展的束缚，借此持续改善民间借贷的法律监管制度。还要通过立法、司法与执法等法律制度综合建设，将民间金融尽可能地纳入正规金融监管范畴。同时对于利率市场化改革、银行业对民间资本的逐步开放等重点领域，需要有实质性的进展，这样才能使民间金融促进实体经济完成转型升级。

3. 民间利率的市场化改革方向不可逆转

在民间借贷利率与金融机构基准利率变动态势日益趋同的背后，可以知道民间利率与官方利率之间是某种相关的关系。那么当务之急，则是各相关部门通过规范化与透明化管理，以引导民间借贷利率的发展，不断推进利率市场化改革，最终实现官方利率市场化。在确保资金来源透明、资金去向合法、借贷利率合理的前提下，应该许可产生于温州金融综合改革趋势下的民间资本管理公司，逐步打破自有资金四倍的融资上限，同样许可优质小额贷款机构在改制为村镇银行时提高多样化融资来源比重，并放弃“让银行业金融机构控股五分之一”的刚性限制，进而盘活其资本存量以及最大程度调动起以各种形式沉淀的民间资本的投资积极性。应该尽快地梳理和细分相关监管部门的专业监管职能，并且在“统筹监管、专业分工”的刚性原则框架之下，建立健全职责明晰、分工准确的专业化联合监管机制。

总而言之，利率市场化改革可以作为金融综合改革的切入点和突破口。

虽然民间借贷利率之前的一路走高态势已得到相当程度的减缓，并在目前借贷市场中也正逐渐变得理性和合理，但市场由于不完善而存在潜在缺陷，尤其需要政府及时地予以恰当规范化引导和透明化管控，以实现民间借贷利率的率先“市场化”。近几年来，在金融脱媒、互联网金融的倒逼之下，利率市场化其实已有一些实质性发展，实际上形成了多样化的利率“多轨制”。一方面，收益率更高的理财产品等投资手段吸纳了大量的储户存款；另一方面，各类企业也在凭借股票和债券等金融产品向市场进行直接融资。此外，各类信托贷款、委托贷款以及承兑汇票等金融产品也不断推陈出新。但从金融改革深化角度来看，利率市场化现在仍有较大的突破空间。

第二节　鄂尔多斯金融综合改革

一、鄂尔多斯民间借贷现状

与温州以“温州模式”成为全国金融改革典型类似，鄂尔多斯也以“鄂尔多斯现象”成为我国改革开放三十多年的典型地区。自西部大开发战略实施以来，特别是进入“十一五”后，鄂尔多斯地区得益于当地资源优势，能源价格上涨，尤其是煤炭价格迅速上涨，经济社会各项事业高速发展，经济总量较大，人均 GDP 水平较高，增速也较高，富裕群体逐渐增大，使得民间资本在短期内急速聚集，居民持有大量货币资本，同时资本相对于劳动力具有更高的边际收益率，这也在一定程度上加快了资本的快速扩张与积累。在这种背景下，使得民间借贷赖以发展的资金来源充足。但是，目前持续出现较大波动的股票市场，尤其是近四年来的低迷状态，使得本已狭窄的民间资本投资渠道，变得雪上加霜；而通货膨胀水平则远远高于存款利率的变动幅度，使存款利率的贬值程度加深，直接削弱了其对市场经济环境的适应能力，进而导致居民针对正规金融的储蓄意愿不断降低，其持有资本的逐利和投机的偏好渐渐增强，使得大量闲置资本流向高效益的行业，例如，城镇建设大规模扩张影响下的房地产行业等，追求资本的高额回报。

鄂尔多斯的民间资本投资人不同于温州地区，存在许多基本问题，诸如投资意识差、金融基础薄弱等。由政府或者开发商征地而形成的当地部分富裕群体，不是靠长期经营企业致富，缺少必要的投资知识。根据统计，鄂尔多斯民间信贷资本至少在2000亿元以上，而当地极其活跃的民间借贷市场为房地产开发提供了80%的资金来源。那么，一旦出现房价停涨、楼盘滞销、房地产商无法按时支付借款利息，必然导致民间资本大量套牢，诸多债权人甚至会倾家荡产。

天津某股权投资基金管理有限公司在其发布的《民间借贷危机调研报告》中指出，2011年9月，鄂尔多斯市政府曾对17个民间借贷资金10亿元以上的房地产开发企业采取了严厉的处罚措施，不仅对其法定代表人限制出境，而且实施监控。

在鄂尔多斯市，煤炭、房地产等行业的高回报与高收益特点，吸引了大量民间资本的青睐。一般来讲，民间资本被大量投入上述产业中，这在一定程度上促进了鄂尔多斯市的经济发展。但由于民间资本天然具有的自发性、隐蔽性、不规范和监管难等特征，也衍生出不少发展风险。特别是国家房地产在多次调控以后，房地产市场持续低迷，某些中小规模的房地产企业受到影响，销量不足，不断出现现金流减少、资金严重短缺等问题，这必然会负面影响民间资本市场的发展。近年来，在鄂尔多斯地区，出现了一些涉及房地产与民间借贷领域深度交叉的案件，不仅会造成某些投资者的心理恐慌，而且具有持续性，不利于经济的稳定发展。

二、多管齐下整顿规范鄂尔多斯民间借贷

早在2010年，为全面开展整顿民间借贷市场，由鄂尔多斯市委、市政府牵头，成立了整顿规范民间借贷工作领导小组，其中市委、市政府主要领导任组长，小组成员包括市委宣传部、市委政法委、市公安局、市中级人民法院、市财政局、市金融办、人民银行鄂尔多斯市中心支行、鄂尔多斯银监分局、市工商局、市商务局等多个部门，通过制定全面而具体的实施方案，各部门各司其职、各负其责、协调配合、共同应对，以防止出现大的金融风险，维护和确保地区金融安全和社会稳定，其主要措施包括：

第一，大力引进、支持和培育正规金融机构，以不断做大做强金融总量，持续拓宽和延伸融资渠道。为此，近几年来，鄂尔多斯地区先后引进了招商银行、交通银行、浦发银行、中信银行、包商银行、华夏银行等全国性股份制商业银行。

第二，继续发展小额贷款机构，引导其改制为村镇银行等小微商业银行。到2015年6月底，鄂尔多斯地区已累计开业117家小额贷款公司，已获得批准筹建未开业的有12家，已上报正等待内蒙古自治区金融办审批的有41家，预计本地区将超过130家的小额贷款公司，注册总资本将达到数百亿级。根据权威数据测算，本地区总共有5000余家大小不一的“地下钱庄”，其中不乏一些中小型贷款或投资公司，涉及交易金额超过千亿元。那么，相关部门如何去规范和引导这些巨额资金流动，不仅极其重要，而且工作庞大复杂。

第三，为扩大、拓宽和延伸民间资本投融资渠道，采取精细培育股权投资企业、主动筹建中小企业股权交易所、设立产业发展基金等作为改革工作的重点，同时专门出台优惠的扶助性政策。例如，截至2015年9月底，鄂尔多斯地区共有股权投资类企业35家。

第四，全面突出民间资本服务中心的引导作用，将规范融资行为的法制建设作为重中之重，并通过构建项目信息库和资本数据库等创新方式，为民间资本打造完善精确的专业服务，同时大力引导和支持民间资本通过股权方式投入基建项目，进而盘活以各种方式被闲置的民间资金，繁荣地方经济发展。

第五，对非法集资打击保持高压态势，尤其要强势介入恶意逃债、顶风作案、集资诈骗、高利吸储、暴力讨债等违法犯罪行为，并严厉处置，做到发现一起，查处一起。

总之，对于减缓企业资金紧张的深层次矛盾、补充商业银行等正规金融机构在某些领域和范围内出现力所不及，即弥补现行主流金融服务的诸多不足，民间借贷在一定程度上起到了不可替代的作用；另外，从优化资源配置的视角来讲，民间借贷通过重新分配社会闲置资金，提高了中小企业发展效率。

三、鄂尔多斯金融综合改革试点的经验

鄂尔多斯在 2009 年被批准为内蒙古金融改革综合试点区。鄂尔多斯趁着改革的契机，在针对民间融资的各种问题的基础上，不断尝试探索推行新的相关政策制度，并以规范指引民间资本的流动作为其金融改革的“突破口”。民间借贷行为本身是一种以民间资本借贷为业务的市场化的行为，在正规金融市场发展不充分的鄂尔多斯，民间大量盈余的资金出现沉淀，进而引发了大规模的民间资本流动，民间金融市场获得在正规金融市场外的发展契机。对于民间借贷市场的管理问题，应该用市场化的思维去跟进，而不是一味地坚持传统一刀切的严格限制的办法。关于鄂尔多斯的民间借贷市场的民间金融改革的经验，主要有以下几点：

（一）鄂尔多斯成立了民间资本投资服务中心

自 2010 年金融改革推行开来以后，为促进当地金融产业的健康稳定发展，

鄂尔多斯市政府及其相关部门连续制定和出台了一揽子政策。2011 年 6 月 18 日，该地区成立了民间资本投资服务中心，该中心设立的初衷在于充分模仿温州地区的民间资本投资服务中心模式。该民间投资服务中心的核心理念是“为资本找项目，为项目找资本”，主要功能是为当地的民间借贷活动提供一个合法合理的交易平台，以实现资本与项目的无缝匹配和对接，从而为当地中小企业投融资提供一个专业服务的中心。在政府牵头地方企业相应配合的原则下成立的该中心很好地解决了部分企业没有投融资的平台问题。中心的核心工作分为两个部分：一方面成立市场化运作的平台，为小额贷款公司的贷款活动等民间资本的借贷活动提供一个市场化操作的平台；另一方面需要提供社会服务性的工作内容。值得一提的是，该中心并不是一个监管部门，仅仅是一个信息交流的中介平台和服务平台，具体的监管内容依然归属于鄂尔多斯市金融办。

(二) 鄂尔多斯市政府规划建立民间借贷登记中心

与温州的民间借贷中心类似，由市政府牵头，鄂尔多斯市成立了民间资本发起组建、服务于民间借贷本身的民间借贷登记服务中心。该中心是一个具备独立运行资质的企业法人，由其自主经营和自负盈亏，在鄂尔多斯市区各区县范围内主要为该市非金融类投资机构和自然人参与的民间借贷交易业务提供登记备案和其他相应的配套服务。中心也是集中为民间借贷市场参与的双方主体(借款人和有盈余资金的放款人）提供一个信息交流的平台，并撮合相关业务成交。此外，中心还发起成立了鄂尔多斯民间借贷协会，主要是解决有关民间借贷业务当中发生的纠纷和矛盾，加强行业自律。平台的建立和不断发展，可以很好地解决民间资本借贷活动的隐蔽性，给予民间借贷市场上交易双方的市场主体地位的同时，从市场配套服务上给予必要的支持，这样可以吸引更多的民间资本进入民间借贷市场，并投放到对资金需求旺盛的民间融资需求上。

（三）鄂尔多斯市出台政策鼓励民间借贷向PE转型

鄂尔多斯在建立了内蒙古自治区内的最早改革试点后，政府制定和出台了相应的政策和相关配套措施，以鼓励民间借贷转型为私募股权投资（Private Equity，简称PE），这样民间借贷资本可以摆脱仅仅依靠资金借贷市场本身进行投资业务的片面化，转向股权投资可以很好地引导民间资本投资的多元性。2011年，鄂尔多斯市政府相继出台了两份关于私募股权发展的相关专业性文件，即《鄂尔多斯市股权投资基金备案管理意见》和《鄂尔多斯市人民政府关于鼓励股权投资类企业发展的若干意见（征求意见稿）》。文件中明确指出，“对注册在鄂尔多斯的PE税收地方留存进行前五年百分百返还，后五年50%返还的政策；对上市企业补税全部退还、奖励1000万元”。就目前鄂尔多斯本地的产业结构和经济发展的形势来看，传统的依靠煤炭资源的能源发展模式和依靠过热的房地产市场几乎不能支撑经济的长远发展，因而鼓励民间金融市场的发展成为政策的侧重点是理所当然的。不过在吸引民间资本进入当地民间金融市场的时候，需要政府切实承担主体引导的责任。

（四）鄂尔多斯发布多项地方法规规范民间借贷

鄂尔多斯关于规范民间借贷的相应政策法规的出台为民间借贷市场的规范发展提供了政策保障。在金融改革开始后，鄂尔多斯相继出台了《关于鼓励股权投资类企业发展的若干意见》《关于加强中小企业信用担保体系建设的意见》《信用体系建设实施方案》等相关政策条文，其用意在于通过对民间借贷市场的充分肯定和规范指引，不断发展当地的民间借贷等民间金融市场，从而拓展民间盈余资本的投资渠道，引导民间资本参与到当地民间金融市场内进行投资活动。

2012年6月5日，鄂尔多斯市人民政府发布了《鄂尔多斯市规范民间借贷暂行办法》。这是自金融改革试点开展后，国内首个专门和系统规范民间借贷制定的地方性管理办法和政策，也被视为鄂尔多斯金融改革进入深水区而做出的重要举措。《鄂尔多斯市规范民间借贷暂行办法》（以下简称《办法》）具有很多的政策亮点：

第一，文件第二章内容里对借贷主体和借贷合同进行了规范性要求，要求借贷资金的来源必须是民间资本借贷市场上投资者的自有盈余资金。借贷的市场交易主体为借款人和作为投资者的放款人。办法着重强调了放贷人提供贷款的资金为自有的盈余资金，不得经营非法集资、非法吸收公众存款或变相吸收公众存款等业务。这样规定的主要目的是避免放贷人非法以高息揽储等形式吸收公众存款，在并不能按期还本付息的时候，高收益形式的放贷风险加剧，进而放大到整个民间金融市场内的民间借贷风险。

《办法》的规定与经过国务院批准的有关民间信贷公司的规定并无差别，主要目的在于防止借贷公司产生向社会非法吸收存款的业务。此前，温州发生过由于民间非法集资而导致大多经营借贷业务的企业跑路或资金链断裂的严重问题，成为不能非法揽储和变相吸储的规定出台的一个借鉴经验。关于借款人的资质审查，在民间借贷市场内的借款人信息必须经过严格审查，才能通过借贷的授信申请，借款人的资质必须要满足经营状况良好、暂时出现资金短缺的企业或个体组织，并且所贷资金用途必须为合法的生产经营活动，严禁再贷款或其他非法活动。这个资质的规定可以很好地限制一些资质不良的企业在民间借贷市场，通过各种手段骗取借款而不能按时还款的风险发生的概率，因而从借款人这个源头上对民间借贷市场的风险进行很好的管理控制。

第二，关于民间借贷的利率问题，《办法》第九条明确指出："民间借贷交易双方可以根据借贷双方实际情况和市场行情自行约定借款利率，但贷款利率不得超过同期人民银行贷款基准利率的四倍，其借款利率超过中国人民银行规定的同期银行贷款基准利率的四倍以上部分不受法律保护。”这就从政策法令上，给予民间借贷利率充分的市场决定权，减少了政府对它的干预和控制，从而推动了民间借贷利率的市场化进程，但出于保护投资者利益的目的，贷款利率要严密盯紧法律规定的银行贷款基准利率的四倍线，谨防高利贷盛行给民间借贷市场造成的风险积压问题。

第三，《办法》强调民间借贷合同的规范化。《办法》相对于其他地区的民间借贷的规定性文件而言更具有可实施性。在民间借贷合同的规范化问题上，这一特点尤为突出。由于鄂尔多斯有相当大的比例的民间借贷纠纷，产生的原因是缺乏书面规范性合同，借贷业务里遭受违约的被侵权人并不能提供书面证据，以证明其真实性。而根据《办法》成立的民间借贷登记服务中心，则为当事人提供专门的书面规范性借贷合同，并规定当事人在登记备案时必须提交合同摘要。如此一来，就从合同规范上给予了民间借贷违约更高的追偿可能性。此外，《办法》还加强了对于民间借贷可能发生纠纷的标准化处理流程。为了使民间借贷便于可测可控，《办法》要求，一旦签订并履行借贷合同，放贷人需到所在旗区登记服务机构进行登记和办理合同备案，并切实履行合同所规定的相关业务要求。

第四，《办法》强调为使民间借贷活动阳光化和信息化，要充分利用信息化的手段。截至目前，在鄂尔多斯市政府的鼓励和支持下，企业化运营的民间借贷信息网络平台已设立数家。在互联网技术应用到金融领域的互联网金融下，网络借贷市场可以成为当地民间借贷市场的进一步发展的方向。

第五，鄂尔多斯地区民间借贷最为活跃，但民间高利贷案件频发情况较严重，那么该地方性规章的率先出台，是治理思路的重大转变，将事前规范和引导替代事后救济，化被动为主动，这从根本上解决了以后该市由高利贷引起的借贷纠纷频发的问题，对规范民间借贷具有非凡的推广意义。此外，较之于其他地区起草出台过的一些规范，该文件是更加系统全面的关于规范管理民间借贷的专门性政策法令。

但是，作为地方性政策文件，鄂尔多斯发布的《办法》在实践过程中也存在着一定的局限性：

第一，鄂尔多斯发达的民间借贷市场，吸引了不少来自周边地区的民间资金，如太原市、西安市、包头市、呼和浩特市等。借贷双方当事人的地区属性可以提高民间借贷的可行性，反而言之，若要该地方性政策法规都能起到约束和管理作用，任何一方当事人必须皆来自鄂尔多斯地区。那么，该《办法》不同于中国人民银行制定的法规文件，具有国家统一规定性，约束范围广。

第二，虽然该《办法》第三十一条指出，“人民法院优先受理经登记备案的借贷当事人起诉案件”，但这个规定只是呈现出较强的原则性，而在实践中，对有关民间借贷要予以登记备案的强制约束力的实施效果不太理想，所以，实际操作意义并不大。其背后的原因在于，只要处于某些民间借贷纠纷的相关当事人提出诉讼请求，即使该借贷并未按该《办法》的要求进行登记备案，地方人民法院也应该予以及时受理。一般来讲，信用风险的累积和扩大，会与资金在诸多借贷人之间的转贷环节数成正比，那么借贷资金链一旦出现裂痕，所施加的影响与危害将数倍于直接融资。所以，倘若该《办法》能得到彻底贯彻和实施，可以降低鄂尔多斯高利贷崩盘的可能性。

第三，总归来讲，鄂尔多斯所发布的《办法》虽只是一个地方性的规章制度，却具有十分显著的探索意义，这启示着民间借贷未来的发展方向不仅要推动地方立法，还要由全国人大立法普及。

就现实实践来说，鄂尔多斯的《办法》尚不具备大范围推广的条件，原因在于地方性质的法规都是根据当地的民间借贷特点来制定的，但《办法》对其他地区具有较强的可参考性。鄂尔多斯从长远发展的角度来看，不仅要通过吸引和培育更多适应市场要求的金融机构等发展间接金融市场，而且要凭借多种有效方式鼓励各种投融资机构、私募股权基金机构等大力推进直接融资市场的发展，从而加速推进包括民间借贷在内的大金融市场发展。同时，需通过综合各种手段力量，注重引导民间资本流向实体经济，例如，利用“大民间资本”引导“小民间资本”，为此政府应该出资引导以商会等传统机构为典型的“大民间资本”，以及为实现民间资本与企业和个人融资的精准对接，需要优化民间资本投资结构，并且利用地方先行先试的办法，破解自上而下的金融改革贯彻执行难的问题。

第三节　广东民间金融改革

由于独特的地理位置优势，广东一直是社会主义市场经济改革的前沿阵地。对民间金融系统的市场化改革亦是如此。以广州为中心，2012 年 6 月和 2013 年 6 月广州民间金融街分别启动首期和二期建设，经过近几年的不断努力发展，至今广州民间金融街的机构总数超过 127 家，其中小额贷款机构和公司就有 39 家之多，截至 2014 年 5 月底，广州市超过 7600 家小微企业在民间金融街的小额贷款机构和公司顺利实现超过 430 亿元之多的融资。

广州的民间金融街有专门的机构负责公布每天的贷款利率，信息相对于传统的民间借贷市场而言更公开透明，而且为资金的借贷双方提供了一个专门的资金交易融通的中介平台，这样便节省了在资金借贷过程中因信息不完全产生的过多交易成本，这种公开透明的市场化的操作有望继续深入发展并不断扩大到广东全省范围，以建设完善的民间金融市场体系。

从广州民间借贷市场本身来看，该市场内存在着众多的以小额借贷为业务的融资租赁公司，随着该民间市场的不断丰富完善发展，进入市场内的企业日渐增多，加剧的市场竞争会自然而然地降低产品的价格，反映在民间借贷市场内，就是资金的融资价格下降即借贷利率的下调。与此同时，广州民间金融街相关部门先后创制了资金融通的民间借贷融资利率、费率，以及小额贷款利率指数、民间金融景气指数等各种反映民间金融市场行情变化的指标体系。

通过这些指数的标准，来制定广州民间借贷市场标准化的利率体系，从而将该市场内的民间融资价格引向合理标准的区间内。尽管在现阶段国家并未放开民间融资不得高于基准利率四倍价格的上限，在某些小微企业急需融资的条件下有可能会造成为追求融资而不惜借用资本寻租的非市场行为，部分破坏了市场的完整性和有效性，但在大致方向上，广州民间借贷市场的标准化的利率体系大致也还是能反映出市场资金供求关系的变化规律的。

从广州价格推广到广东价格，需要考虑广东省内各个地方具体的经济环境的差异，在不同细化的民间市场需要针对不同地级市的具体民间资本市场采取不同的价格体系，从而在大致环境不变的情况下形成互动的整体民间借贷市场利率体系。各地利率指数的细微差异以各地的民间融资具体情况变化为依据，不一定非要追求一致。最为重要的一点，是要建设符合各地具体民间经济活动和民间借贷变化实际的价格体系，并且充分考虑各地区不同的产业结构和小额贷款公司自身的风险控制能力的实际。在经济进入 L 型增长放缓的阶段，各资本借贷公司应该着重关注资本借贷的风险控制问题，而不应该继续追求无风险保障的高利率收益。

此外，针对民间借贷市场的信用缺失的实际问题，民间金融街正在积极推进金融街征信平台的建设，广泛收集民间借贷市场内有关借款人和企业的信用信息，并且结合公安、税务等政府部门联合打造一个信息共享的信用平台，以致力于建设地区内完整的企业征信系统数据库，并且把目标盯向地区信用大数据库的建设。

对于互联网金融的发展也需提高警惕，并且在监管层面适时推进相应的监管策略，避免互联网金融公司打着金融创新的幌子，钻政策监管不当的漏洞谋取暴利。要建立完善的信息披露平台，避免个人投资者的资产因信用违约风险而遭受损失。

2014 年 4 月，广州成立了金融资产交易中心，为民间借贷市场从隐性地位到显性地位的转变提供了一个平台。这也成为各小额贷款公司顺利实现资本投放运营的一个主要市场，在扣除各类成本后，资本的投资收益率大致在11%左右，远大于正规金融市场的存款储蓄收益率，为民间金融市场的进一步发展提供了市场契机。

第四节　泉州金改区的实践

一、泉州金融改革的发展历程

2012 年，继温州金融综合改革试验区、珠三角金融改革创新综合试验区之后，中国人民银行等 12 部委经国务院批准，联合出台了《福建省泉州市金融服务实体经济综合改革试验区总体方案》，这标志着泉州成为国内第三个国家级金融改革试验区。而泉州金改区的设立，是中央银行结合泉州与台湾距离近和它位于闽南经济中心之一的区域优势和民间产业发展较为成熟的经济条件的地区优势因素综合考量做出的一个重大政策决定。在中央政策扶持的基础上，福建省政府也相继发挥地方政府的作用，支持泉州加快完善金融市场体系，顺势出台了《关于贯彻落实福建省泉州市金融服务实体经济综合改革试验区总体方案的实施意见》，大力支持泉州金改区建设，并下放了小额贷款公司、融资担保公司、典当行等省级金融管理权限。

与此同时，多个部委相继发力，支持泉州成为金融改革的政策高地。例如，央行批准泉州开展泉台跨境人民币贷款、外商投资企业资本金结汇管理方式改革及跨境电子商务外汇支付业务等三项试点，并将泉州列为首批全国小微企业信用体系建设试验区；证监会接受泉州设立泉台合资全牌照证券公司申请；银监会支持泉州加快发展非银行金融机构；商务部同意将泉州列入商业保理试点城市；为了更好地利用金改区先行先试的优势，泉州市在相应监管当局申请获批消费金融公司、商业保理公司试点，并积极争取民营银行设立指标。此外，2013 年 7 月，《国务院办公厅关于金融支持经济结构调整和转型升级的指导意见》对民间资本进入金融业（第九条）及小微企业的融资难（第三条）等问题提出了指导性意见，尽管这个文件并没有出台相应的实施细则（比如民间资本进入金融业的正规渠道等问题的细节问题并未详细提及），但对泉州市关于民营资本、小微企业的相应金融改革问题具有一定的指导意义。在这个基础上泉州市顺势而为，进一步提出了详细的金融改革的政策方向。泉州市政府决定成立专项管理泉州金融改革的金融工作局，并做出了泉州市金融业发展规划；此外，在《福建省泉州市金融服务实体经济综合改革试验区总体方案》基础上相继出台多项配套政策文件，包括《鼓励金融业发展的若干意见》《关于促进股权投资业发展的若干意见》《关于开展民间资本管理公司试点的指导意见》等；为促进银企交易有效对接、企业信息互换与共享、金融资源向实体企业聚集，初步建成金融信息服务平台，并推动新一批银行服务网点扎根延伸。

泉州市政府在金融改革实施后，建立了多部门参与下的金融工作联席会议制度，并可以通过金融工作局及时掌握区域金融及市场主体的诉求，及时报请联席会议协调相关职能部门给予解决，这类制度有助于强化对区域金融主体的协调服务。泉州市政府为打造有效的向上对接通道与通联机制，不仅争取国务院办公厅和一行三会派人来泉州挂职指导金融改革，而且聘请金融顾问，成立金融改革专家咨询委员会。

泉州市民间借贷市场的有效监管在金融改革前几乎为零，且正规金融机构的监管权在央行和银监局等监管机构手上，泉州市政府依托金融工作局积极协助金融监管当局加强对本地金融机构的监督管理，为金融监管部门施行有效监管提供必要支持，并加强与福建保监局和福建证监局的沟通交流，共同承担起本地保险和证券期货行业的规划发展、协调服务、市场维护和动态监测等工作。准金融机构监管方面，泉州市政府适度调整监管刚性，积极探索符合本地实际的、更加灵活的监管制度，既确保了区域金融的安全，又更好地服务和引导了区域准金融发展。

第一，积极争取省级管理权限下放，梳理地方金融管理行政权力清单，优化行政审批流程并向社会公开；结合商事登记制度改革，实行“先照后证”管理；创新民间资本管理公司、金融服务公司、民间借贷登记服务公司等组织形式，在经营区域、业务模式、外源融资等方面预留更多的制度空间；鼓励民间资本进入准金融领域，加快形成更为成熟和市场化的区域准金融体系。

第二，建立准金融机构监管联席会议制度，实行更为科学、灵活的分类评级管理制度，启动建设准金融机构监管信息系统，不断充实准金融机构监管队伍，并建立监管责任人制度，强化事中、事后监管力度，确保准金融机构合规经营，努力维护市场秩序。民间融资管理方面，出台《民间融资管理暂行规定》，建立重点企业民间借贷清理维稳制度，设立民间借贷登记服务中心，探索并建立民间融资登记备案制度，探索开展民间借贷利率监测和非法集资融资专项整治行动，促进民间融资规范化、阳光化；至 2014 年年底，累计备案登记金额超 40 亿元。

二、泉州金改区关于民间借贷市场改革的主要内容

第一，完善金融机构的宏观布局，以打造金融对接实体经济的服务体系。在积极设立总行直属的地方分行和引进外资银行的基础上，泉州市新设社区银行、金融便利店、37 个银行机构网点等，并开展民间资本设立中小银行试点、设立泉州合资证券公司和融资租赁公司。通过完善整个金融机构的结构，来保证整个金融市场和非金融市场得到平衡的发展，从而引导社会资本更好地进入实体经济。

第二，金融服务产业模式有所创新。推进商业圈金融合作、综合授信和村镇银行联姻等金融服务模式创新，为不同阶段企业提供个性化金融服务。县设立高新科技金融服务中心、海洋产业金融中心等双向对接平台等措施。

第三，小微企业融资服务得到更好的提升。银行业金融机构推出数十项具有地方特色的专门服务小微企业的金融创新产品，例如，“无间贷”“流水贷”“网贷通”等。此外，为促进采集与发布金融信息、交换与共享企业信用信息、银企交易在线连接与咨询等的服务一体化，分期打造泉州金融信息综合服务平台，通过这个平台的建设使得资金借贷双方降低获取信息和进行交易的成本，从而为小微企业更好地实现融资需求。

第四，构建民间资本对接正规金融的有效通道，以拓宽和延伸民间金融发展领域。不仅建立了具有当地特色的晋江融资租赁特区，而且成立了小微贷款公司、民间借贷登记服务公司、民间资本管理公司和中小企业票据服务公司等累计 42 家，这显示出泉州市积极发展准金融机构的重大决心。

第五，区域资本市场的发展为企业融资构建更多渠道。主动对接“新三

板”扩容试点，积极设立海峡股权泉州交易中心，并探索建立有效的合作通道与机制。扩大资本市场的交易范围，从而克服了民间企业融资方式单纯依赖银行等正规金融机构的弊端。

第六，构建泉台多层次金融合作体系。为充分改善小微企业融资环境与方式，主动提升信贷服务理念和开展企业融资辅导咨询，并借鉴台湾服务中小企业的兴柜市场经验与打造“三位一体”的信用融资政策体系等先进做法。

第七，发挥地方政府的引导作用。不仅制定了金融业发展规划，出台了《鼓励金融业发展的若干意见》《鼓励股权投资业发展的若干意见》等多份政策文件，而且主动延伸金融协调管理服务网络、设立金融工作局和成立金融改革专家咨询委员会，建立健全“专家指导专业人士做专业事”的机制体制。在此基础上，为形成政府引导、金融服务、企业发展的多层次推进体系，泉州市积极打造金融综合服务系统平台和发展项目数据库，并设立中小企业直接债务融资发展基金和信贷风险补偿共担资金等。

第八，打造地方金融监管的升级版，预防和治理金融潜在风险。为此，不仅建立金融风险防范、评估、监测和预警的综合指标体系，而且制定和出台泉州市金融应急处置预案管理规定。

在泉州金融改革优良政策支持下，泉州银行、保险、证券、期货等行业在机构种类和数量方面将会有很大的提升空间。外资金融机构、村镇银行、融资租赁公司、信托公司、财务公司等金融机构也会有很大的进展。

三、泉州金融改革关于民间借贷市场的改革目标及初步成效

（一）改革的目标

泉州金融改革与温州和珠三角两个国家金融改革试验区的目标和定位都不尽相同，温州的改革试点面对的是引导民间资本规范化和民间资本向实体经济

的回归等中心问题，并以着重解决“产业空心化、民间资金借贷高利贷化”为核心目标。而传统的珠三角劳动力密集型产业过于单调落后的发展模式在面临劳动力成本上升、企业出口受限、经济增长乏力等弊端之后，企图利用金融改革的契机来培育金融产业的新发展，以改变传统产业增长疲乏、缺乏竞争力的问题。与温州和珠江三角洲区域不同的是，泉州的金融改革主要着力点在于，为打开和拓宽金融资本进入实体经济的合理合规渠道，恰当引导民间资本能创新进入金融领域的方式，解决金融产业发展相对滞后对于本地民间资本和实体经济产业发展的制约因素，以及原有传统金融体制不能有效地对实体经济发展实施资本供给等问题，从而建设一个完整配套的金融市场秩序和金融市场机制。

（二）泉州金融改革区的初步成效

针对泉州地区相对发达的实体经济与相对滞后的完善金融市场体制的建设之间的矛盾，解决泉州金融产业发展滞后对经济结构产业优化升级问题的困扰，泉州金改区在泉州市政府的牵头下，试着探索建设民间金融创新试验区以规范泉州民间资本市场，建设实体金融试验区，从而使得金融行业能够更好地匹配当地实体经济的发展，并打造好金融生态试验区的品牌，从而改善本地相对薄弱的金融环境，利用区位优势打造闽台金融合作试验区和港澳侨合作试验区，从而更加充分地利用海外资金服务于泉州本地的实体经济发展，并且解决了金融市场成分单一的弊端，为建设一个完善的金融市场体系打下了基础。具体而言，泉州金改区在三个方面取得了一定的进展：

第一，针对金融风险防范问题，相比以往，变得更加谨慎安全。泉州金融风险应急处置工作领导小组的成立，完善了当地金融风险防范和治理的顶层设计。同时，为有效防范化解企业资金链风险，不仅推进部分所辖区、县、市设立行业性转贷续贷周转基金（其要求基金规模总额不低于5亿元）和数亿元的企业应急保障专项资金，而且建立重点企业民间借贷清理维稳制度。截至

2014年年底，全市银行不良贷款率低于全省平均水平不足1个百分点。

第二，地区金融市场融资能力进一步拓展，民间资本得以恰当引导入市。在民间资本进入金融市场方面，通过一系列的指引政策的出台，把民间资本视为资本市场的一个主要市场力量，通过恰当的方式（适当引入证券行业、典当行业和期货交易市场等）引导其进入正规金融行业以补充正规金融市场内的资金不足和资金信贷配给问题。另外，在民间金融市场的定位上，承认民间资本的市场地位，并对实体经济在资本供给方面的贡献给予高度好评，在不违反国家金融行业监管的大方向下，结合实际情况在对经营风险和内部风险进行充分控制的情况下，给予民间资本交易市场合法地位，努力建设本地民间资本市场交易的市场（包含如民间行会和借贷所等企业的一个民间金融交易市场），作为正规金融市场的一个补充市场。

具体而言，在民间资本引导方面，为解决中小企业资金问题，泉州采取多种方式撬动民间资本，引导其投向实体经济，以壮大泉州民营企业，繁荣泉州实体经济，例如，积极开展“民间资本管理服务公司”试点工作等，丰富了政府引导民间资本通过阳光化、规范化路径投向实体经济的探索。在小微金融方面，金融改革的着重点在于帮扶小微企业解决融资难、融资贵而不得不依靠地下金融融资的难题与弊端，以及逐步实现小微企业金融服务的增户扩面，为此，泉州开展小额贷款保证保险试点，建市县两级政府主导的融资担保公司，建设重点小微企业融资项目库，并加强对小微企业融资的辅导服务。上述问题的解决与否标志着金融改革的任务能否顺利完成，以及能否继续在全国推广开来。

第三，信用体系的构建，正在努力建设泉州本地的金融行业完整的信用档案。企业的授信问题一直是影响企业融资的关键，以银行业为代表的正规金融行业对于企业的征信要求高且分配的贷款指标和贷款额度有限，不能很好地满足实体经济内中小企业的发展融资需求。所以，建立一个完善的信用档案，可以节省资本借贷过程中互相了解和接洽的谈判成本，更好地提高融资的效率，节省融资成本。截至 2015 年年底，泉州已有数万户的小微企业通过各种渠道建立起属于自身的信用档案，同时，农村信用体系建设也取得一定成效，全市已有数百万农户建立了信用档案，其中过半农户评定了信用等级，完成了数百个信用村、数十个信用乡（镇）的创建工作。

四、泉州金融改革面临的瓶颈

（一）地区实体经济发展结构粗糙，缺乏有竞争力的产业

泉州整个经济结构中客观存在着专业化程度不高、创新能力不足和同构化等问题，例如，以服装制造业为代表的轻工业为重心产业，在供给侧改革的大背景下面临着严重的产能过剩和劳动力成本激增的问题。在金融改革的背景下要结合当地的具体实际突出区域特色，把资本和劳动力等生产要素从传统的低端产业中解放出来，并且不断增加对相关科研创新产业的扶持，大力发展以现代服务业为龙头的第三产业及其相关产业，延长服务业产业链，不断提高服务业在国民经济体系中占比，以改变以往过度对工业产业的依赖，实现产业结构的优化。经过长期积累的富余民间资本需要，通过适当引导进入新兴的具有竞争力的创新型产业内，而避免过度追求高收益、高风险资本投资。只有与实体经济的现实相结合，资本的投入才能在长期保持稳定、有效的收益增长。

（二）金融行业隐性风险上升

金融行业隐性风险上升，对民间资本的合理引导需要有足够的经验和判断能力，稍有不慎，可能引起地区的金融混乱。要继续加强民间借贷市场的规范化管理，尤其要注重民间借贷市场的利率市场化改革，建立一套科学合理的民间借贷市场的利率体系。

就全国来看，目前关于民间借贷市场的规范指引，由于各地民间借贷市场

的区域差异性和特殊性，缺乏统一的能够普遍适用的引导标准，所以各地有各地的特色。泉州地处闽南经济发达地带，民间实体经济发展基础好，民间资本有充足的积累，但缺乏有效的资本市场将资本引入更好的投资场所和市场，而在实体经济增长放缓、市场化改革步调趋于平缓的背景下，将资本投向实业也不能取得令人满意的收益率，银行业等正轨金融部门由于泉州本地金融市场规模有限也不能充分吸收民间资本。在这样的现实环境下，很容易促进高利贷借贷等灰色信贷市场的发展，在原本就缺乏有效监管的泉州民间借贷市场，过分逐利的资本刺激了高利贷借贷市场的发育，尽管有高收益的保障，但相对加大了整个民间借贷市场的结构性风险，同时隐藏的金融风险在经济形势继续下滑的背景下可能会被充分放大，从而扰乱金融市场的有序运行，累加的风险不光对泉州整个金融业的健康有序发展有害，而且会破坏整个经济的正常运行，造成局部地区的经济危机。因而对民间资本的有效引导是否成功，成为泉州金融改革的一个关键问题。

之所以会出现高利贷盛行的灰色信贷市场，主要是民间借贷市场本身并不能充分发挥出市场运行机制的效用，民间借贷利率错综复杂，缺乏一个有效的市场化的利率体系标准，尽管央行相关政策大致上有不超过银行法定基准利率四倍上限的规定，但从事实来看，部分市场盲目性的作用会在经济下滑的环境下扩大化，大多数民间资本会因为比较效应和市场传递效应，增加对高风险、高收益项目的投入，为了逐利直接无视内部经营风险和市场风险的做法值得当局关注。在监管方面要加强对民间信贷市场的规范化建设，尽量减少对高风险项目的追求，避免风险累积，而应该确立一个明确的与银行法定基准利率大致相同走向的民间借贷市场的市场化利率，从而引导民间资本合理有序地进入各个投资场所和市场，减少金融市场的运行风险，并完善当地的金融市场结构，使得正规金融市场和非正规金融市场在央行的政策调控影响下更好地服务本地的经济和市场化改革。

第五章

民间借贷市场新形式——互联网金融发展背景下的网络借贷市场

互联网金融是2013年以后才出现的名词，目前学术界也缺乏统一的定义标准，大致概括来说，互联网金融是指借助于互联网技术、移动通信技术实现资金融通、支付和信息中介等业务的新兴金融模式，既不同于商业银行间接融资，也不同于资本市场直接融资的模式。互联网金融包括几种基本的企业组织形式：网络小贷公司、第三方支付公司以及金融中介公司（P2P公司和网络众筹公司等）、金融机构创新型互联网平台。当前，商业银行普遍推广的电子银行、网上银行、手机银行等也属于此类范畴。在2015年年底央行牵头工信部等部门下发了《促进互联网金融健康发展的指导意见》，文件内对互联网金融也做出了一个比较权威的定义：互联网金融是传统金融机构和互联网企业利用互联网技术和信息通信技术实现资金融通、支付、投资和信息中介服务的新型金融业务模式。

第三方支付公司的经营模式是为解决线下跨境跨区结算的麻烦，实现在线支付的一种方式，它主要依托早期的互联网电子商务市场线上消费活动的发展，在经过一段成长期之后，开始独立于银行等结算系统，但出于监管和国家金融稳定的因素，第三方支付公司更多的还是作为一个结算清算中介，结算业务最终还是与银行资产头寸相关联，便捷之处在于节省了客户在银行系统自行结算的麻烦。在网络借贷市场发育后，第三方支付公司凭借其诸如大数据分析等互联网技术优势结合银行成为网络借贷资金的第三方存管机构。从本质上来讲，第三方支付公司依旧只能作为资金融通的一个中介企业，盈利的主要渠道仍然是收取中介服务费用。

网络小额贷款公司，最明显的特点是只贷不存，这也与银行等传统金融机构区分开来。由于只能放贷而不能吸收存储，公司的资金来源主要靠公司股东自有资金进行放贷，资金来源有限因而发放的贷款利率要明显高于其他机构的利率。而其最为显著的优势则在于网络小额贷款公司放贷手续简单灵活且需要担保的条件较少，这一点与其他互联网金融中的借贷中介平台公司一样，贷款发放的标准主要以资金需求方的信用为担保而较少涉及资产担保，吸收了大量在正规金融机构排斥的次级信用贷款客户，从而累积的风险较高。而因受制于不可进行吸储的规则，资金供给有限成为网络小额贷款公司最大的缺陷。

网络借贷在我国最为盛行的是以 P2P（个体网络借贷）公司和网络众筹公司为主的网络信贷中介公司。从本质上来讲，这类公司属于信用中介公司。P2P 公司本身并不从事资金的融通放贷业务，主要是依托自身的互联网技术优势，充分挖掘市场上的资金需求和供给双方的信息，通过公司自建平台为资金的供给和需求双方建立一个中介平台，资金盈余者可以从该平台提供的需求方的信息来搜寻自己的投资项目，资金需求方通过在该平台发布具体的融资项目和融资资金需求明细，以及约定的到期付款和约定资金借贷的利息率等具体信息来获取投资者提供的资金。网络众筹公司则是在该公司平台上通过某个融资项目的具体信息披露来获取各资金供给方即投资者的信任和投资，网络众筹公司的出现改变了以往资本市场融资的单一性，有前途的公司在资金融通上并不需要再进入股票等证券市场进行公开募股融资，只需要以公司的股权作质押在网络上进行众筹募资，这样来看，网络众筹公司的健康发展对于我国资本市场多元化建设益处良多。

在目前来看，我国互联网金融市场内的网络借贷市场以 P2P 网络信贷公司为主要代表，因而下文将进行详细的分析，并从中引出互联网金融背景下民间借贷市场的新发展和有关其借贷利率的市场化的探索研究。

第一节　以P2P公司为代表的网络借贷市场的概况

一、概述

P2P全称为Peer to Peer，即个人对个人借贷。它的本质是民间借贷活动的网络化行为，在利用互联网的广大受众的优势上迅速发展。具有门槛低、收益高、风险高、操作简单灵活和手续便捷以及交易灵活等特点。在借贷的范围和方向上来看，基本上是基于微小企业和个人的小额贷款。它的出现弥补了传统的正规金融市场贷款门槛高、贷款手续繁杂的缺陷，为小微企业找到了快捷便利的融资渠道，也为普通小额投资者找到了投资理财的方向和提高投资收益率的机会，由于资金基本上来源于资金市场上盈余方，因而克服了小额贷款公司资金供给不足的弊端，它是一种基于市场契约精神和信用原则在内的陌生人与陌生人之间的个人之间无抵押、无担保信用贷款，突破了传统的民间信贷市场熟人之间的贷款的人际限制和某一区域内的贷款的区域限制，因而市场潜力巨大。

众筹融资，一般来说，是持有筹资项目的筹资人通过网络向投资人进行资金筹集，同时允诺相应的报酬，投资人采取等量份额的资金模式给予项目支出的融资形态，采取的方式多有创意融资、商品融资和股权融资。以Kickstarter为例，虽然它不是最早以众筹概念出现的网站，但却是最先做成的一家，曾被《时代周刊》评为最佳发明和最佳网站，进而成为“众筹”模式的代名词。资金需求者将自己拟融资的项目信息在网站上进行信息披露，感兴趣的投资者对其项目进行预付款项资金支持，待融资规模达到预期的要求后融资即宣告成功，投资者获得相应的股权等具有收益性的报酬。2012 年 4 月，美国通过 JOBS 法案，允许小企业通过众筹融资获得股权资本，这使得众筹融资替代部分传统证券业务成为可能。我国的众筹融资市场并未得到充分的挖掘，如若成熟起来，必定成为小额资本募资的重要市场，将改变股票交易所等大机构对公募投资的垄断，从而促进我国资本市场的多元化发展。

二、P2P 发展的国际经验

（一）国外 P2P 公司的经营模式

英国最早涉足 P2P 行业，2005 年英国人率先发明创造了线上的网络借贷平台 Zopa，这只是一个信息中介平台，并不干涉平台内的资金融通交易的具体内容。作为资金供给方的个人投资者和作为资金需求方的借款人通过该平台的线上交流机制，借款人在平台上发布需要的具体借款信息（借款的明细、借款的用途、给予投资者投资活动的预期回报率等有关资金借贷的具体内容），投资者在具体了解了各借款人发布的借款信息后做出自己的评判，并结合风险成本和投资收益等考核对最终的投资业务做出选择。双方需要缴纳给平台一定的中介费用，在国外的 P2P 公司一般比较规范，仅仅作为一个信息中介平台，其收益的主要部分也仅仅是资金借贷双方所给予的成交了的资金借贷业务的信息服务中介费用。由于坚持信息中介、媒介平台而不过分涉足资金借贷活动，所以本身的风险也不承担相应的信用中介的担保风险，该公司十年内已发展成为英国最大的网络在线借贷交易中介平台，截至 2015 年 8 月 18 日，公司累计发放贷款 10 亿英镑。从公司发布的研究报告中可以看出，该公司平台内的贷款款项额度较小，且用途十分有限，大部分是为解决个人在银行部门借贷困难的个人消费和住房贷款需求。

美国网络借贷市场在近十年的发展后已经初成规模，并且出现了寡头垄断的市场格局，主要有 Prosper and Lending Club 两家营利性的平台公司和一家名 Kiva 的非营利性的平台公司。前两家公司的交易额占据整个美国市场的绝对主力位置，大致为市场份额的 96%。

以这两家的交易的流程为例具体说明在美国互联网借贷市场的交易行为。首先借款人在 Prosper and L. C 公司的平台进行贷款融资需要满足一定的条件：针对个人信用的信用评分和债务收入比率。只要个人的申请借款前的信用审核通过，个人就可以通过该公司平台发布具体的融资要求，而投资者在平台上发现优质的可供选择的投资机会后可以立即进行投资，但需要抽取部分发放的贷款额度作为平台的筹款管理费用（中介服务费用），而借款方实现顺利融资后需要一次性支付给平台筹款管理费用。在资金流通的方向上，贷款人并不是直接发放贷款给借款人，也不通过平台的资金渠道发放给借款人，而是通过第三方的资金存管方主要是以银行为主的相应账号发放给借款人，这样做的好处在于，可以很好地避免因为网络借贷融资平台自身吸取的巨额贷款资金沉淀，给该平台的平稳经营带来的道德违约风险，在拥有巨额资金的前提下，仅仅依靠信用原则并不能保证平台公司不用这些贷款资金进行各种冒险性的风险投资，并避免公司卷款走人的风险。具体来说，早期的经营模式分为两种，一种是以 L. C 公司为代表的根据贷款本身风险分析提前设定固定利率，这样做的好处是节省了中间借贷双方议价的时间和成本，但提前设定的利率是否科学合理有待商榷；另一种是 Prosper 早期采用的一种叫作“双盲”拍卖方式的拍卖系统，这种拍卖方式原则上是借贷双方在协商过程中通过借款方对设置贷款条件的投入程度和放款人投资速度可行性之间取得一种平衡，最终协定一个对双方来说都取得利益最大化的均衡的最优利息率。然而，这个拍卖系统由于在操作上过于繁杂、筹款时间长且并不一定能取得最低利率，不易操作，2010

年以前 Prosper 公司在保留拍卖的议价方式的同时也和 L. C 公司一样，通过对贷款风险组合的划分设定提前的固定利率来运营。2010 年以后 Prosper 公司也放弃了原有的拍卖模式，改成由公司依据借款人的违约风险提前设定好贷款利率的模式。

2008 年，P2P 公司要求在 SEC 登记注册之前，美国各网贷公司是允许放款人直接购买贷款份额的，P2P 平台通过 WebBank 发行的 P2P 平台负有还款义务的信用凭证，要求 WebBank 向借款人发放贷款，同时设立对应的信用凭证，银行再将这些信用凭证出售给放款人，这样放款人和借款人通过信用凭证被直接联系在一起。而在 2008 年以后，监管要求更加严格，即要求 P2P 公司在 SEC 注册登记，原来的借款人和放款人之间的直接联系被切断，网络借贷平台公司先从银行处购买该贷款的债券并且以借款人每月还本付息的现金流为基础发行收益权证券凭证，实现贷款的证券化过程。投资者购买与之前在平台上实现的放贷条件相匹配的贷款的收益权凭证，从而实现了整个贷款的流程，这样一来投资者成为这些放贷平台的无担保责任人，在发生违约的情况下只能对平台追偿损失而不能对借款人本身进行追偿。在之后的进一步扩大规模发展后，许多平台公司都通过上市的行为引入机构投资，扩大了原有的个人投资的限额，实现了经营规模的扩张，但同时这些公司也保证机构投资和个人投资业务相分离，以免资本雄厚的机构投资挤兑个人投资的投资活动。2014 年 L. C 公司顺利上市，尽管公司的市值有所下降但公司沉淀的大量资金可用作多样的投资渠道，扩大其传统的信息中介平台业务，从而实现更多的收益。此外，P2P 公司的顺利上市可以突破原有的各州证券法的限制，在全国范围内出售它们的产品，上市以后公司的知名度会更高，达到更好的市场宣传效果。P2P 公司经营积累到一定规模都会计划上市，从而进一步扩大公司的经营规模和资金来源。

经过近十年的积累发展，各大网贷公司又在原有的经营模式上做进一步的改进完善。这样做的目的也是为了进一步解决借贷活动中投资者最为关心的资金安全和借贷的流动性问题。具体在贷款的审核方面、担保措施和资产的流动性管理方面都做出了相应的改进完善。① 举例来说，在借款人的信息审查方面，相应的平台公司加强了对借款人个人信用的评判部分，平台只接受专业的评级机构和银行等正规金融机构审核发布的有关借款人的相关信息。在流动性方面，部分平台允许投资者以其在该平台的投资活动获取的债券为质押物，在该平台进行新的质押融资，从而解决了投资者可能出现的流动性短缺的问题。在担保方面，部分平台要求融资方提供一定的金融资产作为融资担保，也有部分平台通过购买相应的资产保险计划为借款的本金提供保障计划。从这几个方面可以看出，新的改进主要是为了解决在发展过程中出现的各种问题，如流动性限制和资金的安全性。但是，加上了各种附加条件之后的网络借贷在一定程度上加剧了部分借款人为实现顺利融资进行的道德违约行为（为了实现顺利融资在某些不符合要求的信息方面进行虚化和掩藏，在顺利获取融资后有可能偏离原有的资金用途进行更高的风险投资等），也加剧了网络借贷市场的信息不完全性，从而加高了整体市场的运行风险。但相比于在正规金融市场面对的完全信贷约束限制，在网络借贷市场上次级信用的借款人借贷限制条件可以得到部分满足，因而可以实现部分的信贷融资。

（二）国外 P2P 公司的监管

以美国 P2P 网贷行业为代表，一般国外的 P2P 公司严格遵循“信息中介”公司的要求，不仅不对平台上的资金借贷双方的借贷行为进行担保，也不进行资金的借贷活动，盈利的主要方式是收取有效借贷业务里的信息中介服务费

① 杨勇．互联网金融的特点、风险及应对［J］．征信，2016（4）：13—18．

用。在美国，一般来说，大部分网络借贷平台公司为维持公司的有效运转，需要拨备一部分的营业资金作为借贷业务风险保障金，在部分违约风险发生时用该保障金进行补偿，但在经济恶化、投资者流动性要求过高和借款人违约率急剧上升的时候，这部分保障金计划并不能应对投资者的挤兑风险。因而平台在提供借贷中介的同时会对借款本金进行投保，依托保险计划来解决可能存在的违约风险和经营风险。

此外，在撮合借贷双方达成借贷合同之前，美国的P2P网络借贷公司一般都会请第三方权威信用评级机构为平台上的借款人进行信用评级，主要是以三大权威信用评级机构为主。依据这一评级机构给出的个人信用得分，P2P借贷公司再适当结合借款人的借款信息判断对不同借款人制定不同的借款成本，从而有效地实现个人信用风险分散，减少违约风险。而在发现借款人有违约的潜在行动时，一般以邮件和电话等业务方式催收款项提醒。在全面违约和卷款跑路的情况下一般会诉诸严格的法律程序解决违约的问题，从而追回投资的款项。

在制度层面，2008年出台的、要求各P2P公司在SEC注册登记的做法，一定程度上排挤了部分有能力的公司进入该行业，因而形成了严格的市场门槛，而且在SEC注册资本金要求很高，相对来说就减少了部分小额资本的P2P公司对市场风险应对不力的弊端所造成的违约风险的可能性。另外，在业务流程上，随着注册制的实施，在平台上发布的借款的债券收益凭证被证券化以后变得更加复杂，虽然有各种证券监管法则的制约，但隐藏的风险不可忽视。

在法律层面来讲，美国有着严格的立体化的分层法律体系对网络借贷的行为进行法律层面的严格监管。在金融市场方面的立法来看就有《证券法》《真实借贷法案》《金融服务现代化法案》《多德-佛兰克法案》等一系列的法律法规，对网络借贷市场上的违约行为进行法律层面的监管制约。

在《多德-佛兰克法案》的要求下，美国又专门成立了消费者金融保护局这一法律机构，主要负责与消费者金融产品和金融服务相关的法律和监管条例的制定和实施，因而成为在网络借贷市场违约行为发生时投资者追回投资资金所需要寻求的有效的法律机构。此外，在互联网金融的框架下的网络借贷公司也需要遵守一系列的，诸如《电子资金转账法》等与互联网金融安全相关的法律条约。

从信息经济学的角度出发，网络借贷双方并不具备提前接触的关系，因而是完全陌生的，在借贷双方的市场化借贷关系中唯一保障安全的是个人信用，因而在借贷业务的事前、事中和事后都有可能会由于双方市场信息的不完全发生信贷违约的道德风险。而美国具备完善的市场经济体系和金融市场规则以及从中衍生的完善的市场征信体系，加上相应完善的、多元化的法律监管体系，在应对风险的问题上，这些因素都可以为减少风险提供有力的保障措施，以减少因为市场上信息的不对称问题而引发的累积性的信用风险和操作风险。

（三）从国际经验中提取的有利信息

从国际来看，英美发达市场经济体制是网络借贷市场平稳运行的一个有力保障。但市场经济本身存在的信息不对称和违约的激励因素存在，也不可避免地会引起部分违约风险。仅仅依赖市场的信用机制是不足以保障网络借贷市场的风险规避。但美国具有完善的证券化市场，对于民间借贷市场发生的借贷行为的投资债权可以在发达的债券市场和证券市场进行再流通，因而在应对流动性风险方面优势明显。

关于网络借贷平台本身的风险，国外的网络借贷市场上的借贷平台公司能够很好地把握其经营的信用，保持其信息中介公司的性质，尽可能少地干涉在其平台上的借贷业务，同时保障着投资者的投资收益稳定性，也承担着对借款人本身个人信用评价的责任，尽可能将借款人的个人信用信息完整披露，为投资者的投资活动提供有力的信用评价依据，减少因借款人故意隐藏部分信息而引发的道德违约的行为及造成违约风险和经营风险。另外，在以银行为主的第三方资金存管的有力监督下，平台本身的资金使用额度有限，可以减少因平台自身的经营活动和冒险投资行为对平台内的投资者造成的操作风险（经营风险）。

而这些优势都是我国目前网络借贷市场缺乏的部分，需要在以后的行业发展中积极改善，以期实现更好的网络借贷市场的融资功能，使之成为我国金融市场的有序组成部分和正规金融市场体系的有效补充部分，从而更好地解决小微企业面临的融资难的困境，也可以更好地引导民间投资朝健康有利的方向行进，发挥出民间投资对经济的刺激作用。

三、我国以 P2P 公司为代表的网络借贷市场现状

（一）规模由小变大，数量呈爆发式增长

第一，从时间上来看，在国外 P2P 创业公司发展一年后，我国即引入了 P2P 平台的网络借贷公司。2007 年 6 月，拍拍贷公司在上海成立，成为我国 P2P 公司开始发展的标志。在之后的几年时间里，网贷公司处于默默耕耘期，数量上并没有多大的变化。2012 年以后，在国家相关政策放松以后开始爆发式增长，到 2013 年年底，我国的 P2P 借贷公司的数量大致为 700 家，年交易额也增长到 1100 亿元，较上年增长了 10 倍，据网贷之家的数据统计显示，到 2014 年年末，我国的 P2P 公司已经增长至 1575 家，总成交量达到 2528 亿元。到 2015 年 10 月底全国 P2P 平台累计有 3568 家，平台内日均活动人数 36 万人次，全国的 P2P 平台网贷余额为 5190 亿元。从这些数量结构内可以提炼出来我国网贷市场的一些特征：纯线上的交易发展缓慢，为了减少不必要的风险，

大部分网络借贷采取线上—线下结合的方式审查相应的借贷风险；P2P的数量上之所以能在短短十年时间内实现爆发式增长，原因在于民间借贷市场本身巨大的资金借贷需求并不能在正规金融市场上得到满足。

第二，网络借贷是传统民间借贷市场在互联网上的一个延伸，很好地结合了互联网受众广、信息量大的优势。通过对P2P平台信息的具体甄别，我们发现，这些平台的贷款基本上为小额贷款，期限较短（一般为一年以内甚至是一个月的资金融通），且利率高（一般维持在年利率20%—30%）；在贷款的用途上，大部分为个人消费贷款和小微企业临时性资金需求。贷款的审核周期短，而且注重借款人的信用，基本无资产抵押和质押，也没有任何机构负责担保，在平台借贷的款项一般默认为网络借贷平台自身为贷款承担担保背书，在发生违约时，基本上以平台公司为第一追偿对象。在应对风险方面，行业内因为各平台公司资金实力的差异出现了明显的分化，初级借贷公司只负责收集借贷有关的信息，仅仅承担有关贷款业务的信息中介服务，收益也只是成功借贷双方的信息服务费用，有能力的公司在提供有关借贷的市场信息的同时，还为相应的借贷业务承担风险担保责任，但要求收取更高的收益租金，不光是作为信息中介，而且承担了一部分信用中介的业务。

第三，对于经营经验丰富且资金实力雄厚的规模化的平台公司，不仅包含前两者的业务范围，还会为平台上的资金借贷活动提供保险服务，一方面在放贷的资历审查方面，负责聘请专业机构进行信用评级和个人信用测评，以准确划分可贷资金额度大小；另一方面在贷款款项发放以后为该贷款业务准备一定的风险补偿金，以备发生违约风险时补偿损失，更有甚者会把该项贷款业务单独投保，以实现分散风险的目的。关于行业内的资金运作管理在相当长一段时间内是混乱无序的，有的规范化地采用第三方资金存管，而有些不够规范的公司则自建资金池，进行违规的投资操作，加剧了平台运作的风险。这些在之后的监管渐渐深入的阶段得到了一定的缓和。

在2015年P2P网贷平台问题频出以后，监管层将不再对P2P行业采取放任自流的放纵态度，而是从平台注册资质、风险预防及资金第三方存管等方面进行严格的规范监管，加上市场上投资者渐渐回归理性投资，行业内平台数量过多，竞争加剧，平台的经营成本（包含营销成本、推广成本、维护成本等）居高不下，部分小额资本的平台都面临着倒闭清算的局面。

（二）行业监管逐渐严格，原有的监管漏洞被缝补，市场饱和后加剧的市场竞争促使网贷市场的结构性变化

随着P2P公司爆发式增长，行业规模出现了井喷式的扩张，然而，扩张背后存在着重重问题，亟待改革完善。截至2015年上半年，随着P2P网络借贷市场的不断发展，问题平台和平台违约的问题也不断出现，新增问题平台419家，同比增长了近8倍。仅6月一个月就新增问题平台125家。综合近两年来的问题平台跑路的原因，在这里有两个问题必须要着重分析：

第一，在大的监管环境宽松的背景下，大部分的问题平台都是本身资质未能符合相应的资本要求，在实际贷款业务操作中存在着严重的操作不规范的问题，P2P平台网络借贷公司是在互联网新形势下的一种民间借贷公司，因为整个行业都缺乏必要的监管规则管制，导致乱象丛生。注册没有严格限制，大部分公司都不符合资本的要求，在市场上发生借款人违约的信用风险时，出于对风险恶化的厌恶，投资人会集中要求收回应收回的款项，而没有足够的资本实力的平台公司在市场风险恶化的情况下又无力应对集中挤兑的压力，与传统金融行业要求的存款保障金制度相比，这些问题平台基本上没有任何的风险备偿金，只能接受挤兑后的破产或者跑路。对于资金运作的规范经营问题，也是最近才明确必须要有第三方的资金存管方，平台自身不可违规建立资金池，自行对平台募集的资金进行风险投资操作，这一点在以前未曾明确时，确实有部分平台滥用平台的贷款资金，造成了违约风险和操作风验。

第二，网贷平台本身存在严重的内部结构混乱的问题。在时刻变化的市场环境里，只要有利可图就会吸引部分非专业人士的涉足，在整个大的监管宽松的背景下，对新兴的网络借贷市场，央行等监管部门本着合理引导的原则，并不希望一刀切地禁止或者限制其发展，重点在于内部结构的治理，在市场化的背景下，通过市场竞争的方式将不合格的公司平台清除。再对前面的问题平台进行一个简单分析，发现许多都不是具有技术优势的互联网公司或者具备专业知识的优秀借贷公司，他们进入这个市场更多的是望着市场内部的可吸收资金，由于缺乏行业的信息共通的分享机制，投资者在网贷市场蓬勃发展的时间内只注重问题平台公司标榜的高收益率，却忽视了其中隐含的高风险，这也从侧面反映出我国民间个体投资缺乏理性，投资的专业知识也不够，这给了问题平台吸金的机会。此外，在问题平台卷款跑路的同时，又缺乏足够的监管法律对其违法行为进行有力的惩治，问题平台冒险行骗更是猖獗。从这两年的违约追偿索赔来看，投资者进行的贷款投资由于网贷平台在资金操作上不知去向的操作，投资者仅仅只能对平台进行法律追偿，但追偿的效果收效甚微。

结合网贷之家相关统计数据反映的实际情况，截至 2015 年 7 月中旬，全国主动停业、跑路、被经济犯罪侦察警察介入的问题 P2P 平台已占 P2P 平台总数的 50%以上；而 2016 年 4 月至今，转型的 P2P 平台至少有 18 家，其中数家 P2P 平台甚至完全放弃了网贷业务。面对监管日趋严格、竞争日益激烈的市场环境，P2P 平台不得不谋求变化，与众多停业倒闭的平台相比，转型或试图转型成为 P2P 平台在倒闭潮中继续生存下去的一根稻草。无论 P2P 平台交易规模大小，都将面临转型的问题。部分 P2P 公司开始放弃网络借贷的业务转型为小额贷款的科技公司，就在近日，包括宜信、积木盒子、短融网等在内的多家 P2P 网贷平台先后宣布转型为金融科技公司，“金融科技”一时之间成为互联网金融行业热点。这在意料之中，对于P2P行业监管的日益收紧，使得尚存的P2P平台开始思考更稳妥的获利渠道，谋求转型也是大势所趋。但有业内人士认为，互联网金融公司纷纷转型为金融科技公司有监管套利之嫌。也有专家提醒，如火如荼的金融科技和之前的互联网金融一样，均须防范“吹泡泡”现象，不应把这一产业的前景过度夸大美化。对于“金融科技”来讲，关键词在于“科技”，即通过新的科学技术提高原有的金融机构的效率。这就对金融科技从业公司的要求非常高，单纯靠互联网手段简化借款手续严格来说不能算作科技。也就是说，无论是余额宝还是P2P平台现有的运营模式，只能算是交易手段的创新，而非科技进步。更大的隐忧可能还在于资本市场的盲目和躁动。进入2016年，整个互联网金融行业的政策风向发生了巨大的转变，行业迎来了史上最大规模和最严格的专项整治。与此同时，资本又表现出了浓厚的兴趣，网贷之家数据显示，截至目前，通过控股、参股等形式参与P2P网贷平台的上市公司有82家。市场的暂时不理性，使得互联网金融企业被明确暂停挂牌地方股交所、新三板，这样做可以避免因为盲目的狂热造成的资本市场的混乱和风险的扩大化。由于平台本身的资产来源有限且市场竞争逐步加剧，平台公司对资产端资源开拓的需求旺盛，不少P2P平台会将新三板股权质押业务作为新业务拓展的方向之一。相比银行等传统机构，P2P公司作为质押权人，在质押借款审核流程方面消耗时间更少、门槛更低、借款期限也更为灵活，对于很多急需融资的公司来说，不失为一个更好的选择。不过，由于部分P2P公司的风险控制体系不如传统机构严格，对于新三板股权质押暴露的风险，平台是否有能力承担，也值得怀疑。

转型的平台主要分为两类：一类是在网贷市场寻求细分领域，如美利金融关闭线上理财端，不再面向广大客户募集资金，而是将重心转移到寻找优质信贷资产；另一类转型的P2P平台则彻底结束了网贷业务，转行做电商或众筹，选择这类转型的平台数量较小。综合来看，监管加严、市场饱和后的竞争加剧，这双管齐下的压力迫使 P2P 行业内进行结构优化升级，行业内部的平台公司或多或少都必须进行新的改造升级，那些不具有竞争力的公司为减少行业内累积的违约风险，转型做互联网信息咨询中介公司或者直接倒闭清算，具有竞争力的市场化的平台公司实现了科学的转型后，可以进一步解决 P2P 公司对于缓解小微企业和个人在正规金融市场内无法实现的信贷困难，从而更好地引导民间资本投资，为建立一个完善的、多层次的金融市场打下夯实的基础。

第二节　网络借贷市场的定价及其利率市场化

网络借贷市场，是互联网应用技术成熟并结合民间借贷市场的一种新的民间借贷市场。网络借贷市场的发育，一方面得益于互联网技术的发展；另一方面也反映了传统的民间借贷市场存在信息流通不畅和局限于局部地区的空间限制等制约因素的情况下，需要提出一种新的发展要求。与传统的民间借贷市场贷款定价依托局部市场的自主定价和熟人关系之间的友情价格不同的是，网络借贷因为在范围上突破了局部地区的经济范围限制，因而在借贷市场利率的市场化方面可以做得更好，而且能够作为整个利率市场化的一个典型市场来研究。尽管网络借贷市场信息不完全的情况依旧存在，但依托培育后成熟完善的网络借贷市场，各市场主体都能够按照市场均衡定价的要求，很好地实现市场化的定价，最为关键的部分在于限制市场不完全信息方面的不利因素对市场效率的破坏，以及监管层面上加强对非完善的网络借贷市场的引导和规范，以实现有利的市场化的网络借贷市场配置资源的帕累托最优。下面主要围绕网络借贷市场的产品“贷款款项”的市场化定价的问题做一个详细的介绍，并着重分析其市场化的定价方式对于民间借贷市场的利率市场化建设的积极性作用。

一、网络借贷市场的两种定价形式

关于网络借贷市场的利率定价形式，大致上分为两种：一种是作为资金出借方的投资者和作为资金需求方的借款人之间，通过各种借贷平台的中间人撮合，间接交换双方的供需信息，最终形成的一种拍卖价格定价方式；另一种定价方式是直接定价行为，指的是网络借贷平台为省去交易定价的烦琐过程，依据自己可获得的所有关于投资者和借款人的诸如个人信用、收益率要求、借款大小和期限以及借款用途等各种与交易有关的信息，已经考虑各种风险直接规定的固定成交价格。从操作上来看，买卖双方直接交换双方与交易有关的信息而最终以拍卖成交的近似市场均衡的价格，由于需要借贷双方充分参考各自信息，并在价格撮合过程中不断重复的博弈耗时长，成本相对较高，而借贷平台凭借手中的信息优势，参考各自的风险要求，规定的固定成交利率相对来说成本较少，但此举对网贷经营业务的平台自身的专业要求和规范经营要求高，因而也并不容易在网络借贷市场全面推广，从国际经营及我国网络借贷市场的具体做法来看，一般都是结合两种定价，并没有绝对的标准。我国大部分的网络借贷平台的做法是在规定借款人贷款利率的最高上限和投资者的最低借款利率下限的区间后，再结合借贷双方互相讨价还价的竞争行为综合定价。

从实际来看，图 5－1 描述的是 2015 年 1—2 月借贷平台的平均借贷利率水平的均线趋势图，从图中可以看出，目前我国网络借贷市场上的借贷利率集中分布在 12％—15％，明显高于银行业的基准年化利率 5.6％的水平，可以看出网络借贷一方面延续了民间借贷市场高利率的特性，我国网络借贷市场的利率决定方式并没有很好地实现市场化定价，而是依靠网络借贷平台实现的直接定价行为，尽管这些直接定价参考了部分借贷双方的市场信息，但并没有充分发挥借贷双方关于借贷价格决定的主体地位，是一种非完全市场化的定价体系；另一方面也折射银行业等正规金融市场，对于借贷利率的过多的苛刻要求及不能很好地满足市场的需求。

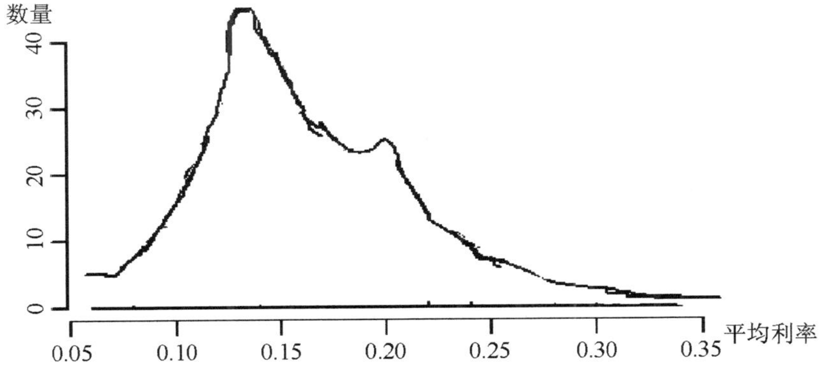

图 5－1　网贷平台 30 天平均利率水平趋势图（2015 年 1—2 月数据）

注：图表数据根据网贷之家公布的数据处理所得。

（一）拍卖定价模式

拍卖定价模式也叫作竞标利率发标模式。竞标利率发标指的是，在市场化程度较高的网络借贷市场上，借款人和贷款人（投资者）借助网络借贷平台这一信息平台，通过借款人和贷款人双方之间直接谈判制定相应贷款项目利率水平。借款人首先在借贷平台上发布其所需要融资的标的资产和资金、具体使用用途，并给出其最高能承受的利率上限水平，贷款人在平台上获取该竞标信息后，通过自身可获得的信息和自己的甄别能力给出相应的投资额度和预期的资本投资收益率。在一对一的竞标模式下双方通过反复磋商谈判形成的折中价格为最终成交的均衡价格及最终的贷款利率。但在多对一模式即多个投资者对某一融资招标需求都感兴趣，在借款人发布相应的招标要求下，多个投资者之间为争取获得信用良好且风险相对较小的优质标的而参与竞争投标，最终在标满期以提供最低贷款利率的投资者的利率为准，参考借款人的最高借款利率要求最终实现贷款项目的均衡利率。这种“低价者得”的竞标方式极有可能造成投资者之间的恶性价格竞争，从而造成贷款利率低于借款最高利率的极限情况，在人数众多的投资者恶性竞争下有可能会造成融资项目的破产，当然，如果能够更好地甄别借款人的信息，并且投资者把握自身的资本投资收益率要求，极为可能造成贷款发放人之间的羊群效应，从而促进网络借贷市场的不平衡发展，一方面，优质借款人凭借自身的信用优势可以获得更低的融资成本，从而进一步激励其还款保持良好信用，以在下一轮融资中进一步降低融资成本；而另一方面，资质较差或存在信用劣点的个人和企业，会因为这种羊群效应而融资失败，进而冒险提高自己的借款利率上限，以期以更高收益率的贷款利率吸引融资，但容易引起企业经营的投机性冒险行为，从而加高违约率和不能按时还款或无实力还款的信用风险和违约风险，因而在网络借贷市场并不完全成熟的条件下，单独依靠这一竞标方式有可能造成局部市场失灵和市场风险的累积。

关于拍卖定价的理论模型，不同学者从不同的角度有不同的应用。在这里主要简单介绍陈虹和马永健（2016）研究的以借款人为拍卖优势方的双方叫价拍卖模型。该模型是针对借贷双方依托借款人的主动权和借贷双方的互动博弈为基础形成的。在模型里假设投资者、借款人和网络借贷平台公司都是风险中性的，这个假设很重要，避免了因为风险偏好的不同造成的对市场均衡的破坏效应。在模型里他们还假设借款人比投资者和平台更了解自身的资金经营能力和偿还能力，并且拥有在交易中为实现利益最大化而做出可以隐瞒部分信息的市场主动权。相对应来说，平台和投资者只掌握着借款人的信用等级和历史成交记录及违约情况等已经公开的信息。参与借贷交易的 M 个借款人分别记为

1，2，…，M；N 个投资者分别记为1，2，…，N。借款人 i 愿意支付的最高利率为 s_i，投资者 j 预期的最低利率为 v_j，且 s_i 和 v_j 分别具有独立的、相同的概率分布函数。在不完全信息贝叶斯博弈中，假定 s_i 和 v_j 均为私人信息，借款利率为 r，令借款利率的浮动区间为［m，n］，$0<m<n<1$。假定 s_i 和 v_j 在［m，n］上均匀分布，分布函数 P（·）是公共信息。

在这个模型里，假设由借款人自行确定借贷利率，而借款人又偏好较低的借款利率，而投资者因为掌握的只有公共信息，而对借款人的私人信息掌握有限，并且要求有较高的借贷利率，双方在信息并不完全对称的情况下进行一种定价的重复博弈。在博弈的开始阶段，借款人在了解投资者预期收益率要求的前提下，结合自身的条件进行一种从借款人层面考虑的均衡价格，并期望实现收益最大化，投资者因为并不掌握借款人的完全信息，因而只能做出拒绝和接受两种选择，并不具备在博弈中讨价还价的能力，在借款需求被拒绝后，借款人提高自己的借贷利率水平，并不断尝试更新价格（往上涨），最终在达到贷款人的期望收益率水平后双方实现了成交默契，从而完成整个交易的借贷利率拍卖定价。这个模型的关键假设在于借款人掌握自身信息的完全优势和定价的绝对主动权。模型的具体表达如下：

考虑一个代表性投资者，他的最低预期贷款利率是 v，其要价策略 r_l 是 v 的函数 r_l（v）；借款人的出价策略 r_b 是愿意支付的最高利率 s 的函数 r_b（s）。假定 $r_l \in [0, 1]$ 和 $r_b \in [0, 1]$，并且满足：如果 $r_l \leqslant r_b$，则成交利率为 $\frac{r_l + r_b}{2}$；如果 $r_l > r_b$，则没有交易发生。如果 $r_l \leqslant r_b$，借款人的效用为 $u_b = s - \frac{r_l + r_b}{2}$，投资者的效用为 $u_l = \frac{r_l + r_b}{2} - v$；如果 $r_l > r_b$，双方的效用均为零。在不完全信息贝叶斯博弈中，借款人和投资者出价和要价的比较情况是以概率的形式表现的。

在此基础上，借款人的最优化问题可表示如下：

$$\max_{r_b}\left\{s-\frac{1}{2}\{r_b+E\ [r_l\ (v)\ |r_i\ (v)\ \leqslant r_b]\}\right\}\times p\{r_l\ (v)\ \leqslant r_b\} \tag{5-1}$$

同理，投资者的最优化问题为：

$$\max_{r_l}\left\{\frac{1}{2}\{r_l+E\ [r_b\ (s)\ |r_l\leqslant r_b\ (s)]\ -v\}\right\}\times p\{r_l\leqslant r_b\ (s)\} \tag{5-2}$$

其中，$E\ [r_l\ (v)\ |r_i\ (v)\ \leqslant r_b]$ 表示在借款人出价要高于投资者要价的情况下，借款人预期的投资者要价。同时，$E\ [r_b\ (s)\ |r_l\leqslant r_b\ (s)]$ 表示在相同的情况下，投资者预期的借款人出价。如果存在策略组合$[r_b^*\ (s),\ r_l^*\ (v)]$满足式（5－1）和（5－2），该组合则是一个贝叶斯均衡。通过进一步的假设求解即可得出在双方要价的拍卖模式下的借贷定价的均衡解，并且在推广到足够多人数的时候贷款的价格趋向于下跌。

关于模型的进一步具体求解详见作者原文。① 另外一个方面以投资者为拍卖的优势方和拍卖价格的主动方为基础，原作者也提供了从贷款人占据定价主动权的二价密封拍卖形式提供最高贷款利率的模型分析，在这种情况下，贷款人占据拍卖过程中的信息优势和贷款优先甄别选择条件，从自己期望的最高借贷利率开始拍卖，在遭遇拒绝后不断下调价格，但由于投资者拥有借贷利率的优先决定的主动权，同时在借款人之间的竞争下，最终拍卖会在借款人可接受的最高借贷利率条件下选择对于投资者而言最优的借贷利率水平。在这种条件下，一旦实现借贷的拍卖成交价，投资者将获得最大收益，而借款人可能会承受巨大的借贷成本。当然在借款人数变少的情况下，可能最终借贷利率会受制于买方垄断的作用趋于下降，当然这种情况比较少见。关于具体的建模和数学求解这里不做详细的介绍。

① 陈虹，马永健. P2P 网贷行业利率定价模式研究 [J]. 当代财经，2016（5）：45—56.

还有部分学者，从信息经济学内有关信息不对称的角度出发，尝试从市场交易活动本身，在结合借贷双方在拍卖定价的过程中，可能存在的为实现利益最大化而做出的刻意隐瞒对自身有利的信息的道德风险的问题，进行专门的道德违约问题研究，这些研究的重点不在借贷双方的讨价还价的能力，而在于双方在公开竞标的拍卖定价形式下关于各自信息披露的理论和实践研究。例如，张晶蕾和孙英隽（2015）① 就在自己的研究中试图通过建立一种借贷双方都能尽可能最全面地揭露自己的信息的一种激励相容机制，并通过该机制改善借贷双方的道德风险问题，从而降低借贷交易的利率水平提高成交比例，更好地发挥网络借贷市场本身的市场化配置的高效率。同时也提出了良好的信用体系和充分完善的市场信息披露环境是竞标机制充分发挥作用的前提条件。

就目前我国的实际来看，要减少市场交易中的信息隐藏等道德风险的问题，研究一套专门的市场化的激励相容机制是必不可少的，但更多的是要结合我国网络借贷市场发展的实际，毕竟从现实来讲，我国网络借贷市场的发展并不充分，而且市场内部结构混乱，在 2015 年加强互联网金融监管的政策出台之前，网络借贷市场上的平台各自混乱经营，且缺乏规范引导，市场投资者又缺乏足够的网络借贷的专业知识，并且普遍缺乏足够的市场理性，过度追求高收益的风险投资项目，而借款人方面对借贷资金的使用缺乏有效的监督，加高了高成本融资下的违约风险。从各方面来看，要继续加大对网络借贷的监管和引导，但也要充分利用其在吸引民间资本和解决民间融资难等各方面问题的优势。

（二）直接定价行为

网络借贷市场的借贷利率的另外一种定价方式，是平台依据借贷双方对利

---

① 张晶蕾，孙英隽．公开竞标的贷款定价方式对 P2P 借贷平台的优化作用［J］．财务与金融，2015（2）：12—16.

率的最低、最高限度要求，结合双方的综合信息提供的阶梯化的固定利率，这种依托平台的固定利率定价模式，是为了减少借贷双方在博弈中耗费过多的交易成本（诸如讨价还价、信息搜集等），借贷平台依据自己搜集的信息和借贷双方提供的具体信息，及可获得的历史交易信息等综合信息为将风险分散并简化交易程序和节省交易成本，自己制定的一种在结合双方要求下的折中的固定借贷利率。这对借贷平台提出了相当高的要求，一方面需要投入巨额的成本，尽可能收集关于借贷双方全面的信息，并且不断积累借贷双方的交易有关的信息；另一方面网络借贷作为信息中介的地位很容易在其实现利率的定价后发生一定的改变。直接定价的形式尽管从原则上可以减少不必要的交易程序，同时缩短顺利实现交易的时间，但网贷平台是否具备直接定价的能力，在一刀切的直接规定固定的借贷利率的同时，是否能够保证网络借贷市场的效率性也值得考虑。在固定利率的条件下，优质借款人的信用优势不能得到充分发挥，提高了其在网贷市场获取所需资金的成本，投资者在固定利率水平下也缺乏高收益的激励而有可能将资金转向他途，尽管加权平均后的固定利率在一方面可以减少过度追求高收益背后隐藏的高违约风险；另一方面，借贷平台直接规定的利率能否随着实际的借贷市场的资金供求状况进行及时调整也是个需要考虑的问题。发展的趋势可能需要平台不断发展自己并积累到一定规模，以实现规模化经营，从而具备实现固定定价的实力。

从以上的分析可以看出，具体哪种借贷价格的定价方式合适是因时因势而变化的。在网络借贷市场发育完善并不断成熟后，依托平台的中介作用，借贷双方考虑借款人的最高借款成本上限和贷款人的最低收益下限，各自权衡后达成的拍卖价格从而实现市场化的均衡价格是具有市场效率的定价模式，但在网络借贷市场处于起步阶段时，市场的非完全信息问题尤为严重，如何在具体的交易过程中尽可能地减少因为信息不对称造成的市场失衡的问题尤为值得关切，综合拍卖定价形式的市场化的因素和固定定价对于市场上的信息不对称和道德风险问题方面的作用来说，结合两种定价的混合定价模式比较适用于现在我国网络借贷市场的实际。

二、网络借贷市场的利率市场化概述

从前文的论述可以获知，网络借贷市场的贷款利率相对于正规金融机构，如银行的基准贷款利率而言，更加符合市场交易双方的预期，尽管依然维持着较高的利率水平，但却大致上实现了市场化的均衡，是一个较为完善合理的资金交易市场的价格。然而，网络借贷市场上的资金流向只能是“只贷不存”的单向操作市场，并不完全具备资本市场的双向要求，因而其利率市场化的借鉴意义只能在贷款方向有效，而对于存款方向的利率市场化的作用甚微。

从实际来看，网络借贷市场上的资金使用出让的贷款利率，很大程度上是由平台和贷款资金的借入者和出让资金的投资者三方之间，按照市场规则自由协商谈判形成的均衡价格，从而实现了贷款定价的部分市场化，资金借贷的利率水平也从一定程度上反映出市场上的资金供需关系，很好地显示了市场的有关信息。但是，网络借贷市场毕竟是新兴市场，而且在实际交易过程中存在着利率的上下限区间控制，并不能充分发挥出市场的优胜劣汰的竞争法则，也不能够充分挖掘网络借贷市场的市场配置效率，因而需要有进一步的改进措施相配套。

第一，从市场本身出发，因交易双方信息不对称和部分交易主体为实现自身利益最大化做出的隐藏个人私有信息的道德风险问题，造成的市场失灵的问题急需一个合适完善的激励制度来规范改进。在许多学者研究中都突出了这方面的问题，并且从市场的逆向选择模型着手寻找一种激励相容的制度。逆向选择的存在会造成市场功能的瘫痪，如果不加合理引导会造成“劣币驱除良币”

的现象，在市场信息不对称的前提条件下，一方面借款人对自己私人的信息秘而不宣，而投资者又不能在市场上获取足够多的关于借款人的信息，最终只能以所有借款人的信息加权平均后，取一个中间值作为自己的资金出借的利率；另一方面资质较好的借款人由于自身信用良好，且具备未来按期还款的能力，因而对市场的借款利率要求较低，不能满意市场上贷款人按照所有借款人的信息加权平均后得出的较高的贷款利率，选择退出，投资人在借款人数量下降的情况下会进一步选择更高的利率，次优的借款人又选择退出市场，最终市场利率居高不下，而借款人只剩下部分对风险偏好较高的劣质借款人，而投资者又能凭自己掌握的足够信息选择拒绝借款的要求，从而市场最终会因为这种恶性循环而萎缩。因而，市场中存在的信息不对称和逆向选择的问题，使得网络借贷市场能够更好地反映出借贷市场本身的资金供需要求，得出一个科学合理的市场化的利率选择机制，这也是今后网络借贷市场发展必须要解决的一个问题。

第二，从网络借贷市场的中介平台来看，平台公司自身因为掌握足够多的有关交易和客户之间的信息，能否自始至终坚持自己的信息中介地位，而不去冒险经营，甚至吸收巨额投资后进行其他用途，都缺乏相应的规范措施监管，在平台自主定价的利率定价模式下，平台能否充分挖掘吸收相关的交易信息而制定合理的价格都值得商榷，要尽可能避免高息揽储等非法集资的行为，也要保证平台本身不参与和交易事项有关的担保活动，从而避免在交易过程中产生高风险和经济纠纷。我国目前的网络借贷平台大多都采用了平台直接定价的交易价格模式，而平台本身的定价是否符合市场的供需规律，是否能够顺应市场化的定价规律也都需要观察。

第三，从监管层面上看，我国的网络借贷市场方兴未艾，尽管在 2015 年后随着监管加严，各劣质平台公司都纷纷跑路和破产，但整体来看，我国的网络借贷市场还是充满巨大的发展潜力。如果监管能够适时跟进，从而规范引导行业的发展，可以充分挖掘民间资本市场的潜力来弥补正规金融市场的不足，同时能够更好地利用好这个市场化程度较高的市场，借鉴其中的市场化定价的经验为利率市场化的改革提供实践经验。这对我国的民间利率市场化改革来说都是大有裨益的。

三、网络借贷市场的发展对传统金融业的冲击

网络借贷市场的存在，极大地冲击了传统金融业及与之交叉的相关业务，尤其是以银行业为代表的个人贷款业务。同时也打破了原有的金融市场秩序，银行不再是资金融通交易的唯一媒介，在互联网技术支持下，网络借贷平台公司相对银行来说具备更全面的数据搜集和处理的技术优势，并且极大地缩小了获取有关信息的成本，打破了原来的资金借贷双方的相对独立的关系，通过网络借贷平台，借贷双方可以实现双向互动的信息交流和市场价格的磋商，这一点对于以前信息垄断的银行业冲击颇大。

（一）传统银行的信息媒介地位被打破，网络借贷平台技术优势明显

在传统的金融市场内，银行作为资金融通交易的信息中介，通过自己专业的知识和人才为资金的借贷双方提供足够的信息，并从中甄别筛选可能实现的交易。而从传统银行业务上看，主要依托其自身持有的关于借贷双方的信息，一方面压低资金供给方的存款利率水平；另一方面拔高相应的贷款利率水平，从存贷款利差中赚取利润，中间消耗的成本主要是关于借贷双方信息搜集和信息甄别的成本，但与巨大的利差相比，这些成本相对较小。而在利率市场化改革开始后，银行的存贷款利率不再有上下限的限制，而是在央行指导下依托市场的资金交易双方共同作用下的市场化的利率，因而利差收窄，传统银行业的经营压力增加，同时也加剧了银行业内部各银行之间的竞争。与此同时，由于

信贷配给的传统因素影响，小微企业的小额贷款融资需求基本上无法从银行等金融机构获得，因而滋生了民间借贷市场，在互联网飞速发展的前提下，又转向了网络借贷市场。网络借贷是结合了互联网的技术优势，借贷双方可以在尽可能小的信息成本上获取足够的与交易有关的信息，并且可以在网络借贷平台的中介下实现双向互动，很好地解决了之前因信息流通不畅而无法完成的资金借贷交易的问题。一方面，银行的信息优势尽失；另一方面，网络借贷平台公司的技术优势不断显现，同时信息的自由流通度加大，借贷双方之间的联系更加紧密，这对传统的金融业来说是一个不小的挑战。

值得关注的是，传统金融行业因为具备足够的专业性，从业人员专业知识丰富且具有足够的资本保险金和储备金计划，因而获得了资金融通交易的专业资质，而互联网金融背景下的网络借贷更多的是一种小额贷款的形式，并不能自己吸收储蓄，也没有传统金融业的那种风险管理能力，因而，只要加强互联网技术在传统金融行业的运用，网络借贷的技术优势将不再那么明显，这种对传统金融行业的冲击将慢慢淡化。

（二）网络借贷市场的市场化程度高，打破传统金融行业的资金融通业务垄断

就小额贷款这一项来说，在网络借贷市场上要比在传统金融市场上更容易实现资金的融通。在传统金融市场内，小额贷款的需求多为数目庞大的小微企业融资需求和个人消费需求，而银行在面对这些纷繁复杂的细节信息时需要耗费巨额的成本去甄别有关信息，同时出于保护存款人利益的原则要尽可能减少资金放贷业务中的风险，因而对于这些小额贷款不可能全部满足，被传统金融市场排除在外的个人和小微企业在网络借贷市场上获得了另一个天堂，尽管融资成本要高于在银行可能获得的贷款成本。相对银行等金融机构对于风险把控的严格要求和对于个人和企业的信用关注度来说，网络借贷市场上，小微企业和个人为实现更多的贷款需求有动力去努力经营，以期实现顺利还款后的信用

增加，方便下一次融资需求，当然也有部分个人和企业采取的是赌博式融资，但毕竟是少数。而且在网络借贷市场上，资金的买卖方通过平台的中介可以实现很好的信息交流和谈判，更好地实现市场化的交易，从网络借贷市场撮合成交的借贷利率和传统金融业的管制利率对比来看，网络借贷交易的顺利实现一方面降低了借款人的贷款利率成本；另一方面又增加贷款提供方的投资者的投资收益率。

当然，银行的风险把控能力和规范化经营方面要比网络借贷平台具备更优质的资质和能力。网络借贷平台对于风险的把控主要依据自身可搜集的有关交易双方的信息，而不能很好地对资金贷出的使用规范和借款人的真实信用水平做出准确的判断，同时也缺乏在传统金融业内那样的征信系统调查能力。对于经济发展形势的判断也不具备传统金融业那种专业的能力，因而遭遇各种违约风险和市场风险的概率增大。另外，网络借贷平台早期，因为准入没有门槛限制而造成行业内部结构混杂，同时迅速发展的网络借贷业务也缺乏足够的监管和引导，一些平台企业开始放弃收取信息中介费用，转而自用其吸收的用于放贷业务的资金，卷款跑路的现象时有发生，对投资者来说是一种巨大的平台操作风险，这就对网络借贷市场上的投资者的投资能力提出了更高的要求，甄别优质的平台公司和减少不必要的操作风险尤为重要。

网络借贷公司应该抓住互联网金融蓬勃发展的大趋势，并通过业内的优势竞争实现内部结构的优化，淘汰掉不符合相关资质的劣质平台企业，同时不断提高自身的业务能力和风险防控能力，在互联网技术进一步发展的大背景下利用好自身的市场化的优势，充分利用民间借贷市场的资金融通业务，为传统金融行业在小额贷款方面的不足做补充，同时也要加强与银行业之间的交流和互动，尽可能获得传统金融业的认可和信息共享，实现互助双赢。

第三节 我国网络借贷市场的规范化问题

一、我国网络借贷市场的主要问题

我国的网络借贷市场的发育是与互联网金融的蓬勃发展相伴随的产物。从时间上来看，不过十年的时间。但从业务规模上来看已经过了早期的萌芽阶段的混乱局面，开始步入正轨，规模也是逐年增长。在不断加剧的市场竞争下，劣质网贷企业逐渐破产倒闭，实现了行业内的更新换代。从网络借贷市场本身来看，在这十年的发展时间里积累的一些问题尤其值得关注。

（一）网络借贷平台的准入门槛低，行业内部差异明显

网络借贷市场的准入门槛相对较低，一般只需要在工商部门注册并满足相应的经营要求就可以成立一家网络借贷公司，而目前从监管层面看，因不存在进入网络借贷市场业务的专业准入凭证要求，造成了整个网络借贷市场内存在资历各异的不同公司。部分资历较差的公司可能凭借借贷平台的业务非法吸收资金和进行网络集资诈骗活动，这严重破坏了整个市场的秩序和健康运行，容易造成市场的恐慌和挤兑风潮，加大了网络借贷行业的经营风险。

如上海市在近几年的网络借贷市场上，发生非法集资和网络借贷诈骗的数量明显增多，也反映出整个网络借贷市场的不成熟和混乱性。见图 5－2。

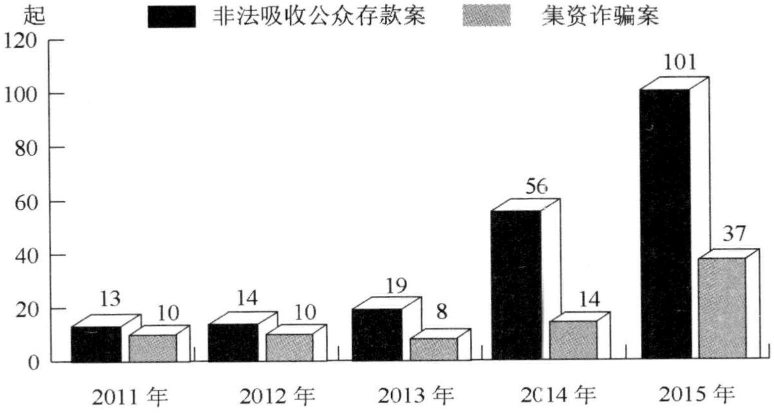

图 5－2 上海市非法集资案件数目

从图 5－2 可以明显看出，2015 年为网络借贷市场问题爆发的高峰期，这背后映射的是整个网络借贷市场内部结构的混乱无序，由于在监管层面缺乏相应的资历审查及硬性准入门槛规定，网络借贷市场内出现不少的劣质平台企业以网络借贷业务的名义进行非法集资和网络集资诈骗，这也着重显现出在行业发展步入正轨时间段亟待解决的行业内部问题。

（二）网络借贷平台业务操作隐蔽，政府对它缺乏必要的监管

这种市场畸形问题是整个网络借贷市场发展不规范造成的。从业务处理上来看，只有部分正规网贷公司坚持信息中介这一定位，只提供一个为借款人和投资者的资金借贷活动交流的平台，并不参与资金运作活动本身。一方面，有融资需求的借款人在平台网站系统内填写相应的与借款有关的信息，平台整理后将其投放到平台的信息公示平台，相应的，投资者在平台网站查询相关的借款人提供的借款信息，然后选出心仪的借贷项目，在平台的撮合下，投资者之间对同一意向的借款标的竞标，最终出价最低者中标。在整个业务操作过程中，合格的网贷平台并不提供借贷双方直接交流的平台，而是在其中充当信息中介，充分收集双方的信息，并择优匹配。而不规范的企业可能会越过这一定位要求，甚至充当借贷活动的信用中介，为借款人的贷款活动提供相应的担保业务，更有甚者可能滋生高利贷的借贷活动。另一方面，按照规范要求来说，网络借贷平台公司本身并不能持有或者储存投资者投入的资金以期用作他途，获取超过服务费数倍的报酬。尽管在银监会等部门的法规要求下网络借贷公司并不能私设资金池，而需将资金放入第三方支付公司或者银行内的中间账户，但事实上，网络借贷的业务量大、积累的资金数额也多，放入中间账户的资金也容易产生资金沉淀，形成资金池容易引发平台公司挪用资金的问题。

（三）网络借贷尽管市场化程度较高，但由于信息不对称容易引起道德风险和违约风险，需要设计相应的激励机制解决部分市场失灵的问题

网络借贷市场上的资金借贷活动，由于网络借贷公司为资金借贷的双方交流提供了一个完美的市场化的平台，因而借贷市场上顺利实现的资金借贷交易基本上能很好地契合资金借入和借出双方的意愿，并且实现了市场化的均衡利率，从这也能看出网络借贷市场相比于传统金融市场的资金交易更具备市场化的特点，但它也不是完美无瑕的。尤其重要的一点，还是市场本身存在的信息不对称，作为资金需求方的部分非优质借款人为顺利实现融资，会刻意隐瞒自身的信用状况和历史借款记录等可能对自己不利的私人信息，而作为贷款资金投放的投资者，只能在平台上搜集有限的借款人的公共信息，而对其隐瞒的私人信息无从知晓，因而在信息方面处于劣势，有可能会遭遇借款人的违约风险，仅仅依靠投资者的个人判断加大了投资的风险，从而有加高贷款利率的偏离市场均衡的动机，而优质借款人不存在刻意隐瞒信息的问题，也不能够接受过高的贷款利率要求，因而退出借贷市场，另寻他路，市场上的借款人仅剩下风险偏好较高的投机者，他们能够接受更高的借款利率要求，但同时增加了借贷交易完成后的违约风险，这种因市场信息不完全而造成的市场失灵的问题严重破坏了网络借贷市场的健康发展。要解决这个问题，就需要设计出一套合理科学的制度，对借款人进行明确的分类甄别，同时依据借款人的不同信用等级建立阶梯级的分层贷款利率，以提高网络借贷市场的配置效率，减少市场风险的累积，这也要求从事网络借贷业务的平台公司减少使用一刀切的利率定价模式，要充分发挥市场的作用，发挥借贷双方自由协商的市场化定价模式的效率优势。

（四）网络借贷公司并不能进入银行业等的征信系统，因而关于借贷活动的信用风险难以解决

从实际操作来看，我国的征信体系建设落后，缺乏完整的征信系统，网络借贷公司缺乏进入央行全国征信系统的资质，在对借款人的信用评级时缺乏足够的信息，仅仅依靠自身能搜集的关于借款人过往借贷活动的部分公开信息，因而网络借贷公司的信用评级缺乏完整性和准确性，这给了在平台上进行融资的非优质借款人投机的机会。要解决这个弊端，必须要打破原有的征信体系的固有封闭性，借贷公司要与央行等信息管理部门进行合作交流，同时对借款人的借贷活动和按期还款等信用相关的问题进行追踪反馈，实现与相关信息管理部门的良性互动。

（五）网络借贷平台本身也存在发生“委托—代理人”道德风险的问题，信息披露的完整性急需提高

就网络借贷企业本身来看，因行业内部差异，不同公司能够收集的信息不同，而平台公司能否如实将收集的信息进行披露值得关注。此外，在正规金融市场内因企业和个人信用不足而无法实现融资需求的企业和个人，有对网络借贷公司进行贿赂的动机以尽可能在该公司平台上筹集所需的资金。作为投资者获取借贷业务有关的借款人信息的提供方，借贷平台能否如实提供借款人的相

关借款信息，并对其信用状况进行客观公正的信用评级，以给投资者提供科学准确的借款人信用信息，也是更为重要的问题。从成本—收益角度看，当撮合借贷业务成交获取的服务费小于借款人为顺利实现融资而支付给网络借贷公司的租金时，平台公司有做出违背投资者意愿而采取帮助借款人隐藏对其不利的信息，并提供相应的虚假的信用评级等道德违约行为的动机。这一做法严重违背了保护投资者利益的原则。

（六）网贷作为互联网金融业态的重要组成部分，近几年的发展呈现出“快、偏、乱”的现象，即行业规模增长势头过快，业务创新偏离轨道、风险乱象时有发生

第一，网络借贷市场规模增长势头过快。近两年网贷行业无论是机构数量还是业务规模均呈现出迅猛增长的势头，据不完全统计，截至 2016 年 6 月底全国正常运营的网贷机构共 2349 家，借贷余额 6212.61 亿元，两项数据比 2014 年年末分别增长了 49.1%和 499.7%。①

第二，网络借贷平台公司业务创新偏离轨道。目前，大部分网贷机构偏离信息中介定位以及服务小微和依托互联网经营的本质，异化为信用中介，存在自融、违规放贷、设立资金池、期限拆分、大量线下营销等行为。

第三，风险乱象时有发生。网贷行业中问题机构不断累积，风险事件时有发生。据不完全统计，截至 2016 年 6 月底全国累计问题平台 1778 家，约占全国机构总数的 43.1%。这些问题机构部分受资本实力及自身经营管理能力限制，当借贷大量违约、经营难以为继时，就会出现“卷款”“跑路”等情况；部分机构销售不同形式的投资产品，规避相关金融产品的认购门槛及投资者适当性要求，在逃避监管的同时，加剧风险传播，部分机构甚至通过假标、资金

---

① 欧阳洁，四部委发布《网络借贷信息中介机构业务活动管理暂行办法》P2P 乱象，这回有法管了［N］. 人民日报，2016－08－25.

池和高收益等手段，进行自融、庞氏骗局，碰触非法集资底线。

二、网络借贷市场的风险及应对策略建议

（一）网络借贷的风险

网络借贷隶属于互联网金融体系的一个分支，其风险因素受互联网金融的风险因素影响较大。总体来看，网络借贷的风险主要包含：市场信用风险、平台经营风险、制度风险和技术风险等。

1. 市场信用风险

这是网络借贷乃至传统金融市场的一个主要风险。从具体流程来看，包括借贷业务的事前、事中和事后三个方面的信用风险。在事前交易阶段，市场信息不对称的问题尤为严重，资金借贷交易双方，尤其是借款人有潜在地隐藏对自己不利的个人信息的动机，以尽可能小的成本获取所需的贷款。关于这种信息不对称的问题，一时很难甄别，而且网络借贷借助于互联网平台而缺少实际的沟通交流，这样原本通过交易双方的直接交流进行信号传递的信号显示机制失灵，加剧了事后违约的风险可能。事中交易的风险，主要是借贷双方关于借贷业务达成一致后在成交过程中可能遭遇的市场风险，诸如平台卷款而逃，市场交易的价格频繁变动造成的风险。事后风险，主要是借款人不能按期还款的违约风险，借款人可能没有将达成的融资款项用于事先声明的用途而改作他用，这样并不能保证借款人履行按期付款和按本付息的承诺。

2. 平台经营风险

平台经营风险主要问题源自网络借贷市场早期在监管空白期间内的低门槛阶段，部分借贷平台公司并不符合真实意义上的借贷中介平台的资质，而是利用该平台对于吸收民间投资的功能进行集资诈骗，市场出现卷款跑路的现象，2015 年之后这一现象逐渐显现。资料显示，截至 2015 年 12 月，国内共有

1302 家 P2P 平台死亡，668 家跑路。另一种平台风险在于平台的经营风险，网贷平台为吸收投资者的资金，一般会承诺高于银行等存款基准利率数倍的投资收益利率，同时期限的错配问题也非常严重。由于对资金的使用缺乏严格的限制要求，原则上需要的第三方存管平台的要求也不能得到全面满足。从一个简单数据来看，据盈灿咨询最新数据统计显示，当前与银行签订了资金存款协议的 P2P 网贷平台已达 126 家，但真正完成银行存管系统对接的 P2P 平台仅有 35 家。由于缺乏安全的第三方存管平台的介入，平台公司对于资金的私自占用和挪用等情况非常突出，在追求高收益的风险投资的同时，隐含着平台公司挪用资金池资产，而不能满足客户按期按本付息的收益要求时会遭受客户挤兑的挤兑风险。挤兑风险的出现表明网贷行业在经营资产方面的缺陷——对于风险的把控不严，不能充分满足资产运作中对于资本充足率要求和赔偿保证金的要求。这对网络借贷市场的投资保护问题提出了严峻的考验。

3. 制度风险

制度风险主要针对的是关于网络借贷市场内的制度监管问题给予市场带来的冲击影响。网络借贷市场的发展毕竟是最近几年才有起色的，在国内的发展也仅仅十年左右的时间，关于监管的漏洞问题，当局始终保持谨慎观望的态度，一方面，希望利用该市场本身的资源优势充分吸收民间资本到民间经济体内的投资和消费领域，以更好地刺激经济的发展；另一方面，随着网络借贷市场的逐步发展壮大，市场内早期积累的关于平台公司资质及公司的具体业务范围等细节问题的合理监管，成为相应监管层需要着重考虑的问题。在监管加强后，网络借贷市场内的利润及收益来源等都要受到严格的限制管理，具体的监管还在进一步研究探索，未来的政策改变对行业的冲击的影响也不容忽视。

4. 技术风险

技术风险主要是指，在网络借贷平台上开展的所有与借贷活动有关的业务都是依托互联网技术这一技术优势进行，互联网技术存在黑客侵袭盗取客户重要数据以及与交易有关的重要数据影响到交易的安全问题。尽管以互联网公司为基础的网贷企业可以很好地利用互联网的信息优势来更快、更便捷地在市场上收集有关借贷交易双方的信息，同时可以利用互联网有关的大数据技术进行信息的运算，快速获取和甄选投资者和借款人的信息，从而更快地对符合交易双方意愿的交易进行配对，但是，这些依托的技术优势有时候会因为系统崩溃或者系统瘫痪等技术问题而受到影响。这些技术风险主要涉及与借贷交易双方有关的交易信息和资金安全等安全性问题。

（二）关于解决网络借贷风险问题的改进对策

要解决网络借贷市场的相关风险问题，需要各方面一起努力。首先，在政府监督方面，尽快出台业态监管细则，对风险监管全覆盖；要加强对网络借贷市场的风险提示；尽快建立从业人员的市场化风险处置和市场退出机制；建立适应现代金融发展的长效监管机制；研究探索分类分级监管；完善投资者的适当性管理。建立一个全国的征信系统，并且打破原有的银行业等正规金融机构的征信系统垄断地位，给予网络借贷业务公司一定的征信系统使用权，以便其更加全面地获取借款人等业务相关的信息，可以避免因借款人的信息隐藏带来的潜在的信用风险问题。其次，在行业自律方面，要加强互联网金融协会的正常运营，要建立网络借贷公司业务相关的登记制度，要完善网络借贷市场的行业统计。要继续加强网络借贷平台公司的评级机制建设，并且严格要求平台公司的业务经营范围，要有完善的公司内部管理机制和中立的第三方资产管理平台对积淀的资金进行保管，减少平台私自挪用资金的可能性。再次，在社会监管方面，要建立违规处罚机制和有奖举报制度，鼓励开展互联网金融市场化的一个评级，加强投资者教育，鼓励投资者理性投资，并不断提高投资者的风险甄别能力，减少因盲目追求高收益而造成的投资风险损失，完善行业内的信用体制。最后，在法律层面上看，要加强对于违规操作的网络借贷平台公司的法律惩处，从严处罚。需要在法律的层面给予非法的经营平台和违规操作的平台公司予以严惩，并始终保护投资人的利益，在风险发生时第一时间要求平台公司为投资者的损失负责。

三、网络借贷行业的监管追踪——以新出台的《网络借贷信息中介机构业务活动管理暂行办法》为准则

网络借贷行业作为互联网金融产业的一个主要分支，从本质上讲是互联网技术在民间借贷市场的一种应用。但又与传统的民间借贷市场有着明显的不同。网络借贷的兴起突破了原来民间借贷的空间限制，解决了传统民间借贷市场缺乏统一市场的问题。但同时，对于这个舶来品的具体市场操作以及与之相关的政策监管，之前一直处于空白地带，在 2015 年《关于促进互联网金融健康发展的指导意见》（以下简称《指导意见》）及 2016 年 8 月《网络借贷信息中介机构业务活动管理暂行办法》（以下简称《办法》）两个条例相应出台后，对网络借贷行业的全面监管开始慢慢追上网络借贷市场的发展步伐，但仍然需要继续追踪网络借贷市场的新变化。

（一）网贷行业监管的总体原则

按照《指导意见》明确的“鼓励创新、防范风险、趋利避害、健康发展”的总体要求和“依法、适度、分类、协同、创新”的监管原则，《办法》确定了网贷行业监管总体原则：一是强调机构本质属性，加强事中事后行为监管。网贷机构本质上是信息中介机构，不是信用中介机构，但其开展的网贷业务是金融信息中介业务，涉及资金融通及相关风险管理。对网贷业务的监管，重点在于业务基本规则的制定完善，而非机构和业务的准入审批，应着力加强事中、事后行为监管，以保护相关当事人合法权益。二是坚持底线监管思维，实

行负面清单管理。通过负面清单界定网贷业务的边界，明确网贷机构不能从事的十三项禁止性行为，对符合法律法规的网贷业务和创新活动，给予支持和保护；对以网贷名义进行非法集资等非法金融活动，坚决予以打击和取缔；加强信息披露，完善风险监测，守住不发生区域性、系统性风险的底线。三是创新行业监管方式，实行分工协同监管。网贷作为新兴的互联网金融业态，具有跨区域、跨领域的特征，传统的监管模式无法适应网贷行业的监管需求，因此，要充分发挥网贷业务国家相关管理部门、地方人民政府的作用，发挥各方优势，在明确分工的前提下，加强沟通、协作，形成有效的监管合力。

（二）网贷行业的基本管理体制及各方具体职责

《指导意见》将网贷机构定性为信息中介，且将网贷归属于民间借贷范畴，这样就从政府层面开始正确认识网络借贷的地位，并且有利于开展下一步的具体监管职责分工。根据关于界定中央和地方金融监管职责分工的有关规定，明确对于非存款类金融活动的监管，由中央金融监管部门制定统一的业务规则和监管规则，督促和指导地方人民政府金融监管工作，由省级人民政府对机构实施监管，承担相应的风险处置责任，并加强对民间借贷的引导和规范，防范和化解地方金融风险。鉴于网贷行业跨地区经营且风险外溢性较大，按照行为监管与机构监管并行的监管思路，《办法》本着“双负责”的原则，明确银监会及其派出机构作为中央金融监管部门，负责对网贷机构实施行为监管，具体包括制定统一的规范发展政策措施和监督管理制度，并负责网贷机构日常经营行为的监管；明确地方金融监管部门，负责对本辖区网贷机构实施机构监管，具体包括对本辖区网贷机构进行规范引导、备案管理和风险防范及处置工作。另外，网贷行业作为新兴业态，其业务管理涉及多个部门职责，应坚持协同监管，《办法》明确工业和信息化部主要职责是对网贷机构具体业务中涉及的电信业务进行监管；公安部的主要职责是牵头对网贷机构业务活动进行的互联网安全监管，打击网络借贷涉及的金融犯罪；国家互联网信息办公室的主要职责是负责对金融信息服务、互联网信息内容等业务进行监管。还有一点，政策监管只是一种外在的强制性监管措施，并不能完全契合网络借贷市场的要求，对于从业的借贷公司而言，应该加强行业内部自律，通过行业内部的互相监督从根本上解决行业内的非法经营行为。

（三）对于网贷业务的主要管理措施

第一，对业务经营活动实行负面清单管理。考虑到网贷机构处于探索创新阶段，业务模式尚待观察，因此，《办法》对其业务经营范围采用以负面清单为主的管理模式，明确规定不得吸收公众存款、不得设立资金池、不得提供担保或承诺保本保息、不得发售金融理财产品、不得开展类资产证券化等形式的债权转让等十三项禁止性行为。在政策安排上，允许网贷机构引入第三方机构进行担保或者与保险公司开展相关业务合作。

第二，对客户资金实行第三方存管。为防范网贷机构设立资金池和欺诈、侵占、挪用客户资金，增强市场信心，《办法》规定对客户资金和网贷机构自身资金实行分账管理，由银行业金融机构对客户资金实行第三方存管，对客户资金进行管理和监督，资金存管机构与网贷机构应明确约定各方责任边界，便于做好风险识别和风险控制，实现尽职免责。实行客户资金第三方存管制度将有效防范网贷机构设立资金池和欺诈、侵占、挪用客户资金风险，有利于资金的安全与隔离，对于规范行业健康发展具有重要意义。银行业金融机构应当按照合同约定，履行交易资金划付、资金核算和监督等职责，将网贷机构的资金与客户的资金分账管理、分开存放，确保资金流向符合出借人的真实意愿，有效防范风险。下一步，银监会将制定网贷客户资金第三方存管具体办法，明确银行业金融机构对网络借贷资金监督管理职责以及存管银行的条件等，更好地满足当前网贷行业资金存管的市场需求。

第三，限制借款集中度风险。为更好地保护出借人权益和降低网贷机构道德风险，并与非法吸收公众存款有关司法解释及立案标准相衔接，《办法》规定网贷具体金额应当以小额为主。

（四）从出借人和借款人的角度出发，加强规范借贷活动交易主体的交易行为

《办法》也对出借人和借款人的行为进行了规范，明确规定参与网贷的出借人与借款人应当实名注册；借款人应当提供准确信息，确保融资项目真实、合法，按照约定使用资金，严格禁止借款人欺诈、重复融资等。《办法》还要求出借人应当具备非保本类金融产品投资的经历，并熟悉互联网，应当提供真实、准确、完整的身份信息，出借资金来源合法，拥有风险认知和承受能力以及自行承担借贷产生的本息损失。这些规定，本质上属于合格投资者条款，其目的是为了在行业发展初期，更好地防范非理性投资，引导投资者风险自担，进一步保护出借人的合法权益。

（五）加强行业内信息披露机制的建设需要时间

加强对网贷机构的信息披露要求，完善相关信息披露制度，对于改进行业形象，提升网贷机构公信力，完善行业事中、事后监管，防范行业风险，保护出借人与借款人利益，具有十分重要的意义。根据行业及部分监管部门反映，在《办法》中对信息披露进行较为详细的规定缺乏可操作性，且部分指标的设置还有待于行业实践，因此目前《办法》只对信息披露进行原则性规定，银监会拟在后续有关细则中，结合行业的一般做法和监管需要，对行业的相应指标，包括坏账率、逾期率和代偿金额等进行明确定义。

总的来看，《办法》的出台，只是从监管的一些原则方面给予了明确的规定，但在具体的实施细则上还需要时间持续跟进。但值得注意的是，《办法》以负面清单形式划定了业务边界，明确提出不得吸收公共存款、不得归集资金

设立资金池、自身不得为出借人提供任何形式的担保等，并根据征求意见，增设不得从事债券转让行为，不再提供融资信息中介服务的高风险领域等内容。与此同时，《办法》明确规定了同一借款人在同一网贷机构及不同网贷机构的借款余额上限。

此外，《办法》对业务范围采用以负面清单为主的管理模式，明确规定不得吸收公众存款、不得设立资金池、不得提供担保或承诺保本保息、不得发售金融理财产品、不得开展资产证券化等形式的债权转让等十三类禁止性行为。

同时，《办法》明确规定不得线下推广，即不得自行或委托、授权第三方在互联网、固定电话、移动电话等电子渠道以外的场所进行宣传或推介融资项目。尽管只是一种原则性的规定文件，但已经对网络借贷市场的市场定位、相关经营企业的资质和经营业务范围、借贷市场的风险防范等领域给出了明确的答案，因而承认了网络借贷市场作为一个重要的民间借贷市场和民间金融市场的地位，需要在充分挖掘其市场优势的同时，对于其风险的监管始终保持谨慎态度，避免市场内的乱象丛生给民间金融体系和整个经济系统造成严重威胁和破坏。

第六章

我国民间利率市场化改革的阶段性评价

第一节　对我国现行的民间借贷市场及其利率市场化的总体评价

民间借贷市场利率市场化的改革问题，是在我国民间借贷市场不断蓬勃发展且问题频出的现实情况下，与中央坚持利率市场化改革的步调相一致的重要议题。一方面，我国民间利率体系的市场化运行需要市场内部各种市场力量的充分竞争发挥其市场的优势；另一方面，民间利率的市场化与利率市场化目标是相一致的。在市场自由竞争的条件下充分发挥市场本身对于资本市场资金自由流动配置的决定性作用，政府要加强对资本市场的规范引导，防止市场机制本身存在的缺陷对我国脆弱的金融市场和资本市场造成过大的冲击，进而影响实体经济的健康有序发展。

第一，从我国民间借贷资本市场的发展历史来看，民间借贷市场的地位随着政府对其态度的好转而渐渐由地下市场转变为地上合法的民间市场，从而成为我国资本市场和金融市场体系的重要组成部分。政府对于民间资本借贷市场的态度是逐渐变化的，由最初的取缔一切非正规金融机构的非法金融活动到后来的慢慢转向了鼓励民间资本市场的健康发展。这样一来，可以充分发挥民间金融市场的潜力，从而对解决民间融资难的问题有着积极意义。2010 年 5 月，《国务院关于鼓励和引导民间投资健康发展若干意见》便是从政策法令上承认民间资本市场的合法、合理地位，并积极鼓励其健康发展。我国的金融市场发展较为缓慢，并没有形成一个完善成熟的金融市场，像西方金融市场一样的诸如证券市场、债券市场等金融子市场并不能充分吸收我国民间资本的投资，也不能给予小微企业很好的正规金融市场的融资渠道，因而鼓励民间借贷资本市场的积极发展，并不断完善其市场化的程度，以发挥其市场效率，可以很好地解决这一棘手的问题。而民间借贷市场利率的市场化问题更是民间借贷市场市场化改革的关键。只有积极稳步地推进民间利率的市场化改革，才有可能纠正我国正规金融市场存在的信贷配给带来的相对民间资本供给不足的弊端，才能充分挖掘出民间资本市场资金的潜力，使得民间富余资本可以更好地投向民间实体经济，从而满足民间中小企业和个人对于资金的融资需求要求，进一步助力民间实体经济的发展。

第二，从民间借贷市场的利率市场化改革进程来看，我国民间利率市场化的改革与金融体系的利率市场化改革一样是需要逐步推进的。从利率市场化的进程看，我国已经基本上放开了之前对于银行业等金融机构的存款最低限和贷款最高限的限制，采用充分发挥资本市场和金融市场的市场价格决定机制来决定利率的水平，取消之前的利率管制，但出于传统的行政化管理和经营模式以及我国经济以大中型国企为支柱核心的现实，就算利率市场化的改革初步完成，民间的资本融资需求短期内并不能在正规金融市场得到满足，因而政府急需利用民间资本借贷市场来解决这个问题。早期的民间资本市场的灰色地带位置一直束缚着民间资本市场小规模局部地区内的资金融通功能的发挥，因而需要进行制度改革，将民间金融市场纳入正规金融市场的补充市场内，建立一个完善的金融市场体系。然而，随着民间借贷市场地位的转变，蓬勃发展后爆发了一系列诸如民间高利贷盛行、民间资本投机性强的问题，因而需要进行民间借贷市场的市场化改革，打破原有的市场局限性和民间资本盲目逐利的疯狂性和投机性，使得市场化的利率能够真实有效地反映市场本身的资金供求现状和实际经济发展的需要。由于利率是市场资金交易价格，对其市场化的改革越成功，其对于资金的合理流通配置和实体经济发展的作用越大，因而借贷市场的利率市场化改革成为借贷市场改革的关键一环，民间借贷市场的利率市场化改革越发重要。此外，随着最近几年互联网技术的不断发展及其顺利应用到金融市场领域内，网络借贷市场成为民间借贷市场的新形式。一方面，网络借贷市场借助于网络，使得民间借贷市场突破了原来的地区局限性，形成了统一的全国市场。另一方面，互联网的虚拟性和信息扩散的飞速发达，给网络借贷市场的监管带来了严重考验，对于网络借贷市场的利率是否能够体现该市场内市场机制本身的资源配置效率，其市场化改革需要在接下来的时间内进一步探讨。民间利率市场化改革的进度和效果应与我国正规金融市场的利率市场化改革相辅相成，在充分承认市场的效率优势前提下，着重加强对市场盲目性等弊端问题的监管，从而最大限度地发挥市场在有效配置资源方面的作用，推进我国金融市场体系的系统化建设，使得民间资本市场和民间金融市场成为我国资本市场和金融市场的一个重要组成部分，并不断弥补正规金融市场和资本市场的不足。

第二节　中国民间利率市场化改革对经济发展的影响

民间借贷市场之所以能够存在，并且得到政府的重视，在于民间借贷可以很好地弥补民间企业在正规金融市场不能实现的民间资金融通的问题，从而更好地吸引社会闲散资金进入实体投资。民间借贷市场的手续简便，且融资的资金规模小，审批等信息审查的成本也较小，满足民间微观经济主体对于资金需求的特征，从而很好地解决了正规金融市场对民间经济资金需求供应不足的问题。民间资本具有高流动性、高收益性和高风险性，三者之间相互影响，并且能够充分提高民间资本的市场配置效率，并反映出市场的资金需求状况。同时，民间借贷市场资金活动的方向与规模大小也是对实体经济运行状况的一种信号显示。随着正规金融市场利率市场化改革和民间借贷市场利率市场化改革的推进，金融市场体系的利率管制将逐渐被打破，两个市场的利率市场化改革将对经济内的储蓄、消费和投资活动都有深远影响，并且经过利率本身的市场传递性作用进一步影响实体经济的发展。

一、中国民间利率市场化对储蓄的影响

凯恩斯的货币三大需求理论中有一个是货币的预防性需求，就是为了预防生活和生产中遇到不测情况时，需要货币作为一种保障。中国又是一个重视储蓄的国家，储蓄率一直居高不下。民间资本市场在民间利率市场化改革后利率的配置效率将会大大提高，民间的富余资本将会得到进一步的释放，其中有的部门的资金会流入存储机构，进而转化为储蓄。

要研究民间利率市场化对储蓄的影响，并非易事。因为民间借贷市场本身是一种场外市场，而且具有显著的区域性特征，因而并不能与全国市场的储蓄相对应。但是当前的民间资本市场，以温州市场最为典型，温州民间借贷市场的利率也可以作为我国民间借贷市场利率的一种代表性利率。之所以作为代表性利率，有以下几个方面的原因：一是温州作为我国民营经济发展速度最快、历史久远的地区以及民间资本活动最为活跃的地区，其民间借贷市场相对比其他市场来看，最具有改革的前沿性和市场代表性；二是温州地区作为我国实行利率市场化改革的最先试验区，浮动利率试点的开展，使得该地区具备改革的氛围和积累；三是把温州地区作为我国民间借贷市场的一个典型代表，原因是

中央和地方当局对于温州民间借贷市场的历史地位及作用的肯定，对其吸收民间资本、盘活民间资本和提高民营经济体的资金融资水平及经营效率的肯定，同时，温州地区是全国第一个也是唯一一个实行民间利率监测点的试验区，其民间利率体系较为完善，且具备完整的利率数据，便于开展研究调查和跟踪有关改革政策的效果。

然而，温州民间借贷市场的发展始终与该地区利率市场化的改革相伴随。在 2002 年，其率先在温州信用社实行利率浮动试点时期，改革的推行一定程度上对当地民间借贷市场的利率的市场化也有一定的积极影响。从数据上看，温州在浮动利率试点推行开来后，民间借贷利率也由一分下降到八厘，最少的时候下降到六厘。然而在金融危机后的一段时间内，随着宽松货币政策的推行，温州民间利率的水平出现了上升和下降反复的局面。这也说明民间借贷利率的市场化水平还不是很完善，其利率大小的变动很大程度上受国家货币政策等政策性因素的影响。之后温州出现大面积的资金链断裂、民企老板跑路的现象，也说明了市场理性缺失，对高收益的追求完全忽略了成本和潜在的信用风险的问题。这也说明当时的温州民间借贷市场也并没有实现市场化的利率，民间借贷市场并不是一个完全理性化的市场，因而充满了市场非理性和规则性缺失的问题。

从温州的市场经验里也能看出，民间利率市场化始终与利率市场化的改革保持紧密的联系。可以看出，民间利率的改革还面临着诸多的困境，需要逐步逐层推进。而利率市场化改革的推进，会影响到民间利率的市场化改革，从而势必影响到储蓄水平的变动，下面就民间利率的市场化改革和储蓄之间的关系进行探讨。

（一）利率变化与储蓄率变化之间的关系

央行从 2004 年就开始逐步对商业银行的存贷款利率浮动区间的管制实行

放松管理的改革试探，这里选取的数据都是从2002年开始观测利率政策变化后对储蓄率的变动影响。从2002年到2014年，央行一共进行了20次的存贷款基准利率的调整，以2008年次贷危机为时间点，之后的调整幅度不大，主要是为应对危机实行了较低的利率政策要求，而在2015年后存贷款的基准利率上下限已经实行全面放开的政策，基本上不存在利率管制的现象，利率改革基本上初步实现目标，下一层次的改革将向更深的层次推进。

表6－1　各年储蓄率变化

	2002	2003	2004	2005	2006	2007	2008	2009	2010	2012	2014
居民%	28.59	28.89	32.43	34.69	36.38	38.94	39.38	40.26	36.31	37.25	35.48
政府%	35.33	42.66	28.46	29.88	35.24	39.55	35.88	38.28	35.46	30.67	29.55

从表6－1的数据可以看出来，我国的储蓄率变化保持稳定变化的趋势，在保持高位的储蓄率的同时，没有降低的趋势。再综合2002—2015年的利率变化的幅度来看，我国的储蓄率变化相对于利率变化的弹性较小，利率变化引起储蓄变化的程度小，储蓄率的稳定性也表现出我国政府和居民对于储蓄都具有一种刚性需求偏好。我国的利率变化水平和对应的储蓄率变化之间并不存在很直接的联系，储蓄率一直保持较为稳定的增长且呈现出对储蓄的一定程度上的刚性需求，对利率的变化不是很敏感。这与之前我们所说的利率变化传导影响到储蓄变化的理论不是很相符，可以试着猜测其中的原因：一是我国是一个高储蓄的国家，居民对于储蓄的偏好要强于其他资金的用途；二是利率的市场化改革效果并不是十分理想，现在世界普遍流行宽松的低利率货币政策，以试图激励经济的增长，因而低的实际利率远没有达到均衡的市场利率水平，低利率水平下的货币预防性需求增加，有可能存在流动性陷阱；三是我国的资本市场和金融市场较为粗糙，并没有一个成熟完善的资本市场和金融市场可以很好

地吸收社会多余资金，并且投资于资本市场的风险性较大，出于谨慎性的考虑，对储蓄的偏好要大于对风险性较高的资本市场投资偏好。

在这里需要着重说明一个概念——储蓄的利率弹性。它指的是每单位利率水平的变化会引起的储蓄率变化的水平，也就是说储蓄的变动对于利率的变动的反应程度。对于利率的储蓄弹性而言，不同学派的立场不同，其观点也各不相同，货币学派认为利率的储蓄弹性为正，即利率的变动引起储蓄的同方向变动，其观点的出发点在于利率作为货币的价值反映本身，储蓄是对货币的一种需求，利率越高储蓄率也会越高。而也有部分学派认为，储蓄的利率弹性很小甚至为零。然而，两者之间的关系并没有确切的答案，研究角度不同会得出不同的结论，由我国的利率与储蓄之间的关系表现出了一定的非相关性也可以证明这一点。

（二）中国民间利率变化与储蓄之间的关系

民间利率的变化，反映的是民间经济活动的实际情况，因而与储蓄之间的关系更可以说明微观经济层面上的居民储蓄和投资的一种替换关系。然而，民间借贷市场从空间上看只是局部的地区市场的加总，且地方因经济发展水平不同而市场情况各异，但民间借贷市场的利率变化与利率市场化改革后的正规金融机构的利率水平保持同一个方向变化，而且利率市场化的不断推进完善，给予利率更大的市场决定权，因而市场化的利率本身就可以用来反映借贷市场本身的活动规律。在民间借贷市场中，居民的储蓄正好被借贷市场的相关机构吸收并用以投放到相应的投资活动中，这种投资吸收也类似于银行业等正规金融机构的储蓄吸收。为了更好地显现利率的变动对储蓄和整体经济的影响，这里用到的表示储蓄的数据代表存款。数据为2002—2012年全国城乡人民币储蓄存款的数量大小。

表 6－2 全国城乡人民币储蓄存款水平

	年底余额			年增加额		
	总　计	定　期	活　期	总　计	定　期	活　期
2002	86910.7	58788.9	28121.8	13148.2	7354.1	2794.1
2003	103617.7	68498.7	35119.0	16707.0	9709.7	6997.3
2004	119555.4	78138.9	41416.5	15937.8	9640.2	6297.6
2005	141051.0	92263.5	48787.5	21495.6	14124.7	7370.9
2006	161587.3	103011.4	58575.9	20544.0	10777.3	9766.7
2007	172534.2	104934.5	67599.7	10946.9	1923.1	9023.8
2008	217885.4	139300.2	78585.2	45351.2	34365.7	10985.5
2009	260771.7	160230.4	100541.3	42886.3	20930.2	21956.1
2010	303302.5	178413.9	123888.6	42530.9	18183.6	24347.3
2011	348045.6	210469.4	137576.2	44743.1	32055.5	13687.6
2012	391430.4	244151.4	147279.0	43384.8	33682.0	9702.8

数据来源：1. 2002—2010 年数据来自《中国金融年鉴》。
2. 2011—2012 年数据来自中国人民银行（金融机构人民币信贷收支表）。

从表 6－2 所列数据上看，人民币的储蓄增长一直保持稳定增速水平，从 2002—2012 年来看，除了 2005—2007 年有一个明显的下降，可能是当时由于股市和债市的牛市吸收了大量资金而减少了储蓄。2008 年政府为应对全球金融危机而实施宽松政策阶段出现迅速反弹增长，仅 2008 年一年就有 4 万亿的增长规模。在这之后，一直保持 4 万亿规模以上的增加额，这也与之后的持续宽松政策有关。

从理论上分析，利率的变化对储蓄会产生替代效应和收入效应。也就是说利率的变化会引起当前消费和未来消费的相对价格变动，替代效应指的是利率上升（下降）会引起储蓄的增加（减少），资金转而投向投资或消费等其他形式的用途。而收入效应是指，利率的增加（减少）会引起储蓄总收入的增加

(减少)从而进一步增加(减少)储蓄。这两个效应是相反方向的，而利率对储蓄的总效应确实不确定，这依赖于储蓄的收入效应和替代效应之间的大小关系。在实践中的经验表明，一般国家利率的市场化会进一步增加实际的利率水平，增长到正值以后，储蓄的增长加快，从而增加经济内的资本积累，经济增长率维持较高水平。当然，储蓄并非越高越好，在超越黄金分割点后的储蓄增长不但不会促进经济增长，反而会阻碍经济的进一步发展，这是因为过高的储蓄会间接减少经济体内的消费水平，因而阻碍经济的健康发展。

正规金融市场的利率市场化改革不仅使利率得到提升，并诱使储蓄率进一步增加，而且进一步丰富了本国的金融市场，市场化的利率决定机制赋予利率更多的市场信息，同时也加剧了市场内同类机构之间的竞争，完善的金融市场的构建给予居民除了储蓄以外更多的投资选择，并提高了居民的风险防范能力。然而，从利率市场化的改革过程来看，我国的利率体系已经渐渐摆脱原有的计划经济体制下的严重管制，并且在逐步推向市场化，但总体来说居民对于储蓄的刚性需求依然没有改变，储蓄水平对于利率的变化并不是十分敏感，利率市场化之后利率的变动对于储蓄变化的影响相对较小。而在民间借贷市场上，民间借贷市场的利率市场化改革完成后，民间借贷市场的投机性和冒险性活动将得到很好的监管处理，民间资本的活动得到规范化，而储蓄的刚性需求存在，并且高收益的高风险投资在民间借贷市场得以限制，从而民间借贷市场的资金借贷规模将会下降，储蓄会进一步吸收部分的民间盈余资金。

二、中国民间利率市场化对消费的影响

(一) 消费的利率弹性

要研究利率的变化对于消费的影响，首先要研究消费对于利率的弹性。消费的利率弹性与储蓄的利率弹性类似，指的是利率变动的大小对消费变动大小

的影响。货币学派和凯恩斯学派因为出发点不同，对于消费的利率弹性观点也不同。其一，货币学派认为消费是利率的减函数，即消费与利率变化的方向相反，较低的利率水平会刺激消费水平的增加。从各国实际来看，消费与利率之间的这种负向变动的关系确实存在。利率的提高会减少消费，可能是由于利率的增加提高了储蓄的收入水平，一方面，居民愿意更多的储蓄，另一方面，利率的提高会降低未来消费的价格水平，因而居民更有减少现期消费、增加未来消费的可能性。其二，在凯恩斯的流行性偏好理论看来，人们是具有流动性偏好的，利率反映的是持有具有流动性的货币的机会成本。消费的水平大小取决于居民对于流动性需求和投机性需求等各种货币需求之间的权衡。当利率处于极低水平时，人们预期债券价格不可能再上涨而疯狂抛售债券，使得债券投资等投机性需求极少，而更多人愿意持有货币，保留货币的流动性需求。这样就会更快地刺激消费，因为持有货币的成本很高。

（二）民间利率市场化对消费的影响

从前面的理论分析可以看出，利率变化对于消费的影响也要取决于消费弹性的大小。居民考虑消费的时候都需要对当前消费和未来消费的成本进行权衡做出决定，在利率市场化完成后，一方面利率的变动更加切合资本借贷市场的实际，其变化的规律由市场本身的供需因素共同作用决定，这就增加了消费的利率弹性，居民进行消费时需要更多地考虑利率变动对于消费的成本的影响。就实际情况来看，民间借贷市场的利率市场化完成后，原有的高利率特征将不复存在，资金的借贷更好地反映出民间经济活动的特征，潜在的高利贷行业将会受到严格的监管，利率的变化幅度将与正规金融机构的利率浮动区间保持一致，居民的盈余资金，不会过多地投向民间借贷市场，因为投资的收益率在风险降低的条件下逐步下降，因而会减少居民对民间借贷市场投资的热情，相对应的是，有资金盈余的居民可能将更多的资产一部分进行储蓄投资，以实现保值。另一方面资金不足的居民可能会增加个体的消费，因为在民间利率市场化之后，民间的借贷利率将更加贴合资金供需的市场规律，减少了市场风险投资的民间借贷市场的利率趋向下降，居民在可实现借贷融资消费的情况下，会进一步增加对消费的支出，并且预期未来的利率将会进一步下降。

三、民间利率市场化对投资的影响

民间借贷市场的利率市场化的改革，对民间投资的影响最大。一方面，加强对民间借贷市场的规范化监管之后，民间借贷市场内的高利贷等非市场性的行为将得到严格的监管，从而降低了民间借贷市场的整体市场风险；另一方面，对民间借贷市场在解决民间融资方面的优势给予更多的承认和鼓励，将进一步促进民间借贷市场朝着规范化、市场化运行的方向前进。

（一）投资的利率弹性

要分析民间借贷市场利率市场化对投资的影响，与前面对储蓄和消费的影响一样，首先要分析利率市场化之后利率对投资的影响，也就是要从投资的利率弹性角度进行分析。

投资的利率弹性，简言之即投资变动对利率变动的反应程度。关于投资与利率变动之间的关系，也存在一些争论，部分学派认为投资对于利率变动的反应相对较小，投资主要还是要受投资本身的成本—收益即投资活动本身的风险性影响。而凯恩斯学派则认为投资与利率变动存在很大的关系，投资活动能否进行主要是受资本的边际效率与实际利率水平之间的关系的影响。当资本的边际报酬率高于实际利率时，投资还是有利可图的，投资便会进行，反之亦然。在托宾的Q理论看来，投资活动主要是看进行一项新投资成本和购买旧有公司股票的成本之间的大小来比较。从实际来看，投资的活动或多或少受到利率因素的影响。利率的过高或者过低都会通过投资的成本—收益这一原则影响到投资活动。

（二）民间利率市场化的投资效应

这里主要以温州民间借贷市场为代表进行分析。用于生产经营的民间借贷，一直是温州民间借贷的最大头。用于生产经营的范围比较宽广，包括农村农民购买用于农业生产的原材料，也包括企业购买原材料、超市进货等。自2010年国家的扩张刺激计划渐渐取得一定成效后，过度扩张的宽松刺激货币政策带来了诸如市场流动性泛滥、隐含通货膨胀风险等问题，在考虑实际经济的长远发展后，央行开启了紧缩货币的政策，一时间银行等正规金融部门也开始紧缩信贷以配合央行的谨慎性稳健货币政策，在这样的背景下，温州一些民间企业活动积极的地区受政策收缩影响较大，民营企业的投资需求在紧缩银根的政策下很难得到满足。在正规金融机构收缩信贷的大环境下，民间企业为更好地解决资金困难对企业经营造成的影响，不得不从正规金融机构转向民间金融市场寻求资金支持，这就刺激了民间借贷市场利率的飙升。2011年，温州的民间借贷利率甚至飙涨到每月月息2分的水平，几乎接近了不得超越的银行同期贷款基准利率的四倍红线。随着民间借贷利率的提升，生产经营借贷占比从以往的六成降至两成。实体经济的利润无法承担民间借贷的高息，其背后则是很多企业宁愿不加大生产，甚至停产，也不愿意用高利贷来维持经营。民间借贷15%的月息，一年的资金成本就要18%，企业利润已经越来越低，支付掉近20%的资金成本，企业主不仅没有利润，而且还要亏钱。实体经济对民间借贷的依存度下降，反映的是实体经济的不景气。过高的民间利率几乎给了民营企业一个致命打击，在资金融资无法实现的情况下，大量企业出现了资金链断裂和企业面临破产的困境。

以温州市场为例，在利率市场化之后，利率的变化对于民间借贷的投资活动影响颇深。在利率市场化开启的一段时间内，加上整体经济环境趋紧的大背景，温州的融资环境不容乐观，市场化引起了危机在市场内更加严重的蔓延扩散。2011 年以后，温州的民间借贷市场坏账频出，违约风险不断累积，市场内出现了严重的信任危机。在危机加重的同时，为应对可能面临的更高风险，民间借贷利率在不断上涨，企业为实现有效融资不得不将可能获得的融资部分用于风险性的投资活动，以期在获得风险投资回报后弥补高增长的融资成本。政策因素和市场因素的共同作用，使温州民间借贷活动在 2011 年出现了明显的下滑。但从之后的经验来看，稳健的政策在经济形势好转之后是下一轮宽松的开始，在实体经济恢复之后将进一步促进民间融资的增长，而温州的金融改革又进一步推进了温州民间借贷市场利率的市场化进程，进而从市场内改变了原来的随行就市的混乱和危机的继续蔓延，温州民间借贷市场在政策好转、经济形势开始复苏和民间借贷市场改革三方面因素共同作用下出现反弹复苏。民间借贷市场的利率也趋向于达到市场化的均衡利率，高利贷盛行的问题得到有效遏制，民间借贷市场的借贷利率平稳下降。在最近一两年内经济又进入了平稳的新常态阶段，民营经济产业的升级能力有限，新常态下的供给侧改革政策要求企业改变过往简单加工再创造等初级产业的升级要求，充分挖掘市场的新潜力和创新驱动增长的要求，对企业的经营和发展提出了更高的要求，这也要求民间借贷市场的资金流向要紧跟经济潮流，减少对初级简单再加工产业的支持，而对民间创新和高新技术产业的发展予以更多的资金支持。

在网络借贷迅速发展的几年里，民间借贷市场出现了新的契机和发展高潮。与早期民间借贷的发展一样，网络借贷的迅速发展，一方面是民间市场的需求因素作用；另一方面是早期互联网金融在监管层面的空白，制度上的监管缺陷给予了网络借贷活动更多的利差。网络借贷平台公司在网贷市场上能否坚持信息中介的定位，网贷公司是否具有专业资质能够坚持以撮合借贷成功的中介费为收益来源，网贷市场的利率是否能够在规定的不超过银行等金融机构法定基准利率的四倍以内，网贷公司能否做好风险规避、真实有效地解决民间借贷市场中的资金融资需求等，对网络借贷市场能否健康正常发展影响重大。而民间借贷的市场主体能否在网络借贷市场坚持信用原则，减少自己的道德违约问题也是尤为重要的，这些网络借贷市场的利率市场化问题都对民间经济体系内的投资活动有着重要的影响。

民间利率市场化后，利率上升，对以民间借贷为主要借款来源的中小企业的投资具有遏制效应；利率下降，则对企业投资的扩大具有促进作用。民间借贷市场的利率市场化一方面要尽量消除高利率、高收益和高风险的市场缺陷；另一方面要加大对借贷市场利率的规范化定价，从而更好地满足民间企业融资需求，并且减少融资的成本，从而更好地引导民间资本进入民间实体经济的投资活动，促进民间经济的健康发展。

第三节　中国民间利率市场化的风险评价

一、民间借贷市场内借贷机构风险评价

在我国现行的金融市场体系内，具备市场化特征的各大商业银行，在长期的经营中已然摸索出了适合自身和市场的经营模式，并且具备完善的风险预防机制、风险预警能力和应对冲击的能力。然而，民间借贷市场内的非正规金融机构相对于其他商业银行等正规金融机构而言都不具备这些优势，特别是针对在资金借贷相关的经营中遇到的各种风险，民间借贷市场的从业企业能否不断提高自身的风险把控能力和企业的内部规范管理能力，将直接决定这些企业的

生存和发展。

商业银行在进行资金借贷等业务时，时刻关注着资金的安全性和违约的市场风险性问题，具备较为严格的内部管理和风险把控的能力，以应对市场可能存在的风险危机。民间借贷机构因其民间资本设立的多元性、复杂性和不稳定性等特征，要求其自身要不断强化对于风险控制和公司内部管理控制的能力，以更好地应对市场的危机和风险。

目前，我国的民间借贷市场还不能算是一个成熟完善的金融市场，存在着许多问题。首先，正规金融机构要以保护存款人的利益为核心，因而具备完善的存款保险保障制度来规范银行业对于资金的使用规范和风险控制，而民间借贷市场本身不具备正规金融机构这样的规模和能力，相应的民间借贷市场上也缺乏像民间借贷资金的投资保险保障制度规范，这就影响民间借贷市场的公信力，不利于吸收民间更多的盈余资本。其次，民间借贷市场也缺乏完善的民间借贷信用征信体系。由于缺乏完整的征信系统信息，民间借贷市场内从事民间借贷业务的企业遭受因借贷方（主要是借款人）信息隐藏等道德违约的风险损失严重，而这也直接影响到民间借贷市场内业务的正常实现和风险的规避问题，因市场信息不完全造成的市场性违约风险和经营风险的累积给民间借贷市场的健康发展造成一定的威胁。最后，民间借贷市场的配套政策监管制度是不完善的。完善的监管制度是保证市场有序运行的前提和保证，而配套制度的不完善可能造成民间借贷市场的无序竞争，使得民间借贷机构为了吸收民间盈余资金的投资而陷入恶意的低价竞争中，加快其破产的进程，从而造成民间借贷市场的挤兑潮和市场恐慌，严重破坏了本就脆弱的民间借贷市场的市场秩序。

现在有很多民营企业和社团想从事民间借贷业务，但是基于上述三个方面的原因，我国的民间借贷市场发展还不是很成熟，需要更多的改革举措来完善，而对于民间借贷市场利率市场化的改革，就是需要从这些薄弱层面出发，先搞好市场的建设，再完善搭配市场化的利率改革建设，但是，需要始终把握好对相应的监管门槛放开的步伐和力度，不能一时急于求成而破坏原有的市场秩序，甚至给市场造成一种因政策放松而引起的市场混乱问题，要合理引导市场内相关从业机构的公开、公平、合理、有序的市场化竞争，避免恶性竞争给市场造成不利影响。

近年来，在我国的民间资本相对活跃，民间借贷市场发展相对充分的区域如浙江温州、内蒙古鄂尔多斯等地，时常爆出民间资本跑路、民间借贷业务崩盘的新闻。事实上，伴随着我国经济的持续发展，民间累积的资本数量巨大，民间借贷市场已然成为我国金融市场体系的一个重要组成部分，对于民间借贷市场积累的风险问题始终需要多加关注。然而，与传统金融机构的业务不同的是，对于民间资本的借贷业务的经营范围，银监会等部门一再强调其业务不得以各种名义吸收存款业务，而仅依靠各种高收益的投资业务吸收民间资本潜力有限，这激发了民间借贷市场内从事民间借贷业务的企业不断推行新的业务，而业务创新的背后就隐藏着因规避政策监管要求而导致潜在风险经营问题。这种隐含的风险因素，如果不能得到很好的监管控制，不但不能发挥民间资本对于刺激我国民间经济发展的作用，反而会因为隐藏的风险传播影响到整个金融市场体系的稳定。2013 年 8 月爆出的泛鑫保险违规事件恰恰证明了这一点。随着业务的不断创新，网络借贷市场在不断蓬勃发展壮大，而网络借贷市场本身存在的诸多风险因素也随着其市场的发展壮大而累积。2014 年后，先后曝光的 P2P 借贷风险与集中出现的信用违约，更揭示了对于民间借贷经营主体缺乏必要的监管带来的巨大风险，也暴露出民间借贷机构本身的风险把控机制的不足。

对于民间借贷市场的各市场主体而言，一方面，对于资金需求欲望强烈的民间实体经济体系需要民间借贷市场的市场主体在合理把控风险的前提下，充分挖掘民间资本借贷市场对于民间融资需求的支持潜力；另一方面，又需要时刻关注民间借贷市场本身存在的市场风险，不至于将民间借贷市场累积的市场风险传播至整个金融市场体系和实体经济内。

二、中国现行的民间借贷市场体系下的市场风险问题

我国的市场化改革从改革开放后就一直推进，虽然在实体经济内的市场化体系建设较为成熟，但在金融市场内的金融抑制现象一直存在。在利率市场化改革推行之前，我国的金融市场政府主导作用明显，而缺少市场化的决策机制、非市场化的宏观指导和行政指令式的具体业务操作要求，从根本上制约着我国金融市场的完善和健康发展。现在，随着利率市场化改革的推进，金融管制和金融抑制的现象得以缓解，但在民间借贷市场内，针对民间借贷的利率不得超过银行同类贷款利率四倍的政策强制性规定要求，民间借贷市场本身在不能吸收存款的前提下，以高收益的投资标的为主的业务对于民间资金的供给方来说吸引力下降。在下一步的民间利率市场化改革中需要着重突破这一原则性的要求，给予民间借贷市场业务的限制，可以结合民间借贷业务关于贷款的期限和贷款款项大小等细节来具体规范民间借贷市场的利率，争取实现民间借贷市场的多元化市场的利率体系构建。在民间利率市场化改革之后，市场化的利率可以充分发挥利率调节资金市场杠杆的配置作用，一方面，在吸纳社会资金方面充分挖掘民间借贷市场上的各种民间金融机构和企业的市场优势，充分吸纳社会上已经累积的大量闲散资金；另一方面，在资金的供给方面可以依托贷款利率的市场化定价和市场化运行的效率增加民间金融机构的贷款业务能力，使得资金流向符合社会发展需要的部门和产业内，从而引导民间借贷市场向积极阳光健康有序的方向发展。然而，在改革的过程中需要充分吸收国际上的有益经验，采取符合民间借贷市场特色的方式循序渐进地改革，不宜以一刀切的

行政命令式方式来操控改革，原则上要先以民间金融机构的积极探索为先，再针对具体出现的问题跟进监管。

从政策的作用机制来看，民间借贷利率的市场化改革尤其关注对民间借贷市场的规范引导，从而更好地发挥该市场在吸收社会闲散资金投入急需资本的实体经济的资金配置作用。从根本上来讲，是要克服传统的金融市场对于民间融资需求供给不力的弊端，充分利用民间自有生成的借贷市场的市场机制把民间融资需求和民间闲散资本的供给结合起来，并充分利用市场的竞争机制选择资金的流向，更好地实现民间资本的投资收益和回报，提高资金的配置效率。从规范市场的角度看，通过对民间利率和民间借贷市场的改革，使得民间借贷市场的地位得到明确，同时也明确了将民间金融市场纳入正规金融市场体系内，解决民间金融市场的“场外市场”的尴尬地位，放开对民间金融市场的金融业务的市场准入和监管门槛，给予市场更多的自主权，为民间资本进入资本市场创造更大的政策空间，促进民间资本借贷市场成为我国正规金融市场的一个重要的补充，并且充分挖掘民间借贷市场上民间资本的活力。

尽管从现行的民间利率体系来看，民间借贷市场的利率还不是很完善，不能够实现完全的市场化运作，但民间借贷市场只要得到很好的政策引导和支持将会潜力无限，但是，一些民间借贷市场本身的市场缺陷会给民间借贷市场带来一定的风险隐患。

从近年的实际情况来看，在温州、鄂尔多斯等民间资本活动活跃的地区，政府已经逐步放开了对诸如小额贷款公司、村镇银行、信用担保公司等民间金融机构的市场准入和资格审查的门槛，放宽了对其的监管要求，这样就充分释放了这些市场内的资本的竞争活力，激发了市场的活力，在这些地区民间金融市场已经成为银行等正规金融市场的一个有力补充。在放开各种资格和监管门槛的设置之后，民间金融市场迎来了迅速增长的好时机，但同时也带来了诸如民间金融市场内从业企业资质鱼龙混杂，高利贷行业变相投入到民间金融市场，因缺乏规范管理出现的各种违约风险等问题的爆发，对民间金融市场的安全性和稳定性造成了很大的影响。

同我国的其他市场化的改革一样，政府在改革的过程中角色定位错误，过于强调对市场的管控会造成市场效率的下降，而一味强调市场的效率却不对市场进行有效的监督管理会造成市场风险累积，如何把握政府与市场之间的关系成为改革的关键。在我国的金融体制改革过程中，亦是如此。一方面，要积极引导市场各方对于市场的配置效率的充分认可，减少人为的机制限制干扰市场功效的发挥；另一方面，又要强化对市场部分缺陷监管，减少自由放任的政策引起的市场混乱。

正如我国的综合改革进程一样，过于强调政府管制，往往导致效率低下，而如果盲目地开放，在没有形成完善的监督机制的情况下，又会导致市场的混乱，我国的金融体系的改革恰好处于这两种情况之间，传统的国有银行一统天下的体制，已经证明无法实现民间资本与实体经济资本需求的融通。而各地民间借贷市场的危机爆发已经证明，在我国金融市场的利率市场化改革进程中，并不能一味地采取自由放任政策。在未来的中国金融系统内将会有越来越多的民间资本进入，网络金融也会在未来取得更快的发展，在金融管理部门统一监控之下的民间金融机构和网络金融管理部门的成立，将会成为我国未来金融监管系统的重要组成部分。而他们职责的关键在于控制好这些民间借贷市场内市场本身潜在的风险。就民间金融市场发展的实际来看，一方面，要承认民间金融市场的市场地位，扩大民间资本在金融市场内的流动性和市场影响力；另一方面，对于新兴的民间借贷活动和网络借贷业务，需要认真谨慎研究，在分类监管的原则下强化各职能交叉监管部门的有效沟通与合作，对民间借贷市场实现无缝隙的监督引导，从而在源头上保证民间借贷市场的风险可控性。

从民间借贷市场的改革实效来看，各地对于民间金融市场的认识虽然已经很全面，但各地方政府的监管仍然坚持以稳定为主要原则，强调民间借贷业务的资金范畴只能是以自有闲散资金为主，对于类似吸收存款的市场化吸纳资金的方式原则上是禁止的，而在利率选择上，出于保护投资人的原则和对高利率的严格要求的目的，民间利率的水平被强制要求不能超过银行同类贷款利率的四倍。目前，对民间借贷市场的开放是市场化改革的大势所趋，但是出于对资本运作的安全性和市场运营风险的担忧，民间借贷市场上的市场主体并不能完全放开手脚开展民间借贷业务，这样民间借贷市场的资金调配的市场活力还没有充分发挥作用，在短时间内，民间经济活动的资金困境仍然不能得到有效的缓解。但随着改革的进程加快，这些非市场因素的障碍势必会被一一排除，私有的民间金融机构的设立门槛限制和业务的小范围运营的困难将会被逐个解决，民间金融机构的运营将被鼓励不断创新打破原有的限制，比如，利用互联网的技术优势和信息优势发展网络借贷市场等都将进一步激发民间市场的活力。

在民间金融市场改革的同时，伴随着正规金融市场的改革，在充分肯定民间金融市场地位的时候，需要充分考虑其市场优势，通过对其市场地位的确认将其纳入整个金融系统体系内。一方面，要加强对其部分市场非理性行为的监督管理，避免因市场的恶性竞争给市场造成的破坏影响，同时要求在民间金融市场发生系统性风险的时候，减少民间金融市场向正规金融市场的传递；另一方面，要给予民间金融市场的市场主体足够的自主权，同时在市场化的原则指导下给予民间金融机构更加灵活的运营创新权利，从而激发民间金融市场的内在潜力。最值得关注的还是这些民间金融机构在具体的市场化运作过程中，对诸如公司的内部管理风险、市场违约风险和信用风险等市场风险的控制，从而实现在风险可控的前提下，民间借贷金融市场的持久发展。

金融监管当局需要根据民间资本的不同运行模式和供给模式制定差异化的监管方法。对于民间金融市场内占大多数的市场化经营的市场主体，需要注重其市场化运作的风险和资金的经营风险规范管理，但对于小部分具有公益性质的民间资本的活动，需要强调其公益性质，严格限制公益性民间金融机构对非公益性的市场化业务的投入，对其公益性的投资加以适当的财政补贴。

在我国的金融体制改革过程中，有一个重要内容就是民间金融体制改革及民间金融市场内的利率的市场化改革。而我国民间借贷市场的发展，也源于在正规金融体系内民间资本的供需得不到合理的市场化配置，因而无法实现资金的供求平衡。鉴于此，我国的金融管理当局才能正确认识民间金融市场对正规金融市场的补充作用，并充分认识到积极利用民间资本对于市场经济体制改革和市场经济建设的作用，因而在下一步的改革中还将继续坚持对民间借贷市场的认可及适当监管的方向不变。

在民间借贷市场和网络金融经营问题频出，市场风险加剧的前提下，我国现有的民间金融市场并不能完全发挥其市场优势，尤其是在引导社会资金的合理流动，以进一步促进社会投资投向实体经济这一作用上，市场化的收效甚微。而民间利率市场化改革，也表现出金融管理当局未来在推动民间金融体系市场化改革，放松私营金融机构设立门槛，放开金融业务创新，积极引导利用民间资本对经济发展的作用的改革决心。在这样的改革氛围下，要逐步深入推进民间金融体系的体制改革，进一步加强对民间借贷市场的风险把控和风险监控预防。通过民间借贷利率的市场化改革可以看出，政府尝试把巨额的民间资本纳入到金融管理当局可以监控的正规有序的民间金融市场体系内，并在不断发展的同时始终注重对风险的把控监测，从而在充分利用民间资本的同时，减少民间借贷市场体系本身存在的风险隐患对整个民间金融系统的破坏。

第七章

循序渐进实现民间利率市场化

第一节　中国民间利率市场化的目标设计

当前，对民间利率进行规范化，其力度既不能太弱，也不能太强，民间利率的规范化力度应控制在一较为合理的区间范围。因此，各级政府部门对民间利率的规范化应坚持适度干预原则，避免对民间利率进行直接管制。

我国民间利率规范化的目标原则是“利率决定在市场，调控在政府”。从这个原则可以看出，我国民间利率规范化的首要任务是优先民间利率的市场化决定机制，然后再适度引入政府的监管调控。央行和银监会等金融管理部门首先需要承认民间借贷市场的市场地位，将其纳入整个金融体系内进行监管督导，各级管理部门也是通过市场化的机制间接参与民间利率市场化的改革，民间利率不是由这些监管部门随意按照固定的标准来决定，而是依旧按照市场化的操作规定要求由民间资本借贷的供需关系决定，各管理部门对于监管的着重点在于对市场的规范化引导，进而形成一个以民间借贷市场本身为主体、国家各监管职能部门跟进监管规范市场的民间利率监管体系。

把控政府调控与利率决定在市场之间的关系是民间利率市场化改革的一个重要议题。从对民间利率市场化的规范管理力度来考虑，民间金融市场的规范化力度与民间金融市场的有序性存在着一定的关系。规范力度不明显时，规范带来的市场有序性效果不显著；当规范力度逐渐增强时，市场有序度也有所增强；但当规范化力度增强到一定极限状态值时，民间金融市场的有序性由于受到严厉约束反会成效甚微或无成效，即极端的规范化力度属于管制，不利于民间金融市场的健康发展。因而在民间利率市场化的规范改革实践中，政府对民间利率的规范要控制在一个合理的范围内，各级政府对民间利率的干预应秉持间接管制的原则，达到规范力度既不能太弱，也不能太强的目标。民间利率规范化的含义是以市场资金供求决定利率为主导，以政府的间接干预为辅助规范引导手段，使其在政府规范与约束的市场环境中，弥补市场失灵的缺陷，更真实地反映出民间借贷资金价格水平。这意味着中央银行、银监部门和地方政府职能部门将民间利率纳入金融监管体系进行监督管理，但其决定因素没有变，依然取决于市场自发因素。民间利率规范化的最终目标是要实现民间资金借贷活动的市场化决定机制下的政府规范引导，构建以民间借贷市场为主，以政府管制为辅的民间利率形成和监管体系。

第二节　中国民间利率市场化的基本障碍

民间资本市场化能促使民间利率趋向合理化，从而有助于中小企业的融资。然而，利率市场化伴随着很多制度上、经济上等的障碍，使民间资本市场化有序推进，政府及民间金融机构都需要有所作为。由于民间资金价格的决定更多的是民间金融市场力量互相作用的结果，因而本章分析民间利率市场化所面对的制约因素时，更多地从市场因素出发，综合的市场因素主要有以下几个：市场主体因素、市场体系因素、金融监管因素、制度因素和区域经济发展因素。

一、民间利率市场化的市场主体障碍

关于民间金融市场的市场地位的确认。民间融资尽管存在许多监管漏洞，

但仍然在金融市场上具有不可忽视的积极意义，对民间融资应该客观评价和定位。我国民间融资缺少相关的法律规范，对民间融资的支持很多是政策性的鼓励，这使得我国民间融资处于“民不告，官不究”的尴尬境况，这种监管环境的不明确使民间融资活动在我国处于隐蔽的“地下市场”地位。尽管从中央的指导精神来看，自 2005 年 5 月央行发布《2004 年中国区域金融运行报告》以来，中央明确承认了民间融资的重要地位，但对于民间金融市场的市场地位和作用还需要进一步观察，在之后的缓慢过程中，对于民间金融市场的充分利用和规范引导成为相关政策的主要议题。因此，民间融资不仅要有政策性引导与鼓励，而且要有更为严厉的法律层面的支持。我国金融市场发育程度仍不太理想，社会融资活动的制度性规范要求较高，民间借贷融资活动是否合规、合理、合法等都需要有进一步的法律文件确认方可，尤其是在传统的金融体系内，民间融资市场是被排除在外的，正规金融市场内出现的中小企业融资难的问题可以在民间金融市场内得到很好解决，因而也决定了这个市场是正规金融市场的补充市场地位。为避免民间借贷的监管风险，我们必须尽快为民间融资清源正名，将民间融资纳入融资监管体系内，盘活民间借贷市场内的民间资本，建立健全完善的民间融资市场以更好地服务中小企业。

二、民间利率市场化的市场体系障碍

民间借贷市场的发展激活了民间金融市场整个金融体系的能量。而民间借贷市场的发展必然引起市场内的利率市场化趋势。但民间利率市场化在我国还不太成熟，只能进行试点，也就是所谓的“边缘革命”，民间利率市场化的实现任重而道远。传统金融的弊端是效率低、结构扭曲、过多的垄断势力、缺乏基准利率体系，这就需要自上而下和自下而上的策略相结合。金融环境的改善使利率压制民间金融的状态有所转变，互联网金融的发展促使利率下降，从而使利率更趋于市场化。民间借贷是正规金融机构融资业务在民间融资受限的背景下发展起来的一种必然，而民间借贷市场的发展正好可以作为正规金融市场在民间融资范围内的一个有益补充。同样，民间融资体系的完善和民间借贷市场的利率市场化对正规金融机构的利率市场化也具有重要意义。现在的金融环境正在慢慢改善，以前利率压制民间金融的形式也将会发生转变，而随着互联网引进金融行业后，网络借贷市场的兴起，民间借贷市场竞争加剧，合理有序的竞争促使网络借贷市场和民间借贷市场的利率趋于下降。

在我国，企业经营的内部管理和银行的风险管理等问题是利率市场化的重要障碍。作为资金需求方——企业，行为的市场化需进一步加强，其对贷款利率的敏感性有待提高；作为资金供给方——银行，经营理念、服务质量、管理制度均存在与市场化相悖的地方，对风险的管控、识别、防范和处理等能力不够。

三、民间利率市场化的金融监管障碍

第一，民间利率市场化必然要求对于民间借贷等民间金融活动进行监管的各职能部门要落实对相关业务及市场操作的监管工作。关于民间借贷融资业务的界定及相关监管责任的界定，各部门之间存在很大分歧，这就使得对民间借贷融资活动的具体监管的落实困难重重。各职能部门之间一直奉行分业监管的原则，但由于民间借贷活动的参与主体结构较为复杂，各部门之间在监管业务交叉的部分不好做出具体细化的监管，银监会仅仅是对银行业的各项业务进行监管却不对涉及民间借贷融资业务的企业和个人有监管权限；工商部门可以对企业的非法经营业务进行监管，却没有调查和处理该非法金融业务的权限。有些非法民间金融活动需要公安机关配合查处工作。由此看来，民间金融监管是一项系统的工作，必须构建起包括央行、银监会、工商、公安等在内的监管网

络，对于各具体的监管业务交叉的地方需要加强各职能部门的密切合作与沟通交流，并且需要构建一个系统化的立体监管体系来具体执行监管工作。

第二，民间金融由于具有隐蔽性和传染性特点，风险的存在具有连锁效应，民间融资的风控能力是民间融资监管制度迫切需要解决的问题，由于民间融资目前游离于正规监管之外，这对基础货币的统计造成很大困扰，进而弱化货币政策传导效应，而且还会对金融稳定带来很大的威胁。

第三，金融监管部门对金融市场的有序发展缺乏统一、有效的规划，各部门之间关于金融市场的建设认识各不相同。金融市场化的结果是资源的有效配置，但对我国来说，金融市场化的形成还需要很长一段时间，尤其是弥补市场缺陷的监管制度的完善。

四、民间利率市场化的制度基础障碍

（一）行政金融制度缺陷明显

我国的利率市场化改革已接近二十年，但银行业每年的营业收入、净利润却在利率改革实施的环境下没有减少，反而不断攀升，居民对于储蓄的刚性偏好存在，致使 2016 年居民存款在利率很低甚至为负的情况下依旧在高位平稳增长。2013 年和 2015 年的利率市场化改革放开金融机构存贷款利率的上下限的举措，并没有对我国正规金融市场的贷款形势有实质性的影响。我国的存款市场和贷款市场整体上受利率改革的影响不太明显，这也说明我国仅对名义利率进行市场化的改革效果不是很理想，需要进一步考虑对实际利率的市场化改革的问题。对于我国金融市场的利率市场化进度的衡量标准，不应该仅仅以银行存贷款利率的市场化程度高低来衡量。中国民间利率市场化改革的主要制度障碍在于商业银行等传统金融机构对于存贷款业务的“卖方垄断”地位使得其对自由竞争的市场化改革不甚满意，并试图有意或无意破坏整个金融市场的完整性以维持自身的垄断优势地位，民间金融业务的发展会遭受到来自银行等正规金融机构的抵制，并不断恶化市场的竞争环境。

我国的金融市场体系不健全，并没有一个完整的金融市场体系。金融市场的各个分支部门各自为营，缺乏一个统一的整体，各金融市场之间的交流和沟通联系较少。对于分割开来的各金融市场，由于缺乏必要的市场之间的信息交流，造成市场的整体不健全。在这样的制度环境下，民间金融市场作为一个隐蔽性较高的市场，并没有得到应有的重视。监管部门之间的相互推诿也给民间金融市场的发展造成很多不必要的麻烦，例如，在民间借贷市场上要创新一项新的业务，承受各个监管职能部门的层层限制，相比银行等正规金融机构而言，民间金融机构在发展创新业务以实现更好的民间融资时，往往不得不承受巨额的成本去绕过复杂的分层监管的限制，这样就在系统内加高了市场运行的利率水平，对民间金融市场的效率是一种严重的破坏。

（二）制度歧视没有完全消除

我国金融体系的一个很大的弊端就是原有的信贷配给制度下的资金流向效率性差。一个很现实的问题是，在我国，正规金融系统的资金供给很充分，但是仍存在很多企业无法从正规金融市场体系内获取生产投资所必需的资金融资资源。之所以这么难实现在正规金融市场内的有效融资，是因为信贷配给制度的资金配置管控制度的存在。正规金融市场内的资金配置都受到政府的管控，资金并不是以配置效率为贷款标准，在这种政府主导前提下，市场的引导作用很小，迫使资金流向国有经济部门和基础设施建设投资领域，而非国有经济部门和民间私营企业很难从正规金融部门获得所需要的资金支持。这种由信贷限制引起的金融抑制在我国金融市场上一直阴魂不散，这也造就了民间企业得以在正规金融市场外的民间借贷市场寻找到资金支持。在我国推行市场化的经济体制改革以来，我国的民间私营经济的地位越来越重要，但是相应可获得的正规金融系统贷款金额却很小，这表明民间私营经济遭到正规金融部门的排挤。究其原因除了经济体内的国有化偏向，还在于政府对国有经济的偏向意图维持国有经济的低增长。非国有经济作为日益壮大的资金需求方，却由于制度歧视等原因不能从具有充足的资金的正规金融体系筹集资金，然而民间融资市场弥补了正规金融体系的市场空白，从而刺激了我国民间非正规金融市场的发展，并促使金融市场出现了二元市场体系。随着国有企业改革的深入，虽然国有企业优先授信的信贷配给制度也在不断改变，但其影响依然存在。随着商业银行的股份制改革完成后的市场化改革的不断推进，商业银行业经营的信贷业务也逐渐关注以贷款的效率、风险、盈利等方面为标准来发放贷款。国有企业的预算软约束和委托代理问题使银行对他们投放的资金的风险较大且可控性较差，相比较而言，民间私营企业的营利性目的明确、资金流向较为明晰、权责较为分明且在其规模日益壮大、地方政府部门的简政放权的背景下，成为银行贷款在风险收益的角度逐渐倾向的对象。

（三）社会信用体系的建设滞后

作为资金需求方——企业，由于受到利益最大化等的约束，企业之间的信用合作关系淡薄，道德约束低下，且正规的经济合同与信贷约束并没有落实与重视起来，从而利率的约束力减弱或丧失。

自1995年开始，《中国人民银行法》《商业银行法》《保险法》《票据法》《证券法》《银行业监督管理法》等一系列金融法律法规陆续颁布施行，对规范金融秩序和防范金融风险累积等风险行为起到了很好的规范约束作用。然而，制度创新所带来的制度供给仍然不能满足制度需求，这导致了现行法律对相关问题规制的缺失和难以适应利率市场化制度创新要求，不能保证利率的稳健化推行，具体表现在：

从我国经济历史上来看，我国自1996年开始推行利率市场化，直至目前民间利率市场化的逐步推开，已历时二十年之久，但是对于民间利率市场化过程中出现的各种风险问题和市场信用缺失等问题，依旧缺乏一个规范的法律保障和健全而良好的社会信用体系作为保障支撑，而民间利率市场化的顺利推行实施必须要与金融监管制度的完善联系起来，只有二者在运行中相互适应才能构建出防范风险、识别风险、处理风险的有效机制，从而减少金融腐败及由此引发的金融危机和社会动荡等问题。所以，我国的利率市场化明显没有与之相适应的监管体制，原因是制度供给远远小于制度需求。这种现状的存在在于我国政策制定者或监管当局对可能出现的风险或问题存在着认识上的不足和我国的金融立法制度不完善，跟不上金融产品、金融业务及金融制度创新的要求。

五、民间利率市场化的区域经济障碍

随着利率市场化的改革趋于完善，我国的利率传导机制也逐渐成熟，这样一来，我国金融市场内的各子金融市场之间的利率的互动加强，各个层次之间的利率价格关联度加强，整个金融市场内的利率结构向市场化的方向发展。但不能忽视之前一直实施的利率管制造成的金融抑制和信贷配给制度下对我国金融市场造成市场分割。这不利于利率的传导机制的形成及相关政策的顺利实施。因而建立一个健全的利率传导机制，推动利率市场化对我国金融市场的发展具有重要意义。而民间利率的市场化可能会导致区域经济发展失衡，资金流向投资效益高、金融环境好的中东部，而西部经济发展却很少得到民间资金的支持，进而加剧了东西部经济失衡的问题。而在农村地区，金融资源的供需矛盾更加突出，对于资金供给的审批和限制配给的问题依旧存在，农村民间借贷市场大多是为解决农民生活紧缺资金和农业发展需要的迫切融资而存在的，这样一来造成了农村借贷利率的大幅走高，影响到农村的整个金融系统的健康发展。对“三农”问题的解决也几乎无从下手。

第三节　循序渐进实现民间利率市场化

民间借贷有着深远的历史渊源和牢固的社会基础，是体制内金融业的有益补充。民间借贷由于游离于体制外，没有明确地受到法律的保护，在过往非正规金融市场外的企业与企业之间、个人与个人之间的资金融通都被认为是非法夹带的行为。没有法律保障的借贷行为因为附加了过多的制度成本和风险成本而成本剧增。这样尴尬的局面使得民间借贷市场的不稳定因素增多，借贷的积极性受到一定的影响，从而使民间资本大量闲置，失去了应有的市场效率。

民间借贷的规范化及对其的监管制度的构建，将大幅减少民间借贷在金融市场的弊端，从而规避了一部分风险。由此将引导民间资本流入市场，为实体经济做出应有的贡献——缓解中小企业融资难、资金压力，降低融资成本及融资风险等，从而极大促进中小企业的发展。但是民间资本发挥效用并不是依靠政府部门的监管和规范才能实现，高效激活民间资本需要联系民间资本在市场经济的运行中介——民间利率对经济结构的影响。从温州民间借贷市场来看，在法律上，民间借贷的利率依旧按照最高院 1991 年发布的《关于人民法院审理借贷案件的若干意见》的相关规定——民间借贷的利率不得高于银行同类贷款基准利率的四倍。对于超过的部分借贷业务产生的利息不具备法律上的合法性就不受保护。资本的本质是逐利的，民间资本由于受到的管制较少及受到经济人的支配逐利性更大，又有赌徒心理支配，使得民间借贷资金基本流向在正规金融机构借不到资金的中小企业。中小企业主在面对企业经营的资本受限而又急需资金维持企业运转经营，他们愿意承受更高的借贷利率以缓解自身面临的资金困境，使超过四倍规定的非法借贷活动也能够找到市场。因此，民间融资和民间利率的规范对金融市场服务实体经济的实质只能从表面上进行整改，而民间利率的市场化将从本质上决定民间借贷资金的正确流向。综上所述，民间利率的市场化问题中迫切需要解决的问题不仅是民间借贷活动的合法化问题，还需要建立符合市场要求的独立的民间利率市场化体系，此外，对于民间借贷的合法化的正确导向需要在全国范围内，相对来说各自独立的民间借贷市场上全面推广开。

一、充分评估民间利率市场化条件

民间利率的市场化改革的问题，首先需要明晰利率市场化必须具备的前提条件。在满足这些前提条件之后，又要从制度层面上保证利率市场化改革能够有相应的配套保障制度的跟进以及相应的监管措施的出台和完善。根据弗莱对于利率市场化的前提条件的研究，利率市场化成功的前提因素必须具备两个要件：宏观经济的稳定和适当跟进的金融监管。之后，他又对前提条件进行扩充，在原来的要件上加了稳定的物价水平、以利润最大化为目的的竞争性商业银行体系的构建以及对金融业非歧视性税收金融体系的构建。

二、精心设计民间利率市场化方案

以民间借贷市场为代表的民间金融市场与以我国银行业为代表的正规金融市场之间存在着密切的互动关系，因而实现民间利率的市场化也要与正规金融市场内的利率市场化相对接。针对民间利率市场化与利率市场化的对接路径，需要从市场方面的因素和非市场方面的因素两个方面对民间利率的规范化进行推进改革，从而实现与利率市场化改革的相互衔接推进。这主要是说，一方面，随着我国利率浮动试点的不断推进，利率市场化的深入改革促使以农村信用社贷款利率水平为参照的民间利率水平有所下降，并趋于一种合理化的水平；另一方面，由于市场本身存在市场失灵等缺陷，政府的适当干预将会有利于对市场秩序的疏导。目前，就正规金融市场的利率市场化和民间利率市场化之间的互动关系来看，一方面，在利率市场化方面需要加强正规金融市场内的利率浮动区间的更加灵活性及利率定价机制的灵活性；另一方面，就民间借贷市场的民间利率市场化而言，要建立一个既能强化民间借贷市场借贷交易双方市场主体地位，又注重政府部门对于相应的民间借贷市场的市场规范引导和监督的民间利率管理体系。要实现民间借贷市场上的民间利率规范化与正规金融市场内的利率市场化相互衔接推进，既要发挥各自市场的主导力量的作用，又要充分重视一些非市场因素的作用。因此，民间利率规范化要实现与我国利率市场化相互衔接，除了市场本身的推动，还需要非市场力量的推动。

由于民间利率市场化的改革始终要与利率市场化的改革相互衔接而实现两个利率体系的市场化，因而在推行民间利率市场化改革的时候，最先要明确的是正规金融市场的利率市场化的几个关键步骤，然后从中寻找民间利率市场的步调。对于利率市场化有三个主要的步骤：首先，要建立一个基准的利率体系找到市场化的基准利率；其次，要简化利率的结构问题，在各个分市场内的资金价格价差关系要明确规定；最后，要将市场化的利率的浮动区间范围和浮动的具体内容做一个详细说明，给予市场化的利率更多的市场自由性和灵活性。

只有明确了利率市场化的这三个步骤之后，才可以进一步探讨民间借贷市场利率市场化的具体规划。首先，在央行的政策引导上，从两个市场的利率传递影响机制出发，反映在利率传导方面，利率市场化的改革明确了市场化的利率传导机制的作用，以央行的基准利率体系为基础，传递货币政策的主要宏观政策调控导向的同时，通过正规金融市场和民间金融市场之间利率的相互衔接的关系可以很好地将央行的政策意图传递至民间金融市场，从而充分调动了央行基准利率对于整个市场化的利率体系的导向作用；其次，两个市场的利率市场化都要强调市场主体对于资金的供求关系的正确认识，要探索市场化的利率决定机制，充分发挥出利率作为资金借贷交易的价格的市场信息的显示问题，体现出市场主体对于资金供给价格的定位和预期等信息，也需要反映市场上的资金融资需求的具体信息。在这两方面的权衡考量中，不难发现，民间利率的规范化问题要综合正规金融市场内利率市场化改革引起的市场体系内的价格差异，及由价格差异引起的借贷市场的供求关系变化，同时时刻关注着央行的基准利率信息，从中寻找到央行对于利率市场化过程中所关注的重点问题和央行试图对市场化的利率体系的引导方向。民间利率的规范化的市场化改革也始终是在正规金融市场内的利率市场化改革的基础上进一步推进的。

（一）建立完善的民间利率监测机制，引导民间利率市场化的合理方向

建立一个准确及时的民间利率监测体系，对于民间利率的规范化引导工作来说必不可少。目前，已经在诸如温州等民间借贷活动发达的区域建立了地区的民间利率监测点，下一步将逐步推广至全国所有的民间借贷市场系统。此外，央行也依据民间借贷活动的具体问题制定了详细的民间借贷利率的监测指标体系，并且密切关注民间借贷市场上的利率，月度数据的监测和不定期的特别专题监测，为民间借贷融资的利率的具体市场化水平和方向提供了可研究的市场监测信息。监测网点规模的扩大、监测指标体系的完善是金融监管的重要工作，通过这些工作，金融监管部门能获取重要的融资信息、资金供求信息、利率浮动信息等，进而有助于引导资金的流向问题，对融资和投资活动都有很大的帮助。以温州为例，央行在温州建立的利率监测点虽然不算是一种监测体系，但却是一个能为利率波动带来重要讯息的方式，是一个重要的区域利率市场信息的观察点。至于温州民间利率的监测点的市场化效用的挖掘问题，从实际的效果来看还需要继续努力。

第一，单个地区的民间利率监测不能反映市场的全部信息，需要把监测的地区范围由点扩大到区域面。对于民间利率的监测范围要从温州的示范点扩展到与其经济环境类似的沿海珠三角、长三角和环渤海经济圈等区域面，从而拓展民间利率监测可以获得的民间借贷市场的市场信息。按照循序渐进的原则，当这种民间利率监控体系在这些发达地区较为成熟且已有相关地区满足一定条件，扩大监测区域，从东部沿海发达的经济区域扩展到中部的中等经济发展区域和西部的欠发达地区的区域，从而建立一个全国范围内比较完整的民间借贷市场的监测系统体系。

第二，需要在建立完善的利率监测系统的基础上建立一个完善的信息共享的发布系统。信息的共享是信息采集的目的，构建一定的信息共享平台有助于利率监测体系采集的信息发挥更大的效用，通过区域内监测信息的交流可以观察到区域间的民间借贷市场之间的细微市场差别，更好地发现区域资金供求关系的差别，引导社会资金的跨区域流动。

第三，对市场化的利率水平也需要一定的引导规范。利率的变动应当在一个合理的区间内才更有助于实体经济的稳健发展，利率过高使金融市场与实体经济的风险都增加，利率过低会减小金融机构为实体经济服务的压力，也不利于金融机构服务实体经济，对于市场化的利率水平需要结合经济发展的实际，时刻关注其在非正常区间内的变动，减少市场集体非理性对市场利率造成的均衡水平的偏离，监管当局要适当加以引导规范。

第四，要时刻关注民间借贷市场内的风险预警监测，对于民间借贷可能存在的隐性风险需要加强预警监控，将民间借贷市场内的风险控制在可调可控的区间范围内，必要时，需要对可能引发风险的交易和交易主体进行风险警告规劝，引导预防市场风险。此外，要强化民间借贷市场内市场主体对市场风险的危机意识。应对各种环境变化还需要加强包括地方银行、融资企业和投资居民的金融风险意识，为此，地方政府与金融监管部门等风险监管部门要针对各市场主体做好相应的宣传教育工作及金融知识的普及。

（二）优先发展区域内民间金融市场并强化与其他区域市场间的交流互动，以建设更广范围内的民间金融市场，打破原来的民间金融市场的区域限制

资本作为一种生产要素，需要在不断的流动中实现增值。只有突破民间借贷市场的区域限制，形成一个更大的民间借贷市场，资金的流动性扩大，才能更好地释放出资金本身对经济发展的作用，这样也可以促进民间金融市场的整体市场利率均衡的实现。资金流动的非自由化导致不同区域的资金存量不同，进而造成各地区的资金供给不同，资金供求水平及相关条件的不同导致利率水平的不同，形成了各地区民间利率水平的不统一局面。资金流的自由流动是资金有效配置的前提条件之一，资金流在各区域内的自由流动最终将促使更大区域民间融资均衡利率的形成，并且将促进民间利率相应的规范化。资金自由流动是打破区域分割的重要突破口之一，而要促进资金的自由流动必须完善信息共享平台以使信息自由流动，为了接近这个目标，民间融资服务体系的构建将成为资金供给者和资金需求者的衔接口，在这种服务体系内，资金供求双方形成互利信任合作的关系，有助于改善民间融资的小规模性、融资分散性和区域分割性等，从而使民间融资更具有服务实体经济的优越性和广泛性，进而促使民间利率在更大范围内实现均衡。

三、建立民间利率市场化的金融风险救援

民间利率市场化与制度环境有很大联系。在民间利率市场化过程中不可控金融风险在脆弱的制度环境中发生，将会给经济社会带来一定的制度变迁成本。毫无疑问，民间利率市场化有助于提高资金的配置效率，同时，对于金融市场来说，更巩固了资金的流动和增加了金融机构的储蓄吸纳动机和能力，这

对经济的增长起到一定的作用，而在此期间，正如本段开头所说，利率市场化需要与制度结构相适应，否则将带来巨大的制度变迁成本。因此，在实现民间利率市场化进程中，我们要不断修复制度缺陷，改善金融腐败盛行、金融法律规范不健全、信用文化缺失等当今经济社会的类似状态，加快制度创新，以期及时应对利率市场化带来的负面效应。

第四节　我国民间利率市场化改革未来的路径选择

一、民间利率市场化基本条件的完善

我国民间利率市场化改革要成功必须要突破以往的政府主导型的外生推动模式的局限，以实现市场力量自发作用下的市场内生性改革模式的优势。尽管现在完全依托市场的民间金融市场的利率市场化的市场条件尚未成熟，但已经有部分市场条件满足，在此情况下，政府要把握好在改革中的角色定位，避免因政府过多参与市场造成的制度障碍，阻碍改革的顺利推进。

二、民间利率市场化相关制度的配套运行

（一）建立健全社会信用体系

金融市场良好秩序的构建是建立在信息完全化或信息对称的基础上的，为解决不完全信息或信息不对称问题，必须要建立健全社会信用体系。社会信用体系包罗了借款者的信用状况，且对由信用问题引发的道德风险等不良结果设

定了严格的惩治标准，是借款人的信用数据库。社会信用体系的建立，一方面能规避信贷风险，降低企业道德风险行为和银行信贷错配行为发生的可能性，使贷款者及时了解借款者的信用状况，降低贷款者的信息成本，并且促进了资本市场的规范；另一方面能肃清民间借贷纠纷的相关法律问题，进而在一定程度上缓解民间借贷市场中存在的风险连锁效应，增强民间融资市场的稳定性。但是，要想发挥社会信用体系的作用，以期达到民间利率规范化、借贷者信用意识的加强、民间融资更好地作为体制内金融机构的补充等目的，就要全面谨慎考虑如何建立社会信用体系，而关于如何建立和完善社会信用体系，主要有以下两方面：

第一，对于市场上的企业和个人的信用情况，需要筹建专门的资信公司负责信息的收集工作。资信公司的主要工作目标是建立个人或企业信用基础数据库，并能共享相关的信用数据信息。而在这个信用基础数据库里，包含了个人或企业的偿债信息、纳税信息、诉讼信息等，通过一定的程序，相关贷款者即可了解到这些信息。此外，资信公司可通过对个人或企业的信用状况进行评级认定来筛选信用较好的个人或企业，建议建立一个资信受理的“黑名单”制度，对于信用较差的企业和个人可以通过“黑名单”登记查询，拒绝相关的融资需求。

第二，对于失信的市场行为，需要专门的法律法规加以惩处规范。这主要从以下三个方面实现。一是债权人权利的维护。在基本的保护债权人权利的法律上，债务人需要在法律强硬措施下履行偿债义务，在债务重组中，应以债权人的权益为根本原则，针对违约逃债的个人或企业的行为，依据制定的法律法规中对赔偿和惩罚规定，承担相应的法律责任。二是法律法规的建立要与建立在信息基础上的信用体系的构建相联系。这就是说，法律法规的设定要引导经济社会信息正确、及时地披露，以此进一步夯实信用体系的构建的基础。三是构建适宜中小企业、符合国际惯例的信用鉴别的理论和方法及信用评级指标体系。为此，政府部门要充分发挥主观能动性，积极做好协调、宣传、推动工作，加强向金融机构、企业的信用评估原理等信息的输送，使其认识到信用评价标准，从而起到一种规范效用。

（二）完善金融监管体系

金融监管体系的建立需要法律法规的支持，是金融市场稳健运行的基本保障和法律依据，完善金融监管体系，主要从四个方面入手：一是注重金融监管法律法规的可操作性，为明确金融监管的程度和方向，从法律角度明确设定与监管相关的经济指标，且对其量化处理，将大大降低监管成本和提高监管效率；二是银监会在行使监管权力的独立性及权威性时需要得到制度的保障；三是对金融债权的法律保护，加强以“三农”服务为主的农村信用社债权的保障，明确债务人的义务、债权人的权利，完善《破产法》；四是提高金融监管执法人员的素质，使其具备相应的专业素养和道德素质。

政府对民间金融的有效监管是将民间金融纳入金融监管的体制内，使其合法合理化、阳光化。民间金融的持续性存在印证了它的生命力和合理性，当前我国在利率市场化改革的大背景下，对待民间融资的态度又明朗起来，应从制度范畴对其加以规范化并高效利用，使其真正纳入我国金融体系，增强利率结构对外界环境变动的弹性。

（三）建立有效的利率风险监测与预警机制

受到经济环境的影响，民间利率风险越来越不可小觑。建立有效的利率风险监测与预警机制将有助于实体经济的资金安全。主要做法为：一是对于民间利率的监测需要在总行、分行和中心支行两级利率监测体系有效运行的前提条件下，强化对民间利率的监测设定定期监测、定期报送的制度；二是建立农村信用社存贷款利率定期公布制度，引导农信社合理开发金融产品，并依据市场信息确定合理的金融产品价格，并要切实履行好维护资金借贷市场上资金价格竞争的市场秩序；三是将作为民间利率参照的农村信用社信贷利率的风险防范机制进行定期评估，以促进民间利率的有效运行；四是对农村信用社的风险防范提供相关技术及知识支持，积极对农信社相关人员进行风险培训管理，提高应对风险的能力，完善自我发展和提高自我素养。

（四）建立金融机构市场退出保障机制

存款保险制度是美国等西方国家应对银行恐慌和公众丧失信心的有效制度安排，减少了金融混乱和社会动荡，并且由于存款保险更加强调运行不良的金融机构的重组或合并，更有利于金融机构稳健地退出市场。存款保险制度应用于民间金融机构，同样能保护存款人的利益，有利于民间金融机构稳健地退出市场。建立金融市场化退出机制是防范系统性金融风险的重要支撑，也是民间利率市场化改革政策框架的必要环节。

（五）完善金融市场，探索中小企业融资方式

金融市场的完善是实体经济转型的重要依托和利率市场化的重要载体。金融市场的子市场——债券市场，由于在银行信贷过程中，客户与银行之间存在黏性关系，形成利率市场化的均衡利率并不依赖于多么宽松的利率浮动区间，借贷利率往往参考公司债券利率，而公司债券利率又是市场化利率，因此，债券市场的完善将对民间利率市场化的完善起到参照作用和保障作用。

此外，完善金融市场要加快发展资本市场。发达的资本市场兼顾直接融资方式和间接融资方式，并使两者进行有效竞争，从而打破不利于市场利率形成的垄断市场结构。包容不同的融资模式推动了“市场内生演进型”制度的转型，有助于引导形成多元化产权的市场结构。加快发展资本市场，需要综合运

用各类融资方式以匹配产业结构的升级。首先，引进各类金融机构，如鼓励民营银行的发展、引进外资银行等，以强化金融市场的竞争，从而促使金融市场资本的运行更有效率，金融服务的质量更加优越。其次，加强对民间类金融机构公司的管理和引导。通过对未上市公司的技术创新及技术质量的评估、各层次绩效指标的评比、发展前途的分析等来评估其发展实力，对实力较强的企业给予资金支持。再次，鼓励支持各类资本涌入资本市场，尤其是民间资本和外资资本，在资本市场上给予民间资本一个合法的地位，同时要规范民间资本在资本市场内的运作，探索融资担保等各种民间资本进入资本市场的方式的可行性，借此调动民间资本的活力，从而有助于推动实体经济的发展。最后，需要继续发展完整的债券市场，打破原来的仅有沪深两个股市的局限市场，积极探索发展区域性债券市场，并积极引导民间资本进入区域性债券市场进行投资，以更好地满足该地区的区域融资需求。

金融市场的完善必然伴随着各类企业的资金融通问题。因此，探索中小企业融资方式是中小企业融资迫切要解决的问题。从实务中，我们了解到中小企业融资难问题源于我国的金融体制弹性小、体制内金融机构借贷门槛很高、灵活性差、所有制歧视等一系列制度弊端，因此中小企业从这些正规融资渠道获取资金很困难。为此，政府要积极探索规范的民间金融市场体系的建设工作，加强民间融资的多元化渠道建设，在民间金融业放宽准入的门槛限制级业务创新等具体的业务管制限制，同时规范引导民间资本在民间融资方面的作用，积极引导民间借贷市场内民营银行等民间资本业务经营主体的发展，使民间资本市场获得正常化、合理化的地位，并成为我国金融市场体系的重要组成部分；同时，多元化的金融市场需要衍生出新的金融治理结构和治理制度与之相匹配，才能实现民间融资的有序化和阳光化。

对中小企业的融资问题，还需要从金融创新的角度发展多元化、多种类的金融产品入手，通过构建多层次金融市场，研究新的贷款方法和形式，拓宽中小企业融资渠道；另外，从政策角度鼓励民间金融机构的发展。政策的制定需要根据民间融资的分散性、规模小、风险高等特性，适当规避和调控民间融资的缺点，发挥民间融资灵活性，信息成本低等优势，为中小企业的实体经济提供高效金融服务。在开辟中小企业融资渠道的过程中，要秉持广开渠道的原则，对各类资金来源，不论是大型企业还是金融机构，都要注意合理引进。

探索更多的中小企业融资方式能为中小企业带来更多的资金来源，但是中小企业本身的资质是融资获取的另一个重要条件，因此，中小企业在发展的过程中，要不断从技术创新、产品升级等方面提升自我核心竞争力，将通过多元化融资渠道筹集的资金根据自身实力派生出更多的经济效用，使资金真正服务于质量良好的实体经济体，避免“产业空心化”。

（六）适时引进利率衍生工具，建立合理的风险分担机制

利率的变动受宏观经济环境的走势、央行的货币政策、汇率、价格等因素的影响，由于这些因素的不确定性导致利率变动的不确定性，从而使相关金融机构面临实际成本高于预期成本的风险，由此可见，利率风险的调控对于银行业的盈利目标非常重要。因此，有必要通过引进利率衍生工具，建立合理的风险分担机制，降低利率风险。由于我国在利率市场化改革过程中利用的是渐进式的制度安排，利率风险现已存在于我国的国债市场、贷款市场、同业拆借市场等，而又由于利率风险是利率市场化的必然，利率市场化的过程就必须同时考虑降低利率风险。利率衍生工具的价格发现功能，从金融市场层面降低和转移了一定的风险。因此，视经济情况开发利率期货、利率期权、债券期权等方式，就可以实现与利率的市场变化有关的利率权限从政府向市场本身转移。

这样做的好处是：

第一，可以为国家的宏观调控提供一个具体的利率市场风险参考指标，使

货币政策的传导机制更加灵活优化。利率衍生工具作为G20峰会的一个内容，提出将利率衍生产品作为宏观审慎监管的一个重要内容。利率衍生工具作为宏观调控的市场参考标准，起到降低经济风险的作用。利率衍生工具里的利率期货，具有价格发现、资产优化、规避风险等市场作用，其中价格发现的作用能更多地促使利率现货市场价格的更多信息披露出来，使相关价格在合理的区间波动。另外，建立一个完善的利率衍生工具市场，可以很好地将公众的市场预期和经济与政策的信息等市场方面的信息显示出来，并通过这个信息显示的作用加强了政府与企业、居民之间的交流和联系，可以更加合理地参考市场的具体信息来决定当局最优货币政策的选择决策，这是降低决策成本和信息成本的一种有效创新。这种以利率期货为中间手段的货币政策，不仅能通过利率期货的价格波动弥补中央银行基准利率调整对于商业银行业务需求来说相对滞后和缺乏弹性的缺点，而且使利率结构更加均衡和具有更深入的联系而不是当前呈现的割裂状态。这样，通过利率期货等金融衍生品，中央银行与公众间的信息沟通与交流由原来的单向传导变成了一个双向传导的过程，从而使利率的传导机制更具有灵活性及紧密性。

第二，为相关利率风险承受者提供了自主性、市场化保险机制。如本书前文所述，我国目前的利率分为官方利率和民间利率。通过对两种利率的形成机理分析，官方利率最终将风险归集到政府，而民间利率的风险集中在市场范畴。前者必然造成经济主体对国家的过度依赖，并且这并不符合经济社会中既不愿意承担风险，又不愿意参与交易的部分个体的利益。因此利率市场化改革是国家、企业、个体之间博弈的结果。利率市场化过程必然存在利率风险，市场化实际上也是将区分权责利的过程，这就意味着相关经济主体对应承担相关利率风险的责任。因此，相关利率风险承受者提供自主性、市场化保险机制的利率衍生产品将在利率市场化过程中受到企业、个人等的青睐。利率期货等金融衍生品，一方面使相关经济主体根据各自所承担的利率风险自行购买保险；另一方面形成风险分担机制，将利率风险责任的承担主体逐渐从国家转移到市场参与者。

第三，有利于形成有效的利率市场。利率衍生工具一方面创新了金融交易工具，另一方面提高了市场交易的效率。我国利率市场结构简单，在利率市场化的改革中能够利用的交易工具种类较少，而要形成有效的利率市场，必须使利率市场的交易工具多层次化，这不仅有利于缓解利率风险对金融市场的冲击，而且能够通过各种交易工具获取其中的交易价格所包含的信息。因此，交易工具创新是当前培育利率市场的有效途径。

（七）努力培育金融市场的文化基础

要建立一个完善的金融市场，除了需要在各个金融子市场内部寻找解决方法外，还需要在正式和非正式的制度设计安排中通过制度的约束来实现。前文我们已经对正式制度安排即监管体制做了相关论述，这里主要谈论非正式制度安排即金融市场文化建设，金融市场的文化建设需要经过漫长的文化培育期才能发挥金融文化对于金融市场发展的软约束力的作用。金融市场的发展需要一个培育完整的金融文化为基础支撑，因而对于金融市场的文化基础建设是必不可少的内容。金融市场文化的构建不仅能促进市场内非正式契约的形成，减少合同成本，而且能从道德层面规范民间利率和民间融资，这将潜移默化地从更深层次创造一个和谐的金融市场体系和良好的金融环境。为此，各级政府部门应努力创造良好的金融市场文化氛围：

第一，发挥信用体系的作用，做好社会教育与宣传。增强个人的诚信意识，为构建信用体系营造良好的市场环境。从道德层面约束人们的信用观念将更加有利于从实质上解决当前我国信用问题，但是耗时长、难度大，因此，政府部门要注重采用惩罚与奖励机制的引导和教育的渲染。

第二，建立健全信用监督机制。信用监督机制能引导相应意识的构建，它是金融文化的制度约束基础。构建金融文化需要利用类似于信用监督机制这种正式制度进行引导。

第三，将中华传统美德的文化培养与金融市场文化的构建结合起来。这主要是通过加强各个金融市场的参与主体的道德意识，在经济社会中自觉诚信，以期缓解由信息不对称带来的正式制度安排难以解决的问题，从而降低正式制度安排所带来的风险成本及效率损失。

参考文献

一、中文参考文献

[1] 麦金农. 经济发展中的货币与资本 [M]. 卢骢，译，上海：上海人民出版社，1997.

[2] 罗斯·赫金斯. 商业银行管理 [M]. 7 版. 刘园，译，北京：机械工业出版社，2007.

[3] 米什金. 货币金融学 [M]. 刘毅，等译，北京：中国人民大学出版社，2005.

[4] 托马斯·赫尔曼，凯文·穆尔多克，约瑟夫·斯蒂格利茨. 金融约束：一个新的分析框架 [M] //青木昌彦. 政府在东亚经济发展中的作用——比较制度分析. 北京：中国经济出版社，1998.

[5] 托马斯·梅耶，詹姆斯·S. 杜森贝里，罗伯特·Z. 阿利伯. 货币、银行与经济 [M]. 林宝清，等译，上海：上海三联书店，上海人民出版社，2007.

[6] 悉尼·霍默，理查德·西勒. 利率史 [M]. 肖新明，曹建海，译，北京：中信出版社，2010.

[7] 巴曙松，湛鹏. 互动与融合：互联网金融时代的竞争新格局 [J]. 中国农村金融，2012 (24).

[8] 巴曙松. 利率市场化会对银行业的市场结构形成显著影响 [J]. 江淮

论坛，2012 (4).

[9] 车大为．金融管制体制产生的内生机制及其影响 [J]．经济研究，2011 (2).

[10] 程昆．非正规金融利率决定机制——一个信息基本对称的 NASH 议价解析 [J]．上海经济研究，2006 (5).

[11] 迟国泰，朱战宇，徐王争．基于三性分析的商业银行经营绩效综合评价模型 [J]．中国管理科学，1999 (4).

[12] 戴相龙．加强虚拟经济研究　进一步深化金融体制改革 [J]．南开学报，2003 (2).

[13] 戴晓凤，尹伯成．论存款保险制度与银行的道德风险 [J]．世界经济，2001 (11).

[14] 邓超，代军勋．银行存贷利差分析 [J]．金融研究，2008 (3).

[15] 丁华明．余额宝后发崛起的秘籍 [J]．中国农村金融，2013 (16).

[16] 丁涛．新型农村金融机构的 SWOT 分析及其可持续性战略研究 [J]．金融理论与实践，2011 (6).

[17] 杜婷．“十二五”期间我国利率市场化路径选择、银行业影响及策略选择 [J]．金融发展评论，2012 (4).

[18] 韩伟．市场结构与政策冲击：贷款利率浮动政策效应研究 [J]．金融研究，2004 (11).

[19] 韩鑫韬．韩国利率市场化改革的教训及启示 [J]．中国金融，2011 (15).

[20] 贺春临．我国银行业的市场结构与绩效研究 [J]．经济评论，2004 (6).

[21] 贺学会．利率市场化：新一轮金融改革的支点 [J]．金融研究，1999 (11).

[22] 胡代光. 整顿和规范市场经济秩序问题思考 [J]. 经济学家，2002 (6).

[23] 黄金老. 利率市场化与商业银行风险控制 [J]. 经济研究，2001 (1).

[24] 黄隽，汤珂. 商业银行竞争、效率及其关系研究——以韩国、中国台湾和中国大陆为例 [J]. 中国社会科学，2008 (1).

[25] 江春. 我国民间信用中的产权问题 [J]. 经济科学，1998 (1).

[26] 姜再勇. 我国利率市场化过程中的均衡利率形成问题探讨 [J]. 南方金融，2013 (4).

[27] 李宝伟. 美国的金融自由化与经济虚拟化 [J]. 开放导报，2010 (1).

[28] 李焰. 关于利率与我国居民储蓄关系的探讨 [J]. 经济研究，1999 (11).

[29] 李扬，王国刚. 中国金融发展报告（2013） [M]. 北京：社会科学文献出版社，2012.

[30] 李扬. 金融改革：回归资源配置本质 [J]. 中国投资，2014 (1).

[31] 李扬. 努力实现无水分的经济增长 [J]. 求是，2013 (10).

[32] 李义奇. 金融发展与政府退出：一个政治经济学的分析 [J]. 金融研究，2005 (3).

[33] 梁建华. 从银行经营者行为差异看利率市场化 [J]. 金融研究，2003 (4).

[34] 林格辉. 人民币理财业务与利率市场化 [J]. 中国金融，2006 (8).

[35] 林毅夫，李永军. 中小金融机构发展与中小企业融资 [J]. 经济研究，2001 (1).

[36] 林毅夫，孙希芳. 信息、非正规金融与中小企业融资 [J]. 经济研究，2005 (07).

[37] 林毅夫，蔡昉，李周. 中国的奇迹：发展战略与经济改革 [M]. 上海：上海三联书店，上海人民出版社，1999.

[38] 林毅夫，刘明兴．经济发展战略与中国的工业化 [J]．经济研究，2004 (7)．

[39] 林毅夫，孙希芳，姜烨．经济发展中的最优金融结构理论初探 [J]．经济研究，2009 (8)．

[40] 林毅夫．比较优势与发展战略——对“东亚奇迹”的再解释 [J]．中国社会科学，1999 (5)．

[41] 刘必金，宋清华，赵延．银行中间业务收入的信贷化现象 [J]．中国金融，2012 (14)．

[42] 刘骏民，伍超明．虚拟经济与实体经济关系模型 [J]．经济研究，2004 (4)．

[43] 刘雅然．中国利率市场化及利率政策效应研究 [D]．武汉：华中科技大学，2011．

[44] 鲁丹，肖华荣．银行市场竞争结构、信息生产和中小企业融资 [J]．金融研究，2008 (5)．

[45] 陆磊．市场结构和价格管制：对中国利率市场化的评析 [J]．金融研究，2001 (4)．

[46] 陆珉峰．金融支持我国实体经济发展的有效性分析 [J]．财经科学，2013 (6)．

[47] 马胜杰．从国际经验看中国的利率市场化改革 [J]．世界经济，2001 (5)．

[48] 马昀．金融必须回归服务实体经济 [J]．中国金融，2012 (7)．

[49] 麦金农．经济市场化的次序——向市场经济过渡中时期的金融控制 [M]．中译本．上海：上海三联书店，1997．

[50] 逄金玉．金融服务实体经济解析 [J]．管理世界，2012 (5)．

[51] 钱小安. 论我国利率市场化的道路选择 [J]. 管理世界, 1995 (4).

[52] 邵伏军. 利率市场化改革的风险分析 [J]. 金融研究, 2004 (8).

[53] 盛朝晖. 从国际经验看利率市场化对我国金融运行的影响 [J]. 金融理论与实践, 2010 (7).

[54] 苏宁. 存款保险法律制度 [M]. 北京: 中国金融出版社, 2008.

[55] 谭中明, 陶羽. 用因子分析法考察中国商业银行效率 [J]. 预测, 2004 (2).

[56] 汤洪波. 存款保险制度与银行公司治理 [J]. 金融研究, 2008 (7).

[57] 涂晓兵. 金融脱媒下我国商业银行的现状分析与路径选择 [D]. 武汉: 武汉大学, 2012.

[58] 王国刚. 构建多层次资本市场体系需要着力解决的几个问题 [N]. 证券时报, 2005-12-01.

[59] 王国刚. 金融业的回归之旅 [N]. 上海证券报, 2014-01-24.

[60] 王国刚. 利率市场化需要外科手术 [N]. 上海证券报, 2013-07-22.

[61] 王国松. 存贷款利率市场化次序安排的有效性与风险性 [J]. 财经研究, 2004 (2).

[62] 王国松. 中国的利率管制与利率市场化 [J]. 经济研究, 2001 (6).

[63] 王晋斌, 于春海. 中国利率市场化改革的可能路径 [J]. 金融研究, 2007 (12).

[64] 王松奇. 利率市场化的配套设计应同步 [N]. 经济参考报, 2013-10-11.

[65] 王松奇. 中国金融改革构想 [J]. 银行家, 2013 (5).

[66] 王晓博. 对利率理论及其实践问题的再思考 [J]. 财贸研究, 2002 (3).

[67] 王一鸣，李敏波. 非正规金融市场借贷利率决定行为：一个新分析框架 [J]. 金融研究，2005 (07).

[68] 魏倩. 中国金融管制的历史与变革 [D]. 上海：复旦大学，2007.

[69] 魏煜，王丽. 中国商业银行效率研究：一种非参数的分析 [J]. 金融研究，2000 (3).

[70] 吴富林. 中国利率市场化达到什么程度 [J]. 经济学家，2012 (4).

[71] 吴俊镜. 邮储银行市场定位的 SWOT 研究及战略选择分析 [J]. 邮政研究，2010 (1).

[72] 吴晓勇，池宏. 商业银行分理处效率对效益的影响程度分析 [J]. 中国管理科学，2003 (3).

[73] 伍超明. 货币流通速度的再认识 [J]. 经济研究，2004 (9).

[74] 奚君羊，曾振宇. 我国商业银行的效率分析——基于参数估计的经验研究 [J]. 国际金融研究，2003 (5).

[75] 肖欣荣，伍永刚. 美国利率市场化改革对银行业的影响 [J]. 国际金融研究，2011 (1).

[76] 谢平，袁沁敔. 我国近年利率政策的效果分析 [J]. 金融研究，2003 (5).

[77] 谢平，邹传伟. 互联网金融模式研究 [J]. 金融研究，2012 (12).

[78] 谢仍明，马亚西. 利率市场化改革：巴西、印度的经验 [J]. 银行家，2013 (5).

[79] 徐建炜. "中国式"调息、金融管制与信贷扭曲 [J]. 国际经济评论，2011 (2).

[80] 徐爽，李宏瑾. 一个利率市场化模型 [J]. 世界经济，2006 (6).

[81] 许小年. 自由与市场经济 [M]. 上海：上海三联书店，2008.

[82] 杨德勇. 垄断与产权：我国利率市场化的制度性障碍 [J]. 财经问题研究，2002 (1).

[83] 杨雪飞. 积极应对利率市场化的挑战 [J]. 国际金融，2003 (5).

[84] 易纲，赵先信. 中国的银行竞争：机构扩张、工具创新与产权改革 [J]. 经济研究，2001 (8).

[85] 易纲. 中国改革开放三十年的利率市场化进程 [J]. 金融研究，2009 (1).

[86] 殷剑锋. 迎来金融大变革时代 [J]. 财富管理，2014 (1).

[87] 银行业结构研究课题组. 全球银行业结构与发展 [M]. 北京：中国商业出版社，2012.

[88] 于良春，鞠源. 垄断与竞争：中国银行业的改革和发展 [J]. 经济研究，1999 (8).

[89] 张东奎. 东亚经济体利率市场化研究 [D]. 长春：吉林大学，2012.

[90] 张芳. 中国银行业市场结构与绩效实证研究 [D]. 大连：东北财经大学，2011.

[91] 张海超，等. 分析“余额宝”的发展模式及其对银行金融的冲击 [J]. 西南民族大学学报，2011 (6).

[92] 张杰. 解读中国农贷制度 [J]. 金融研究，2004 (3).

[93] 张静. 中国居民金融资产的总量及其结构分析 [J]. 金融经济，2011 (6).

[94] 张军. 改革后中国农村的非正规金融部门：温州案例 [J]. 中国社会科学季刊（香港），1997（秋季卷）.

[95] 张磊，徐忠. 利率市场化和我国宏观金融调控体制改革 [J]. 金融研究，2000 (9).

[96] 张雪春. 民间借贷利率与民间资本的出路：温州案例 [J]. 金融研究，2013 (3).

[97] 张宗益，吴恒宇，吴俊. 商业银行价格竞争与风险行为关系——基于贷款利率市场化的经验研究 [J]. 金融研究，2012 (6).

[98] 赵旭. 中国银行业效率研究 [D]. 杭州：浙江大学，2001.

[99] 中国人民银行赣州市中心支行课题组. 市场分割与信贷配给：利率市场化的体制及经济效应 [J]. 金融研究，2006 (1).

[100] 中国人民银行金融稳定分析小组. 中国金融稳定报告 2013 [M]. 北京：中国金融出版社，2013.

[101] 中国人民银行调查统计司课题组. 我国利率市场化的历史、现状与政策思考 [J]. 中国金融，2011 (15).

[102] 周小川. 关于推进利率市场化改革的若干思考 [J]. 金融时报，2011 (1).

[103] 周小川. 中国金融业的历史性变革 [J]. 中国金融，2010 (1).

[104] 朱琰，王一峰. 利率市场化下的国际银行业经营比较 [J]. 银行家，2012 (8).

[105] 谢仍明. 中国利率市场化研究 [D]. 北京：中国社会科学院，2014.

[106] 王春宇. 我国民间借贷发展研究 [D]. 哈尔滨：哈尔滨商业大学，2010.

[107] 崔慧霞. 农村民间金融的内生机制分析 [J]. 统计研究，2006 (6).

[108] 崔慧霞. 农村民间金融的绩效分析 [J]. 中央财经大学学报，2005 (5).

[109] 崔荫. 中国民间金融发展原因探析 [J]. 中国流通经济, 2007 (6).

[110] 程蕾. 中国民间金融走势分析 [J]. 经济理论与经济管理, 2004 (3).

[111] 陈时兴. 对我国民间金融及其发展前景的思考 [J]. 宏观经济研究, 2005 (1).

[112] 陈金明. 金融发展与经济增长: 兼论中国金融发展与经济增长问题 [M]. 北京: 中国社会科学出版社, 2004.

[113] 陈晓红, 等. 基于 DEA 方法的 K 间金融资本运作效率研究——对温州市民间金融的实证分析 [J]. 经济问题探索, 2007 (5).

[114] 杜朝运. 关于"温州案例"的一些引申含义 [J]. 经济理论与经济管理, 2001 (7).

[115] 刁怀宏. 民营经济、民间金融与经济增长研究 [J]. 经济论坛, 2004 (2).

[116] 邓大才. 需求诱导性制度变迁与农村民间金融的制度化 [J]. 人文杂志, 2004 (5).

[117] 董裕平. 金融: 契约结构与发展 [M]. 北京: 中国金融出版社, 2003.

[118] 丁一淼. 正规金融与民间金融的对接研究 [J]. 金融纵横, 2010 (4).

[119] 冯兴元, 何梦笔, 何广文. 试论中国农村金融的多元化——一种局部知识范式视角 [J]. 中国农村观察, 2004 (5).

[120] 费孝通. 乡土中国 [M]. 北京: 人民出版社, 2008.

[121] 郭沛. 中国农村非正规金融规模估算 [J]. 农业经济问题, 2004 (2).

[122] 郭沛. 农村非正规金融: 内涵、利率、效率与规模 [C]. 中国农村金融改革学术研讨会论文集, 2003.

[123] 郭梅亮，徐璋勇. 分工演进、交易效率与中国农村非正规金融组织变迁 [J]. 制度经济学研究，2010 (3).

[124] 郭梅亮. 传统文化习俗下的农村消费性金融需求分析 [J]. 中国经济问题，2011 (1).

[125] 郭梅亮. 中国农村非正规金融制度变迁——基于一个分工演进的视角 [D]. 西安：西北大学，2009.

[126] 郭为. 民间金融、金融市场分割与经济增长 [J]. 现代经济探讨，2004 (5).

[127] 高发. 中国民间金融问题研究 [J]. 金融教学与研究，2005 (4).

[128] 高艳. 我国农村非正规金融的绩效分析 [J]. 金融研究，2007 (12).

[129] 何田. “地下经济”与管制效率：民间信用合法性问题实证研究 [J]. 金融研究，2002 (11).

[130] 胡必亮. 村庄信任与标会 [J]. 经济研究，2004 (10).

[131] 何文广. 从农村居民资金借贷行为看农村金融抑制与金融深化 [J]. 中国农村经济，1999 (10).

[132] 胡必亮，刘强，李晖. 农村金融与村庄发展：基本理论、国际经验与实证分析 [M]. 北京：商务印书馆，2006.

[133] 胡士华. 农村非正规金融发展问题研究 [D]. 成都：西南大学，2007.

[134] 洪正. 新型农村金融机构改革可行吗？——基于监督效率视角的分析 [J]. 经济研究，2011 (2).

[135] 韩廷春. 金融发展与经济增长——理论、实证与政策 [M]. 北京：清华大学出版社，2002.

[136] 金烨，李宏彬．非正规金融与农户借贷行为 [J]．金融研究，2009 (4).

[137] 仵志忠．信息不对称理论及其经济学意义 [J]．经济学动态，1997 (1).

[138] 姜旭朝．中国民间金融研究 [M]．济南：山东人民出版社，1996.

[139] 姜旭朝，丁昌峰．民间金融理论分析：范畴、比较与制度变迁 [J]．金融研究，2004 (8).

[140] 江春．论金融实质及制度前提 [J]．经济研究，1999 (7).

[141] 匡桦．民间金融高利率成因：一个隐性成本的视角 [J]．财经问题研究，2010 (2).

[142] 刘伟，李绍荣．所有制变化与经济增长和要素效率提升 [J]．经济研究，2001 (1).

[143] 刘民权，徐忠，俞建拖．信贷市场中的非正规金融 [J]．世界经济，2003 (7).

[144] 刘莉亚．农户融资现状及其成因分析——基于中国东部、中部、西部千社万户的调查 [J]．中国农村观察，2009 (3).

[145] 陈虹，马永健．P2P 网贷行业利率定价模式研究 [J]．当代财经，2016.

[146] 张晶蕾，孙英隽．公开竞标的贷款定价方式对 P2P 借贷平台的优化作用 [J]．财务与金融，2015.

[147] 张庆亮，张前程．中国民间金融利率研究的文献综述 [J]．经济学动态，2010.

[148] 杨勇．互联网金融的特点、风险及应对 [J]．征信，2016.

[149] 唐天骄. 网络借贷对提高市场效率的作用研究 [J]. 当代经济, 2016.

[150] 马理, 何梦泽, 刘艺. 网络借贷的竞标利率形成机制与风险防范研究 [J]. 人文杂志, 2016.

[151] 周慧. 基于互联网金融背景下 P2P 信贷的现状分析 [J]. 金融教育研究, 2016.

[152] 彭红枫, 刘歆如. P2P 网络借贷研究评述 [J]. 武汉大学学报 (哲学社会科学版), 2016 (07).

[153] 王腊梅. 论我国 P2P 网络借贷平台信息披露制度的构建 [J]. 金融实务, 2015.

二、英文参考文献

[1] Abdul A., Enrica. D, T. Tressel. A New Database of Financial Reforms [J]. IMF Working Paper, 2008 (266).

[2] Adams D., D. Fitchett. Informal Finance in Low-income Countries [M]. Boulder Co: Westview Press, 1992.

[3] Aziz J., Dunaway S. Rebalancing China's Economy [J]. IMF Working Paper, 2007 (291).

[4] Beck T., R. Levine. Industry Growth and Capital Allocation: Does Having Market-or Bank-Based System Matter? [J]. NBER Working Paper, 2002 (8982).

[5] Bengt Holmstrom, Jean Tirole. Financial Intermediation, Loanable Funds and the Real Sector [J]. Quarterly Journal of Economics, 1999, 112 (3).

[6] Bottomley A. Interest Rate Determination in Underdeveloped Areas

[J]. American Journal of Agricultural Economics, 1975, 57 (2).

[7] Calomiris, Charles W, R. Glenn Hubbard. Price Flexibility, Credit Availability, and Economic Fluctuations: Evidence from the United States [J]. Quarterly Journal of Economics, 1989 (104).

[8] Carlson J. Short－Term Interest Rates as Predictors of Inflation: Comment [J]. American Economic Review, 1977 (67).

[9] Chirwa Mlachila. Financial Reforms and Interest Rate Spreads in the Commercial Banking System in Malawi [J]. IMF Staff Papers, 2004, 51 (1).

[10] E. S. Shaw. Financial deepening in economic development [M]. New York: Oxford University Press, 1973.

[11] Evert Gummesson. Commentary on "The Role of Innovation in Driving the Economy: Lessons from the Global Financial Crisis" [J]. Journal of Business Research, 2014, 67 (1).

[12] Fama E. Short－Term Interest rates as Predictors of Inflation [J]. American Economic Review, 1975 (65).

[13] Felipe. B., D. Fishcher, Felipe R. Financial Liberalization, Market Structure and Credit Penetration [J]. Journal of Financial Intermediation, 2014 (23).

[14] Frederic S. Mishkin. Symposium on the Monetary Transmission Mechanism [J]. Journal of Economic Perspectives, 1995, 9 (4).

[15] Freixas, Xavier, Jean－Charles Rochet, Microeconomics of Banking [M]. Second Edition. Cambridge: MIT Press, 2008.

[16] Friedman, Benjamin M., Kenneth N. Kuttner. Money, Income, and Prices After the 1980s [J]. Working Paper Cambridge, Mass: National

Bureau of Economic Research, 1999 (2852).

[17] Fry M. J. Models of Financially Repressed Developing Economies [J]. World Development, 1982, 10 (9).

[18] Fry M. J. Money, Interest and Banking in economic Development [M]. Baltimork: Johns Hopkins University Press, 1988.

[19] Fukuchi, Takao. Liberalization Effect in Financially Repressed Economy: The Case of Indonesia, 1982—1990 [J]. The Developing Economies, 1995 (9).

[20] Funke, Michael, Michael Paetz. Financial System Reforms and China's Monetary Policy Framework [J]. Presented at the Fourth HKIMR Annual International Conference on the Chinese Economy, 2013 (56).

[21] Galbis V. Financial Intermediation and Economic Growth in Less developed Countries: A Theoretical Approach [J]. Journal of Development Studies, 1997, 13.

[22] Garbade K., Wachte P. Time Variation in the Relationship Between Inflation and Interest Rates [J]. Journal of Monetary Economics, 1978, 4.

[23] Gelb Alan H. Financial Policies, Growth, and Efficiency [J]. World Bank Research Working Papers, 1989 (202).

[24] Giovannini, Alberto, Martha de Melo. Government Revenue from Financial Depression [J]. American Economic Review, 1993, 83 (4)

[25] Graciela Kaminsky, Sergio Schmukler. Short - Run Pain, Long - Run Gain: The Effects of Financial Liberalization [J]. NBER Working Paper, National Bureau of Economic Research, Inc, 2002 (836).

[26] Honohan P, Klingebiel D. Controlling Fiscal Costs of Banking Crises

[M]. World Bank, Washington, DC: IMF, 2000.

[27] Jean－Pierre Allegret, Philippe Dulbecco. The Institutional Failures of International Monetary Fund conditionality [J]. The Review of International Organizations, 2007, 2 (4).

[28] King R., R. Levine. Finance and Growth: Shumpeter Might be Right [J]. the Quarterly Journal of Economics, 1993 (108).

[29] Krugman P. Saving Asia: It's Time to Get Radical [J]. Fortune, 1998 (7).

[30] Kuijs L. Investment and Savings in China [J]. Work Bank Policy Research Paper Series, 2005 (3633).

[31] Lanyi, Saracoglu. Interest Rate Policies in Development [J]. IMF Occasional Paper, 1983 (71).

[32] Levine R. International Financial Liberalization and Economic Growth [J]. Review of International Economics, 2001, 9 (4).

[33] Martin B., K. Colin. Financial Regulation in Developing Countries [J]. Journal of Development Studies, 2000, 37 (1).

[34] Mckinnon R. I. The Order of Economic Liberalization [M]. Baltimore: John Hopkins University Press, 1993.

[35] McKinnon R. I. Money and Capital in Economic Development [M]. Washington, D. C.: The Brookings Institution, 1973.

[36] Nicholas M. Interest Rate Reforms, Savings and Economic Growth: Empirical Evidence From South Africa [J]. Actual Problems of Economics, 2013, 145 (7).

[37] Ogaki, Masao, Jonathan D. Ostry, Carmen M. Reinhart. Saving Behavior in Low－and－Middle－Income Developing Countries: A Comparison [J]. IMF Working Papers, 2008, 43 (1).

[38] Pereira L, V. Sundararajan. Issues in Interest Rate Management and Liberalization [J]. IMF Staff Papers, 1999, 37 (4).

[39] Philip Arestis. Washington Consensus and Financial Liberalization [J]. Journal of Post Keynesian Economics, 2004, 27 (2).

[40] Rossi, Nicola. Government Spending, the Real Interest Rate, and the Behavior of Liquidity Constrained Consumers in Developing Countries [J]. IMF Staff Papers, 2002, 35 (6).

[41] Roubini N., Sala－I－Martin X. Financial Repression and Economic Growth [J]. NBER Working Paper, 1992 (3876).

[42] Sarkis J. Khoury. The Deregulation of the World Financial Markets－Myths, Realities and Impact [M]. New York: Quorum Books, 1990.

[43] Shaw E. S. Financial Deepening in Economic Development [M]. New York: Oxford University Press, 1973.

[44] Silke B., Niels H., Robert L. Financial Liberalization and Economic Growth: A Meta－analysis [J]. Journal of International Money and Finance, 2013 (33).

[45] Stiglitz J., Weiss A. Credit Rationing in Market with Imperfect Information [J]. American Economic Review, 1981 (34).

[46] Stiglitz J. Globalization and Its Discontents [M]. New York: W. W. Norton & Company, 2002.

[47] Thorsten Beck. Finance, Growth, and Stability: Lessons From the Crisis [J]. Journal of Financial Stability, 2014 (10).

[48] Y. Li, Matsui A. A Theory of International Currency: Competition and Discipline [J]. Journal of the Japanese and International Economics, 2009 (23).

附录一

温州市民间融资管理条例实施细则

作为全国首部地方性金融法规和首部专门规范民间金融法规的《温州市民间融资管理条例》（以下简称《条例》）及《温州市民间融资管理条例实施细则》（以下简称《实施细则》）于2014年3月1日正式施行，实施细则有三大亮点：

1. 对民间融资专业服务机构开出“负面清单”。《实施细则》对《条例》创新设立的三类民间融资专业服务机构：第一类是民间资金管理企业，即在温州市辖区内设立的从事定向集合资金募集并管理的专业机构；第二类是民间融资信息服务企业，主要开展供求资金撮合、理财产品推介等融资中介服务企业；第三类是设立民间融资行业服务机构，为民间融资活动提供行业服务等进行了严格约束。

2. 进一步延伸了民间借贷的范围。《实施细则》这一补充表明，将过去存在争议或一直游走于“灰色地带”的这三种民间资金融通形式都纳入民间借贷的范畴予以承认与保护，这是一个重要突破。

3. 企业直接融资从遥不可及到触手可及。《条例》的另一重点是关于企业融资的，即企业可自主发行定向债券和定向集合资金。

第一章　总则

第一条　根据《温州市民间融资管理条例》（以下简称《条例》）制定本细则。

第二条　温州市人民政府和辖区内县级人民政府地方金融监管工作协调机构，负责沟通协调民间融资服务、监督管理和风险监测、处置等工作。

第三条　温州市人民政府和辖区内县级人民政府金融工作办公室负责指导、监督和管理等工作。

第四条　温州市人民政府金融工作办公室可以根据《条例》和《实施细则》，制定操作指引和业务规则。

第二章　民间融资服务主体

第五条　县级人民政府金融工作办公室委托民间融资公共服务机构从事《条例》第八条第二款规定的活动的，应当给予适当的经费补助。

第六条　民间资金管理企业不得有下列行为：

（一）擅自变更或变相变更募集时确定的生产经营项目；

（二）将非定向集合资金项下的资金以定向集合资金名义进行投资的；

（三）从事可能使定向集合资金承担无限（连带）责任的投资；

（四）将定向集合资金用于担保或者进行股票、期货等投机性投资；

（五）法律、法规和规章禁止的其他行为。

第七条　民间融资信息服务企业不得有下列行为：

（一）提供的信息、资料可能危害国家安全及公共利益；

（二）故意隐瞒重要事实或者故意提供虚假信息、资料，出具虚假报告、证明文件及其他文件；

（三）采取欺诈、胁迫、贿赂、串通等非法手段，损害民间融资当事人或者他人利益；

（四）吸收存款或者变相吸收存款，发放贷款或者变相发放贷款；

（五）泄露或者通过非法手段获取民间融资当事人的商业秘密和个人隐私；

（六）法律、法规和规章禁止的其他行为。

第八条　民间融资公共服务机构不得有下列行为：

（一）泄露民间融资当事人的商业秘密和个人隐私；

（二）违规收取费用；

（三）法律、法规和规章禁止的其他行为。

第三章　民间借贷

第九条　合会、农村资金互助会的资金互助、企业内部集资等属于本《细则》所称的民间借贷。

非金融企业之间临时调剂性借贷的，出借人应当以自有资金出借，且借款期限不得超过三个月。

第十条　县级人民政府金融工作办公室可以自行受理民间借贷合同备案，也可以委托民间融资公共服务机构受理民间借贷合同备案。

第十一条　《条例》第十四条应当予以备案的民间借贷，发生于《条例》施行之前的，可以不予备案，但在《条例》施行后三个月内未能履约完成的，则应当予以报送备案。

第十二条　已办理备案的符合《条例》第十四条第一款有关规定的民间借贷合同，借贷金额、期限、利率等重要事项发生变更的，借款人应当于变更事项发生之日起十五个工作日内办理变更备案手续。

第十三条　鼓励民间借贷当事人将履约情况报送备案，履约信息将纳入民间融资信用系统。

第十四条　民间借贷当事人可以查询自身备案信息。

查询他人备案信息的，应当事先征得被查询当事人的书面同意并约定用途。法律、法规另有规定的除外。

第十五条　民间借贷当事人认为备案信息存在错误或者遗漏的，有权向接受备案的机构提出异议，要求更正。

第十六条　民间融资公共服务机构缴纳的税收地方留成部分予以全额补助。

第十七条　非金融企业民间借贷的利息支出，不超过按照金融企业同期同类贷款利率计算的数额部分，准予在计算应纳税所得额时扣除。

第十八条　以动产、不动产或者其他财产性权利为民间借贷提供抵（质）押担保的，当事人可凭备案证明等材料，向法定的登记机构申请抵（质）押登记。

第四章　定向债券融资和定向集合资金

第十九条　符合条例第二十条规定的非金融企业，在温州市行政区域内以非公开方式发行的定向债券，债券持有人可以依法转让其所持有的定向债券。

第二十条　温州市股权营运中心等机构作为发行与转让服务平台，为定向债券发行，信息披露和转让提供服务，并实施自律管理。

第二十一条　定向债券发行企业可以自行发行定向债券，也可以委托具有承销资格的中介机构作为承销机构。

定向债券融资的企业应当委托温州市股权运营中心等机构作为定向债券的登记托管机构。

第二十二条　定向债券发行企业应当与定向债券受托管理人制定定向债券持有人会议规则，约定持有人通过定向债券持有人会议行使权利的范围、程序和其他重要事项。

第二十三条　定向债券融资的企业应当设立偿债保障金专户，用于兑付资金的归集和管理。

第二十四条　民间资金管理企业应当与具有托管资格的托管人签订托管协议，委托托管人托管定向集合资金。

第二十五条　定向集合资金托管人应当将受托管理的定向集合资金与民间资金管理企业的自有资产严格分开，并对各期不同的定向集合资金分别实行专项管理，专款专用。

第二十六条　定向集合资金根据《条例》第二十三条规定用于短期民间借贷的，单户单笔最高不得超过该期定向集合资金短期民间借贷限额的百分之五。

第二十七条　民间资金管理企业应当按照审慎经营原则，制定对外投资决策、风险控制以及财务管理等制度。

第二十八条　定向债券发行企业或者承销机构、民间资金管理企业应当建立完备的投资者适当性管理制度，确认具备风险识别与承担能力的投资者为合格投资者，并向其充分揭示风险。

第二十九条　定向债券发行企业和民间资金管理企业可以采取资产抵押、质押、第三方担保和商业保险等内、外部增信措施。

第五章　风险防范和处置

第三十条　地方金融监管工作协调小组各成员单位应当指定专人负责民间融资监督管理信息的收集、整理、保管、交流等事务。

成员单位应当及时将民间融资活动中设立、登记、变更、注销、监管等环节中形成的相关材料和信息报送地方金融监管协调小组办公室。地方金融监管协调小组办公室设在各级人民政府金融工作办公室。

各成员单位不得泄露知悉的保密信息。

第三十一条　担保公司、投资咨询公司、典当行、寄售行等机构的从业人员，不得利用职务便利从事民间融资活动。

第三十二条　对涉嫌非法集资等民间融资的违法行为，驻温州的国家金融监督管理派出机构应当依法检查涉事企业或者个人银行账户、信用等情况，并及时将检查结果反馈给温州市人民政府金融工作办公室。

第三十三条　公安机关对温州市人民政府和辖区内县级人民政府金融工作办公室移送的民间融资涉嫌犯罪材料进行审查，应当书面及时反馈审查结果。

第三十四条　温州市人民政府和辖区内县级人民政府金融工作办公室应当设立举报平台，接受社会公众举报和监督。

第三十五条　温州市人民政府和辖区内县级人民政府金融工作办公室应当定期对民间融资公共服务机构受托事项履行情况进行核查。

民间融资公共服务机构违法违规开展业务的，同级人民政府金融工作办公室可以取消其受托资格。

第六章　附 则

第三十六条　本细则中下列用语的含义是：

民间资金管理企业，是指在温州市行政区域内设立，并在温州市人民政府金融工作办公室备案的，从事定向集合资金募集和管理等业务的民间资本管理有限责任公司或者股份有限公司。

民间融资信息服务企业，是指温州市行政区域内设立，并经温州市人民政府金融工作办公室备案的，包括信贷服务中介企业（P2P）、理财信息服务企业、众筹融资服务企业等在内的非金融企业。

民间融资公共服务机构，是指经温州市人民政府金融工作办公室核准，在一定区域范围内提供《条例》第八条规定的民间融资相关公共服务的机构。

合会，是指会首邀集二人以上为会员，以互助为目的，互约交付会款及标取合会金的活动。

企业内部集资，是指除国有企业之外的非金融企业或者其他组织未向社会公开宣传，仅在单位内部针对本单位职工集资用于本单位生产经营的活动。

第三十七条　本细则自 2014 年 3 月 1 日起施行。

附录二

鄂尔多斯市规范民间借贷暂行办法

2012年6月5日，鄂尔多斯市政府发布《鄂尔多斯市规范民间借贷暂行办法》，这是国内首部规范制约民间借贷的地方政府规章，其中详细阐述了民间借贷的概念界定和具体操作规程，并明确了相关部门的监管职责。此外，2011年出台的《鄂尔多斯市金融风险应急管理及处置预案》和《鄂尔多斯市处置因民间借贷案件引发群体性事（案）件应急预案》更是对现有法律体系的缺乏起到了重要的规范化指导作用。

第一章　总 则

第一条　为引导和规范民间借贷行为，充分发挥民间资金的积极作用，防范和应对民间借贷可能引发的各种风险，预防和打击非法集资和高利借贷等非法金融活动，保护民间借贷当事人的合法权益，加强对民间借贷市场的监督管理，完善地方金融管理体制，维护本地区金融安全和社会稳定，依据国家有关法律法规、国务院《关于鼓励和引导民间投资健康发展的若干意见》（国发〔2010〕13号）和《鄂尔多斯市委鄂尔多斯市人民政府关于深化金融改革促进金融产业发展的若干意见》（鄂党字〔2010〕10号）要求，结合实际，制定本办法。

第二条　民间借贷是建设多层次金融市场的重要组成部分。市人民政府鼓励和引导民间资本进入基础产业、基础设施、市政公用事业、政策性住房建设、社会事业、金融服务、商贸流通和国防科工等领域。鼓励和引导民间资本重组联合和参与国有企业改革，推动民营企业加强创新和转型升级。探索民间借贷市场阳光化、规范化和专业化发展，依法保障民间借贷市场健康有序发展，积极为地方经济又好又快发展提供金融支持。

第三条　在本市境内参与民间借贷及其相关活动的自然人、法人和其他组织，应当遵守本办法。

本办法不适用于商业银行、村镇银行、小额贷款公司、融资性担保公司、典当行等依法设立的机构为个人和企业提供的金融服务，也暂不适用于自然人之间用于生活消费的借贷活动。

本办法涉及专用语的含义如下：

民间借贷是放贷人在一定时间内出借一定数量的资金，到期后借款人还本付息的行为。

放贷人是指出借资金到期收回本金并收取利息的自然人。

借款人是指从放贷人处取得资金到期返还本金并支付利息的法人或自然人。

本金是指放贷人实际贷出的资金款额，利息不得于放贷前在借贷本金中扣除，贷款人提前扣除的利息，不得计入贷款本金数额。

利息是放贷人因为出让资金使用权而从借款人处获得超出本金部分的报酬。

第四条　民间借贷活动的基本原则是：放贷人和借款人之间从事借贷及其相关活动应当遵循合法、平等、自愿、公平、诚实信用、谨慎入市和风险自担的原则。

第五条　市人民政府引导和规范民间借贷有关中介服务组织和个人，在自然人、企业以及其他组织之间开展民间借贷中介服务，引导资金供需双方对接，提高民间资本效率。

市人民政府鼓励和支持设立企业化运营的民间借贷信息网络平台，创建民间借贷登记服务中心，探索通过信息技术和金融创新推动实现民间借贷市场阳光化、规范化和专业化发展。

第六条　市人民政府探索建立和完善地方金融管理体制，规范和引导民间借贷行为，加强对民间借贷市场监管。各相关部门在全市规范整顿民间借贷领导小组的统一领导下，依法在职责范围内对本地区民间借贷活动实施监督和管理。市金融工作办公室负责协调联系工作，建立有关部门的联席会议制度，并发挥规范全市整顿民间借贷领导小组办公室的作用。

民间借贷监管及处置工作实行借贷当事人属地管理原则，各旗区要进一步加强民间借贷领域的登记备案、信息统计、信用建设、征信管理、支付结算、监测预警、风险防范和事件处置等综合管理工作，建立统一领导、职责明确、协调配合、运转有序、反应迅速、处置得当的民间借贷管理机制。

第二章　借贷主体与借贷合同

第七条　放贷人只能利用自有资金进行放贷，不得有非法集资、非法吸收公众存款或变相非法吸收公众存款和非法高利转贷等行为。

放贷人的权利和义务：

（一）放贷人有权了解借款人的经营信息及财务状况，借款人应向放贷人提供企业经营的真实情况。

（二）放贷人有权要求借款人提供担保，有权要求借款人返还到期借款的本金和支付利息。

（三）放贷人有权要求借款人根据借贷合同规定的借款用途使用资金的权利。借款人未按照约定的借款用途使用借款的，放贷人可以停止发放借款、提前收回借款或者解除合同。

（四）放贷人有权对借款使用情况进行跟踪了解和监督检查。

（五）放贷人有按照借款合同约定的日期、数额及时提供资金的义务。

（六）放贷人到所在旗区民间借贷登记服务机构进行登记和民间借贷合同备案。

第八条　在民间借贷登记服务中心登记借贷融资的借款企业必须是经营状况良好、暂时资金短缺的企业。借款人所借的资金必须用于合法的生产经营活动，严禁用于任何违法经营活动。借款人严禁面向不特定公众进行非法吸收公众存款等活动，不得通过媒体、推介会、传单、手机短信等途径向社会公开宣传。

借款人的权利和义务：

（一）借款人有权按照约定的日期、数额收取借款。

（二）借款人有按照借贷合同载明的借款用途使用借款的权利。

（三）借款人有按照借款合同载明的日期按时偿还放贷人本金和利息的义务。

（四）借款人有义务向放贷人披露与借款有关的业务活动和财务状况的真实信息，定期提供有关财务会计报表等资料。

（五）借款人应从事正当合法经营以保证放贷人资金的安全。

（六）经登记的借款人有主动到所在旗区民间借贷登记服务机构登记备案借贷合同的义务。

（七）借款人不得恶意逃避债务，以维护良好的民间借贷秩序。

第九条　民间借贷交易双方可以根据借贷双方实际情况和市场行情自行约定借款利率，但其借款利率超过中国人民银行规定的同期银行贷款基准利率的四倍部分不受法律保护。

第十条　民间借贷交易应当采用专门针对民间借贷所制定的规范借贷合同文本。借贷合同应载明借贷双方真实姓名或名称（法人单位附企业营业执照复印件、法定代表人证明、个人身份证复印件）、借款金额、借款利率、借款用途、借款期限、还款方式、担保方式和约定纠纷处理方式等事项。

民间借贷达成交易之后，借贷双方应提供合同文本及摘要，到民间借贷登记服务中心备案。

第十一条　民间借贷当事人如不便亲自办理借贷款事项时，可出具委托授权书和本人身份证，委托他人代为办理。

第十二条　市人民政府支持民间资本探索联合创立私募债权投资基金参与民间借贷，具体实施办法由市金融工作办公室另行制定。

第三章　民间借贷中介服务

第十三条　本办法所称的担保是指为确保特定的放贷人实现债权，以第三方的信用或者特定财产来督促借款人履行债务的行为。企业作为借款人在民间借贷登记服务中心进行融资，须以企业自有资产提供抵押或质押担保，或由第三方有实力的企业或个人提供担保，确保控制融资风险。

企业为其他企业或自然人提供担保，应依据企业章程的规定，由董事会或者股东会、股东大会做出书面决议。

提供担保的企业应在借款合同上签字盖章，借款人不能按时履行还款义务时，提供担保的企业代为偿还借款，后可依法向借款人追偿。

为其他企业或自然人提供担保的企业，经协商可以收取一定的担保费用。

第十四条　严格按照有关法律法规对非融资性担保公司、寄售行、旧物调剂行（店）、投资（咨询）公司等机构进行清理、整顿和规范，由市人民政府业务主管部门对机构高管的从业资格管理进行检查和指导，加强跟踪监测和业务指导，引导其建立健全规章制度，完善内控机制，促进良性发展。

第十五条　民间借贷中介服务机构运用先进的信息技术，建立安全、高效、诚信的民间借贷网络平台，消除民间借贷中存在的信息不透明、不对称，不便于跟踪监测等弊端，规范民间借贷行为，保障借贷双方当事人权益，提高资金使用效率。

民间借贷网络平台主要用于借贷双方在线联系和资金信息对接。民间借贷网络平台不吸存、不放贷，在民间借贷活动中仅起中介作用，不承担保证责任。

民间借贷网络平台的资信材料将和全市征信系统实现信息共享。网络借贷平台在实现交易信息公开的同时，要加强信息安全保护，保护民间借贷当事人个人隐私和商业秘密。民间借贷网络平台应进行借款人贷前风险评估和提示，对借款人资金实际用途加强跟踪引导。

第十六条　公证机构开展民间借贷合同公证业务，公证机构根据自然人、法人或者其他组织的申请，依照法定程序对民间借贷行为和合同的真实性、合法性予以公证。

对公证机关依法赋予强制执行效力的债权文书，民间借贷一方当事人不履行的，对方当事人可以向有管辖权的人民法院申请执行。

第四章　民间借贷登记服务中心

第十七条　由民间资本发起组建鄂尔多斯民间借贷登记服务中心，并在各旗区成立相应办事机构，为鄂尔多斯市非金融类机构和个人参与民间借贷提供登记备案和配套服务。

第十八条　鄂尔多斯民间借贷登记服务中心是独立运作、自主经营、自负盈亏的企业法人，按照章程实行企业化管理，以其全部财产承担民事责任，但不对民间借贷当事人承担保证责任。

第十九条　鄂尔多斯民间借贷登记服务中心应有固定的办公场所和具备相应资质的工作人员开展工作。引导与民间借贷有关的征信、支付、登记、备案、公证、评估、担保、咨询等中介组织进驻中心，根据借贷当事人自愿选择，实现民间借贷“一站式”服务。

鄂尔多斯民间借贷登记服务中心为民间借贷中介机构和相关配套服务机构

提供工作场地、信息汇总及发布、借贷合同登记备案等综合服务，并通过相应的进驻组织为借贷双方提供借贷供求信息汇集、发布与查询、资信评价、信用管理、借款担保、规范借贷合同文本、合同公证和登记备案、交易款项支付结算、资产评估和法律咨询等综合服务。

民间借贷登记服务中心成立并开展工作后，配合有关部门进行民间融资行为排查，各借贷主体应主动到民间借贷登记服务中心进行登记和备案，按本办法要求进行规范清理。清理后，民间借贷登记服务中心应向市金融工作办公室提交报告。

第二十条　民间借贷登记服务中心应当依法保护个人隐私和商业秘密，建立健全保密制度，采取有效措施，确保信息安全。

民间借贷登记服务中心应当建立健全登记信息保密管理制度，建立信息查询内部分级管理制度，在信息收集、整理、保存和使用过程中确保登记信息不被泄露。公安、检察、法院、人民银行和银监部门因业务需要，可以通过法定程序进行信息查询。

民间借贷登记服务中心的工作人员应严格遵守保密制度，不得擅自查询或越权查询该机构拥有的信息，不得泄露在业务工作中获悉的信息。

第五章　监督管理

第二十一条　民间借贷有关监督管理工作由全市规范整顿民间借贷工作领导小组统一领导，各职能部门要充分发挥监管职能，落实民间借贷市场监管相关责任，加强地方金融管理部门与国家金融监管部门之间的沟通协调，完善日常工作合作机制与重大突发事件预警、处理机制，建立条块结合、分工协作的综合监管协调机制，防范系统性、交叉性、区域性风险，防止出现监管真空。

第二十二条　工商行政管理部门负责加强对各类民间借贷市场主体的工商行政管理，及时发现超范围经营的企业，责令其限期整改。未按要求进行整改的，依法予以查处。配合有关部门做好民间借贷市场主体的清查整顿工作，对不符合条件的予以注销。

第二十三条　银监部门负责配合中国人民银行对民间借贷市场主体机构开户银行账户的监管，配合公安等部门做好非法集资、非法吸收公众存款、高利转贷等违法案件的认定；协调金融机构做好公安机关对相关涉案人员的查处工作；配合宣传部门做好民间借贷有关知识的宣传工作。

第二十四条　中国人民银行鄂尔多斯市中心支行负责监测民间借贷市场的利率、规模和流向；定期开展民间资本市场调研和风险评估，做好风险预警工作。加强民间借贷市场主体、机构开户银行结算账户监管，履行反洗钱职能，特别要加强对大额现金和可疑资金交易的检查和分析，及时认定和通报违规资金拆借和高利贷行为。

第二十五条　公安机关负责预防和打击集资诈骗、非法吸收公众存款、高利转贷及黑恶势力参与的各类金融犯罪活动，维护金融环境和社会秩序的稳定；预防和处置因民间借贷引发的群体性事件；设立非法集资案件群众举报电话，及时查处举报案件。

第二十六条　宣传部门要加强宣传，普及民间借贷相关法律和知识，使借贷双方充分理解民间借贷运行流程和自身权利义务，综合平衡投资的风险和收益，维护自身合法权益，增强对民间借贷风险的防范能力。检查民间借贷市场主体发布的宣传广告，查处民间借贷中的不实宣传和不利于本市民间借贷市场发展的消息报道。

第二十七条　市金融工作办公室承担民间借贷公共服务主体监管和检查工作。对相关民间借贷公共服务主体的业务活动及其风险状况进行现场检查，统计、分析地方民间借贷的相关数据资料。由民间借贷登记服务中心根据民间借贷市场主体的经营运行情况，每年度进行分类综合评价，对依法合规经营、对地方经济建设贡献较突出的民间借贷服务机构建立正向转型升级的激励机制和奖励办法。

第六章　纠纷处理

第二十八条　民间借贷纠纷发生后，借贷双方应友好协商争取达成和解，和解不成可以在第三方主持调解下协商解决纠纷。

由民间借贷登记服务中心发起成立鄂尔多斯市民间借贷协会，积极发挥行业协会的自律作用，加强民间借贷当事人金融知识和风险教育，配合人民调解机构调解投诉问题。

借贷合同中如有仲裁条款，可以申请仲裁解决。鄂尔多斯市仲裁委员会在审理民间借贷案件时，要发挥“高效便民、一裁终局”的特点，及时审结案件，并对缴纳仲裁费有困难的当事人加大“缓、减、免”的力度。

第二十九条　由民间借贷协会发起、在民间借贷登记服务中心登记的民间借贷市场主体共同出资成立民间借贷风险基金，建立民间借贷风险处置机制和行业自救机制。

第三十条　市人民政府制定民间借贷风险防范和处置预案，加强风险监测、预警和处置工作，对可能出现的民间借贷纠纷进行全面摸排，提前制定处置预案，坚决防止出现因处理不当而损害群众的利益，引发群体性事件。对排查出的非法集资、非法吸收公众存款等违法案件或潜在的风险隐患，应立即按照预案采取措施，及时依法处置。

第三十一条　人民法院按照国家法律和有关司法解释审理民间借贷纠纷案件，要深入贯彻“调解优先、调判结合”的工作原则。对于涉及众多放贷人或者借款人的案件、放贷人与借款人之间情绪严重对立的案件以及判决后难以执行的案件等，要先行调解，重点调解、努力促成当事人和解。

人民法院应妥善审理与民间借贷有关的金融案件，优先受理经登记备案的借贷当事人起诉案件，依法认定民间借贷合同的效力，保护合法的民间借贷法律关系，遏制民间融资中的高利贷化和投机化倾向。

第七章　法律责任

第三十二条　放贷人明知借款人是为了进行非法活动而借款的，其借贷关系不予保护。禁止各级党政机关、事业单位和金融机构工作人员以营利为目的、以转贷形式参与民间借贷活动，对于违反党纪国法的高利放贷等行为，依照有关政策、法律从严惩处。

第三十三条　严禁放贷人吸收他人存款及金融机构贷款等资金用于放贷。对于以转贷牟利为目的，套取金融机构信贷资金高利转贷他人，违法所得数额较大的高利转贷行为，构成犯罪的，依法追究刑事责任。

第三十四条　民间借贷登记服务中心工作人员失职泄露借贷当事人信息的，依法承担法律责任。凡是不向民间借贷登记服务中心申报借贷情况、主动规范企业民间融资行为，涉嫌违反国家法律法规的规定，非法吸收或者变相吸收公众存款，扰乱金融秩序的非法吸收公众存款行为，构成犯罪的，依法追究刑事责任。

第三十五条　对于企业、个人非法吸收他人存款，从事非法经营活动，恣意挥霍浪费，恶意转移财产和资金逃避债务，给放贷人造成重大损失的，构成犯罪的，依法追究刑事责任。

第八章　附 则

第三十六条　各旗区可以参照本办法制定本级政府民间借贷规范管理办法，并报市人民政府法制办公室备案。

第三十七条　本办法由市金融工作办公室和市人民政府法制办公室负责解释。

第三十八条　本办法自公布之日起实施。本办法在实施过程中，国家另有规定的，按国家新规定执行。

附录三

福建省泉州市金融服务实体经济综合改革试验区总体方案

为贯彻第四次全国金融工作会议精神，落实《海峡西岸经济区发展规划》，进一步提升金融服务实体经济的能力，探索金融服务实体经济的新途径，建立健全与社会主义市场经济发展相适应的金融体制机制，促进实体经济又好又快发展，制定本方案。

一、总体要求

（一）指导思想。以邓小平理论、“三个代表”重要思想和科学发展观为指导，坚持市场配置资源，坚持创新与监管相协调，切实防范风险，加强自主创新，全面推进金融服务实体经济综合改革。努力形成门类齐全、结构合理、服务高效、安全稳健的现代金融体系，探索金融服务实体经济的新模式和新途径。

（二）主要目标。经过五年左右的努力，基本形成与泉州经济社会发展相匹配、分层有序的金融组织体系，基本建成主体多元、充满活力的金融市场体系，建立完善形式多样、功能完备的金融产品创新体系；着力拓宽资金投入实体经济渠道，着力解决小微企业融资难问题，着力支持薄弱领域发展，促进泉州经济又好又快发展。

二、主要任务

（一）建立健全服务实体经济的多元化金融组织体系。推动符合条件的银行业金融机构来泉设立分支机构、区域总部，引导在闽银行业金融机构在泉州设立分支机构。积极发展村镇银行、财务公司、金融租赁公司、信托公司等金融机构。支持符合条件的证券公司、基金公司、期货公司、证券投资咨询公司以及各类保险公司在泉州设立子公司或分支机构，逐步形成门类齐全、协调发展的金融组织体系。

完善金融机构网点布局。引导在泉金融机构扩大网点覆盖面，向县、乡(镇)、村延伸分支机构和网点，提升网点功能和服务水平。支持金融机构根据泉州经济发展情况，优化网点布局，推动金融服务均等化。

支持地方法人金融机构发展。推动泉州银行、泉州辖内农村商业银行、农村信用社等引进战略投资者，支持民间资本参股地方法人金融机构，壮大资本实力。

（二）加大对小微企业及民生的金融支持力度，完善信贷管理机制。鼓励在泉银行业金融机构针对小微企业单独配置人力和财务资源，单独实施客户认定、信贷评审及会计核算，推动金融资源向小微企业倾斜和集聚。支持银行业金融机构加大服务小微企业专营机构建设力度，开辟小微企业贷款审批“绿色通道”，提高审批效率。鼓励在泉商业银行开展小微企业审批流程标准化、专业化、简约化改革试点，建立专门的小微企业审贷机制和服务平台。

促进科技与金融结合，引导金融机构加强与科技型小微企业合作，建立专门的科技型小微企业贷款审批通道。推广知识产权质押贷款、高新技术企业股权质押贷款业务和科技保险业务，制定出台科技保险补贴管理办法，支持建立科技担保公司。

创新金融产品，优化金融服务。开展以产业链核心龙头企业信用为依托的“一对一”或“一对多”综合融资和联保联贷业务，探索“行业协会＋企业”等信用增进措施。推广专利权、商标权、股权、应收账款等权利质押和供应链融资等，发展信托业务和融资租赁业务。探索现金管理产品、报价回购、约定购回式证券交易等创新试点。支持符合条件的期货经营机构开展期货投资咨询等创新业务，支持期货交易所在泉州指定符合条件的仓库为期货交割库。

增强民生金融服务，建立健全财政金融协力支持扶贫开发的各项机制。改善银行卡受理环境，促进银行卡普及。推进金融集成电路（IC）卡应用试点，支持金融集成电路（IC）卡在公共服务领域的应用。

（三）提升农村金融服务能力。深化农村信用社改革，保持县（市）法人地位长期总体稳定，支持符合条件的辖内农村信用社改制为农村商业银行；支持中国邮政储蓄银行泉州分行在遵守相关监管要求并在总行授权范围内，在扩大业务范围、增强涉农金融服务功能等方面先行先试；支持符合条件的银行业金融机构在泉州县域发起设立村镇银行。

扩大农村金融服务覆盖面，推进“农村金融服务不出村工程”建设，实现农村金融便民支付点村村全覆盖；支持泉州扩大银行卡助农取款服务范围，增强农村支付服务便民店综合服务能力，在有效防控风险前提下稳步开展转账、缴费等业务。

加大涉农信贷投入，引导金融机构加大对农业现代化龙头企业、农林牧渔业、农业科技和经营性农田水利等农村基础设施项目的信贷支持力度，探索发展海域使用权、集体林权质押贷款等业务。建立健全金融机构县域金融服务考核评价办法，探索在市场准入、弹性存贷比等方面实施差别化监管，促进扩大涉农信贷投入。

扩大农业保险、涉农保险及农村人身保险的覆盖面。创新发展森林综合保险、茶叶种植保险、海产养殖保险、渔船渔工保险，大力发展农村小额人身保险业务，加大对“三农”保险的财税政策扶持力度。

（四）加强泉台港澳侨金融合作。积极落实《海峡两岸经济合作框架协议》

(ECFA)，支持符合条件的台湾金融机构进驻泉州，允许在泉注册并符合监管要求的台资企业投资入股泉州地方法人金融机构。促进泉台贸易投资和汇兑便利化。支持泉台合资设立产业投资基金、创业投资基金，建立泉台金融合作交流平台和信息共享平台，鼓励台湾金融人才来泉发展；支持符合条件的台资企业上市融资。

争取在内地与港澳《关于建立更紧密经贸关系的安排》（CEPA）框架下采取先行先试措施，适当放宽港澳金融机构来泉准入条件。支持港澳金融机构来泉设立分支机构或投资泉州法人金融机构，推动具备条件的企业赴香港上市融资、再融资。支持泉州企业或境外关联企业在港发行人民币债券，推动泉港澳金融机构加强人员交流和业务合作。鼓励符合监管要求的侨资金融企业在泉设立法人机构和分支机构，支持侨商参股泉州金融机构，支持侨商发起设立以泉州为主要投资区域的产业投资基金和各类股权投资基金。

（五）规范发展民间融资，推动民间投资主体多元化。支持民间资金参与地方金融机构改革，鼓励民间资金根据有关规定发起设立或参股村镇银行、贷款公司、农村资金互助社等新型农村金融机构。规范发展产业投资基金、股权投资基金、创业（风险）投资基金，引导民间资金以股权、债券投资形式有序进入实体经济。

开展石化、鞋业、纺织服装产业投资基金试点，支持设立创业投资引导基金，加大政府对创业投资引导基金的投入。稳妥发展小额贷款公司，符合条件的小额贷款公司可根据有关规定改制为村镇银行。发挥再担保公司的增信和共担风险作用，综合运用资本金注入、风险补偿和奖励补助等多种形式，提高担保能力。

按照“疏堵结合、疏导为主”的原则，研究制定民间融资管理办法，促进民间资金有序进入基础设施、公用事业、保障房建设、医疗教育等投资领域，或以股权投资等方式进入实体经济和成长型骨干企业。开展民间资本管理服务公司试点，建立健全民间融资登记管理制度和监测体系，加强对民间融资规模和利率的监测，做好民间融资动态跟踪和风险预警。

（六）扩大直接融资规模，支持符合条件的企业上市；支持上市公司优化重组，通过增发、配股等方式筹集资金，增强资本实力；支持企业以股权对价进行换股收购、合并，引导重点上市后备企业和上市公司规范运作，提升公司治理水平，培育一批具有较强市场竞争力的行业龙头企业。提高直接融资比重，支持符合条件的企业发行非金融企业债务融资工具、企业（公司）债。支持开展区域集优票据试点。建立健全中小企业再担保体系，提供增信服务。积极推进非上市公司股份转让试点。在符合《国务院关于清理整顿各类交易场所切实防范金融风险的决定》（国发〔2011〕38 号）前提下，规范发展品牌产权、技术产权、排污权、水权、碳排放权和集体林权等产权交易。

（七）提升保险服务水平。开发针对民营企业的包括财产保险、责任保险、信用保证保险等在内的一揽子保险保障计划。积极发展小微企业员工简易人身意外伤害、健康及养老保险计划。拓展科技保险，提升企业技术改革和自主创新能力。探索推进巨灾保险试点。支持保险资金投资泉州重点工程、基础设施建设或参与地方企业股权投资、并购、重组、改制上市。深化保险机构与银行、融资性担保公司的合作，开展小额贷款保证保险、信用保险试点，探索商业保险参与小微企业融资再担保机制。

（八）完善金融风险防控机制。加强社会信用体系建设。大力推进政务诚信、商务诚信、社会诚信和司法公信建设。加快推进小微企业和农村信用体系建设，加大对失信行为的惩戒力度。加强政务信用信息的公开和共享。完善信用服务市场，推动征信产品应用，规范发展信用评级机构。加强信用市场监管，改善地方信用环境。构建金融监管协作机制。积极支持金融管理部门依法履职，建立健全处置非法金融活动的监测预警机制，进一步完善沟通机制，加强协调配合，增强监管合力。加强对融资性担保公司、小额贷款公司等市场主体的监管，提高地方金融风险防范与处置能力，建立金融综合改革风险防范机制。泉州市人民政府作为试点工作风险防范与化解的第一责任人，承担监督管理和风险处置责任，制定完善《泉州市金融应急预案管理办法》，推进监测预警、情况通报、监管协调和工作联动等机制建设，健全地方金融风险预警和处置体系。加强金融知识的普及和宣传教育，增强消费者金融风险防范意识。加大对非法集资、内幕交易和非法证券活动等非法金融活动的打击和防范力度，为金融服务实体经济创造良好运行环境。

三、保障措施

（一）加强组织领导。福建省和泉州市人民政府要高度重视，认真做好金融服务实体经济综合改革各项工作。加强组织领导，明确分工，落实责任，由福建省成立工作组具体负责改革方案的实施。

（二）加强指导协调。国务院有关部门要加强与福建省和泉州市人民政府的沟通协调，指导相关改革工作依法稳妥有序推进。对改革试点中出现的新情况和新问题，要深入调查研究，及时解决。

（三）加大政策保障力度。在符合法律法规前提下，对纳入总体改革方案的各项政策措施，有关部门要积极给予支持。省级财政要安排专项资金支持泉州市推进金融服务实体经济综合改革试验区建设。

中国人民银行

二〇一二年十二月二十一日

附录四

中国银监会办公厅关于人人贷有关风险提示的通知

银监办发〔2011〕254号

各银监局，各政策性银行、国有商业银行、股份制商业银行、邮政储蓄银行：

在当前银行信贷偏紧情况下，人人贷（Peer to Peer，简称P2P）信贷服务中介公司呈现快速发展态势。这类中介公司收集借款人、出借人信息，评估借款人的抵押物，如房产、汽车、设备等，然后进行配对，并收取中介服务费。最近，有关媒体对这类中介公司的运作及影响做了大量报道，引起多方关注。对此，银监会组织开展了专门调研，发现大量潜在风险，特提示如下：

一、主要问题与风险

人人贷中介服务主要存在以下问题和风险：一是影响宏观调控效果。在国家对房地产以及“两高一剩”行业调控政策趋紧的背景下，民间资金可能通过人人贷中介公司流入限制性行业。二是容易演变为非法金融机构。由于行业门槛低，且无强有力的外部监管，人人贷中介机构有可能突破资金不进账户的底线，演变为吸收存款、发放贷款的非法金融机构，甚至变成非法集资。三是业务风险难以控制。人人贷的网络交易特征，使其面临着巨大的信息科技风险。同时，这类中介公司无法像银行一样登陆征信系统了解借款人资信情况，并进行有效的贷后管理，一旦发生恶意欺诈，或者进行洗钱等违法犯罪活动，将对社会造成危害。四是不实宣传影响银行体系整体声誉。如一些银行仅仅为人人贷公司提供开户服务，却被后者当作合作伙伴来宣传。五是监管职责不清，法律性质不明。由于目前国内相关立法尚不完备，对其监管的职责界限不清，人人贷的性质也缺乏明确的法律、法规界定。六是国外实践表明，这一模式信用风险偏高，贷款质量远远劣于普通银行业金融机构。七是人人贷公司开展房地产二次抵押业务同样存在风险隐患。近年来，房地产价格一直呈上涨态势，从而出现房地产价格高于抵押贷款价值的现象，一旦形势发生逆转，就可能对贷方利益造成影响。同时，人人贷中介公司为促成交易、获得中介费用，还可能有意高估房产价格，严重影响抵押权的实现。

二、监管措施与要求

针对人人贷中介公司可能存在的风险与问题，银行业金融机构务必采取有效措施，做好风险预警监测与防范工作：

第一，建立与人人贷中介公司之间的“防火墙”。银行业金融机构必须按照“三个办法、一个指引”要求，落实贷款全流程管理，严防人人贷中介公司帮助放款人从银行获取资金后用于民间借贷，防止民间借贷风险向银行体系蔓延。

第二，加强银行从业人员管理。防止银行从业人员涉足此类信贷服务，牟取不正当利益。

第三，加强与工商管理部门的沟通，商请针对“贷款超市”“融资公司”等不实宣传行为予以严肃查处，切实维护银行合法权益，避免声誉风险。

请各银监局将本通知转发至辖区内银监分局和银行法人金融机构。

中国银行监督管理委员会

二〇一一年八月二十三日

附录五

最高人民法院关于审理民间借贷案件适用法律若干问题的规定

法释〔2015〕18号

最高法1991年发布的《关于人民法院审理借贷案件的若干意见》明确规定，“民间借贷的利率可以适当高于银行的利率，各地人民法院可根据本地区的实际情况具体掌握，但最高不得超过银行同类贷款利率的四倍（包含利率本数）。超出此限度的，超出部分的利息不予保护”。2015年8月6日公布的《最高人民法院关于审理民间借贷案件适用法律若干问题的规定》明确指出，“借贷双方约定的利率未超过年利率24%，出借人请求借款人按照约定的利率支付利息的，人民法院应予支持。借贷双方约定的利率超过年利率36%，超过部分的利息约定无效，从而取消了基准利率四倍的上限。借款人请求出借人返还已支付的超过年利率36%部分的利息的，人民法院应予支持”。新司法解释将于2015年9月1日起施行。具体文件内容如下：

为正确审理民间借贷纠纷案件，根据《中华人民共和国民法通则》《中华人民共和国物权法》《中华人民共和国担保法》《中华人民共和国合同法》《中华人民共和国民事诉讼法》《中华人民共和国刑事诉讼法》等相关法律之规定，结合审判实践，制定本规定。

第一条　本规定所称的民间借贷，是指自然人、法人、其他组织及其相互之间进行资金融通的行为。

经金融监管部门批准设立的从事贷款业务的金融机构及其分支机构，因发放贷款等相关金融业务引发的纠纷，不适用本规定。

第二条　出借人向人民法院起诉时，应当提供借据、收据、欠条等债权凭证以及其他能够证明借贷法律关系存在的证据。

当事人持有的借据、收据、欠条等债权凭证没有载明债权人，持有债权凭证的当事人提起民间借贷诉讼的，人民法院应予受理。被告对原告的债权人资格提出有事实依据的抗辩，人民法院经审理认为原告不具有债权人资格的，裁定驳回起诉。

第三条　借贷双方就合同履行地未约定或者约定不明确，事后未达成补充协议，按照合同有关条款或者交易习惯仍不能确定的，以接受货币一方所在地为合同履行地。

第四条　保证人为借款人提供连带责任保证，出借人仅起诉借款人的，人民法院可以不追加保证人为共同被告；出借人仅起诉保证人的，人民法院可以追加借款人为共同被告。

保证人为借款人提供一般保证，出借人仅起诉保证人的，人民法院应当追加借款人为共同被告；出借人仅起诉借款人的，人民法院可以不追加保证人为共同被告。

第五条　人民法院立案后，发现民间借贷行为本身涉嫌非法集资犯罪的，应当裁定驳回起诉，并将涉嫌非法集资犯罪的线索、材料移送公安或者检察机关。

公安或者检察机关不予立案，或者立案侦查后撤销案件，或者检察机关做出不起诉决定，或者经人民法院生效判决认定不构成非法集资犯罪，当事人又以同一事实向人民法院提起诉讼的，人民法院应予受理。

第六条　人民法院立案后，发现与民间借贷纠纷案件虽有关联但不是同一事实的涉嫌非法集资等犯罪的线索、材料的，人民法院应当继续审理民间借贷纠纷案件，并将涉嫌非法集资等犯罪的线索、材料移送公安或者检察机关。

第七条　民间借贷的基本案件事实必须以刑事案件审理结果为依据，而该刑事案件尚未审结的，人民法院应当裁定中止诉讼。

第八条　借款人涉嫌犯罪或者生效判决认定其有罪，出借人起诉请求担保人承担民事责任的，人民法院应予受理。

第九条　具有下列情形之一，可以视为具备《合同法》第二百一十条关于自然人之间借款合同的生效要件：

（一）以现金支付的，自借款人收到借款时；

（二）以银行转账、网上电子汇款或者通过网络贷款平台等形式支付的，自资金到达借款人账户时；

（三）以票据交付的，自借款人依法取得票据权利时；

（四）出借人将特定资金账户支配权授权给借款人的，自借款人取得对该账户实际支配权时；

（五）出借人以与借款人约定的其他方式提供借款并实际履行完成时。

第十条　除自然人之间的借款合同外，当事人主张民间借贷合同自合同成立时生效的，人民法院应予支持，但当事人另有约定或者法律、行政法规另有规定的除外。

第十一条　法人之间、其他组织之间以及它们相互之间为生产、经营需要订立的民间借贷合同，除存在《合同法》第五十二条、本规定第十四条规定的情形外，当事人主张民间借贷合同有效的，人民法院应予支持。

第十二条　法人或者其他组织在本单位内部通过借款形式向职工筹集资金，用于本单位生产、经营，且不存在《合同法》第五十二条、本规定第十四条规定的情形，当事人主张民间借贷合同有效的，人民法院应予支持。

第十三条　借款人或者出借人的借贷行为涉嫌犯罪，或者已经生效的判决认定构成犯罪，当事人提起民事诉讼的，民间借贷合同并不当然无效。人民法院应当根据《合同法》第五十二条、本规定第十四条之规定，认定民间借贷合同的效力。

担保人以借款人或者出借人的借贷行为涉嫌犯罪或者已经生效的判决认定构成犯罪为由，主张不承担民事责任的，人民法院应当依据民间借贷合同与担保合同的效力、当事人的过错程度，依法确定担保人的民事责任。

第十四条　具有下列情形之一，人民法院应当认定民间借贷合同无效：

（一）套取金融机构信贷资金又高利转贷给借款人，且借款人事先知道或者应当知道的；

（二）以向其他企业借贷或者向本单位职工集资取得的资金又转贷给借款人牟利，且借款人事先知道或者应当知道的；

（三）出借人事先知道或者应当知道借款人借款用于违法犯罪活动仍然提供借款的；

（四）违背社会公序良俗的；

（五）其他违反法律、行政法规效力性强制性规定的。

第十五条　原告以借据、收据、欠条等债权凭证为依据提起民间借贷诉讼，被告依据基础法律关系提出抗辩或者反诉，并提供证据证明债权纠纷非民间借贷行为引起的，人民法院应当依据查明的案件事实，按照基础法律关系审理。

当事人通过调解、和解或者清算达成的债权债务协议，不适用前款规定。

第十六条　原告仅依据借据、收据、欠条等债权凭证提起民间借贷诉讼，被告抗辩已经偿还借款，被告应当对其主张提供证据证明。被告提供相应证据证明其主张后，原告仍应就借贷关系的成立承担举证证明责任。

被告抗辩借贷行为尚未实际发生并能做出合理说明，人民法院应当结合借贷金额、款项交付、当事人的经济能力、当地或者当事人之间的交易方式、交易习惯、当事人财产变动情况以及证人证言等事实和因素，综合判断查证借贷事实是否发生。

第十七条　原告仅依据金融机构的转账凭证提起民间借贷诉讼，被告抗辩转账系偿还双方之前借款或其他债务，被告应当对其主张提供证据证明。被告提供相应证据证明其主张后，原告仍应就借贷关系的成立承担举证证明责任。

第十八条　根据《关于适用〈中华人民共和国民事诉讼法〉的解释》第一百七十四条第二款之规定，负有举证证明责任的原告无正当理由拒不到庭，经审查现有证据无法确认借贷行为、借贷金额、支付方式等案件主要事实，人民法院对其主张的事实不予认定。

第十九条　人民法院审理民间借贷纠纷案件时发现有下列情形，应当严格审查借贷发生的原因、时间、地点、款项来源、交付方式、款项流向以及借贷双方的关系、经济状况等事实，综合判断是否属于虚假民事诉讼：

（一）出借人明显不具备出借能力；

（二）出借人起诉所依据的事实和理由明显不符合常理；

（三）出借人不能提交债权凭证或者提交的债权凭证存在伪造的可能；

（四）当事人双方在一定期间内多次参加民间借贷诉讼；

（五）当事人一方或者双方无正当理由拒不到庭参加诉讼，委托代理人对借贷事实陈述不清或者陈述前后矛盾；

（六）当事人双方对借贷事实的发生没有任何争议或者诉辩明显不符合常理；

（七）借款人的配偶或合伙人、案外人的其他债权人提出有事实依据的异议；

（八）当事人在其他纠纷中存在低价转让财产的情形；

（九）当事人不正当放弃权利；

（十）其他可能存在虚假民间借贷诉讼的情形。

第二十条　经查明属于虚假民间借贷诉讼，原告申请撤诉的，人民法院不予准许，并应当根据《民事诉讼法》第一百一十二条之规定，判决驳回其请求。

诉讼参与人或者其他人恶意制造、参与虚假诉讼，人民法院应当依照《民事诉讼法》第一百一十一条、第一百一十二条和第一百一十三条之规定，依法予以罚款、拘留；构成犯罪的，应当移送有管辖权的司法机关追究刑事责任。

单位恶意制造、参与虚假诉讼的，人民法院应当对该单位进行罚款，并可以对其主要负责人或者直接责任人员予以罚款、拘留；构成犯罪的，应当移送有管辖权的司法机关追究刑事责任。

第二十一条　他人在借据、收据、欠条等债权凭证或者借款合同上签字或者盖章，但未表明其保证人身份或者承担保证责任，或者通过其他事实不能推定其为保证人，出借人请求其承担保证责任的，人民法院不予支持。

第二十二条　借贷双方通过网络贷款平台形成借贷关系，网络贷款平台的提供者仅提供媒介服务，当事人请求其承担担保责任的，人民法院不予支持。

网络贷款平台的提供者通过网页、广告或者其他媒介明示或者有其他证据证明其为借贷提供担保，出借人请求网络贷款平台的提供者承担担保责任的，人民法院应予支持。

第二十三条　企业法定代表人或负责人以企业名义与出借人签订民间借贷合同，出借人、企业或者其股东能够证明所借款项用于企业法定代表人或负责人个人使用，出借人请求将企业法定代表人或负责人列为共同被告或者第三人的，人民法院应予准许。

企业法定代表人或负责人以个人名义与出借人签订民间借贷合同，所借款项用于企业生产经营，出借人请求企业与个人共同承担责任的，人民法院应予支持。

第二十四条　当事人以签订买卖合同作为民间借贷合同的担保，借款到期后借款人不能还款，出借人请求履行买卖合同的，人民法院应当按照民间借贷法律关系审理，并向当事人释明变更诉讼请求。当事人拒绝变更的，人民法院裁定驳回起诉。

按照民间借贷法律关系审理做出的判决生效后，借款人不履行生效判决确定的金钱债务，出借人可以申请拍卖买卖合同标的物，以偿还债务。就拍卖所得的价款与应偿还借款本息之间的差额，借款人或者出借人有权主张返还或补偿。

第二十五条　借贷双方没有约定利息，出借人主张支付借期内利息的，人民法院不予支持。

自然人之间借贷对利息约定不明，出借人主张支付利息的，人民法院不予支持。除自然人之间借贷的外，借贷双方对借贷利息约定不明，出借人主张利息的，人民法院应当结合民间借贷合同的内容，并根据当地或者当事人的交易方式、交易习惯、市场利率等因素确定利息。

第二十六条　借贷双方约定的利率未超过年利率24%，出借人请求借款人按照约定的利率支付利息的，人民法院应予支持。

借贷双方约定的利率超过年利率36%，超过部分的利息约定无效。借款人请求出借人返还已支付的超过年利率36%部分的利息的，人民法院应予支持。

第二十七条　借据、收据、欠条等债权凭证载明的借款金额，一般认定为本金。预先在本金中扣除利息的，人民法院应当将实际出借的金额认定为本金。

第二十八条　借贷双方对前期借款本息结算后将利息计入后期借款本金并重新出具债权凭证，如果前期利率没有超过年利率24%，重新出具的债权凭证载明的金额可认定为后期借款本金；超过部分的利息不能计入后期借款本金。约定的利率超过年利率24%，当事人主张超过部分的利息不能计入后期借款本金的，人民法院应予支持。

按前款计算，借款人在借款期间届满后应当支付的本息之和，不能超过最初借款本金与以最初借款本金为基数，以年利率24%计算的整个借款期间的利息之和。出借人请求借款人支付超过部分的，人民法院不予支持。

第二十九条　借贷双方对逾期利率有约定的，从其约定，但以不超过年利率24%为限。

未约定逾期利率或者约定不明的，人民法院可以区分不同情况处理：

（一）既未约定借期内的利率，也未约定逾期利率，出借人主张借款人自逾期还款之日起按照年利率6%支付资金占用期间利息的，人民法院应予支持；

（二）约定了借期内的利率但未约定逾期利率，出借人主张借款人自逾期还款之日起按照借期内的利率支付资金占用期间利息的，人民法院应予支持。

第三十条　出借人与借款人既约定了逾期利率，又约定了违约金或者其他费用，出借人可以选择主张逾期利息、违约金或者其他费用，也可以一并主张，但总计超过年利率24%的部分，人民法院不予支持。

第三十一条　没有约定利息但借款人自愿支付，或者超过约定的利率自愿支付利息或违约金，且没有损害国家、集体和第三人利益，借款人又以不当得利为由要求出借人返还的，人民法院不予支持，但借款人要求返还超过年利率

36%部分的利息除外。

第三十二条　借款人可以提前偿还借款，但当事人另有约定的除外。

借款人提前偿还借款并主张按照实际借款期间计算利息的，人民法院应予支持。

第三十三条　本规定公布施行后，最高人民法院于1991年8月13日发布的《关于人民法院审理借贷案件的若干意见》同时废止；最高人民法院以前发布的司法解释与本规定不一致的，不再适用。

附录六

关于促进互联网金融健康发展的指导意见

2015 年 7 月，中国人民银行等十部委发布

近年来，互联网技术、信息通信技术不断取得突破，推动互联网与金融快速融合，促进了金融创新，提高了金融资源配置效率，但也存在一些问题和风险隐患。为全面贯彻落实党的十八大和十八届二中、三中、四中全会精神，按照党中央、国务院决策部署，遵循“鼓励创新、防范风险、趋利避害、健康发展”的总体要求，从金融业健康发展全局出发，进一步推进金融改革创新和对外开放，促进互联网金融健康发展，经党中央、国务院同意，现提出以下意见。

一、鼓励创新，支持互联网金融稳步发展

互联网金融是传统金融机构与互联网企业（以下统称从业机构）利用互联网技术和信息通信技术，实现资金融通、支付、投资和信息中介服务的新型金融业务模式。互联网与金融深度融合是大势所趋，将对金融产品、业务、组织和服务等方面产生更加深刻的影响。互联网金融对促进小微企业发展和扩大就业发挥了现有金融机构难以替代的积极作用，为大众创业、万众创新打开了大门。促进互联网金融健康发展，有利于提升金融服务质量和效率，深化金融改革，促进金融创新发展，扩大金融业对内对外开放，构建多层次金融体系。作为新生事物，互联网金融既需要市场驱动，鼓励创新，又需要政策助力，促进

发展。

（一）积极鼓励互联网金融平台、产品和服务创新，激发市场活力。鼓励银行、证券、保险、基金、信托和消费金融等金融机构依托互联网技术，实现传统金融业务与服务转型升级，积极开发基于互联网技术的新产品和新服务。支持有条件的金融机构建设创新型互联网平台开展网络银行、网络证券、网络保险、网络基金销售和网络消费金融等业务。支持互联网企业依法合规设立互联网支付机构、网络借贷平台、股权众筹融资平台、网络金融产品销售平台，建立服务实体经济的多层次金融服务体系，更好地满足中小微企业和个人投融资需求，进一步拓展普惠金融的广度和深度。鼓励电子商务企业在符合金融法律法规规定的条件下自建和完善线上金融服务体系，有效拓展电商供应链业务。鼓励从业机构积极开展产品、服务、技术和管理创新，提升从业机构核心竞争力。

（二）鼓励从业机构相互合作，实现优势互补。支持各类金融机构与互联网企业开展合作，建立良好的互联网金融生态环境和产业链。鼓励银行业金融机构开展业务创新，为第三方支付机构和网络贷款平台等提供资金存管、支付清算等配套服务。支持小微金融服务机构与互联网企业开展业务合作，实现商业模式创新。支持证券、基金、信托、消费金融、期货机构与互联网企业开展合作，拓宽金融产品销售渠道，创新财富管理模式。鼓励保险公司与互联网企业合作，提升互联网金融企业风险抵御能力。

（三）拓宽从业机构融资渠道，改善融资环境。支持社会资本发起设立互联网金融产业投资基金，推动从业机构与创业投资机构、产业投资基金深度合作。鼓励符合条件的优质从业机构在主板、创业板等境内资本市场上市融资。鼓励银行业金融机构按照支持小微企业发展的各项金融政策，对处于初创期的从业机构予以支持。针对互联网企业特点，创新金融产品和服务。

（四）坚持简政放权，提供优质服务。各金融监管部门要积极支持金融机构开展互联网金融业务。按照法律法规规定，对符合条件的互联网企业开展相关金融业务，实施高效管理。工商行政管理部门要支持互联网企业依法办理工商注册登记。电信主管部门、国家互联网信息管理部门要积极支持互联网金融业务，电信主管部门对互联网金融业务涉及的电信业务进行监管，国家互联网信息管理部门负责对金融信息服务、互联网信息内容等业务进行监管。积极开展互联网金融领域立法研究，适时出台相关管理规章，营造有利于互联网金融发展的良好制度环境。加大对从业机构专利、商标等知识产权的保护力度。鼓励省级人民政府加大对互联网金融的政策支持。支持设立专业化互联网金融研究机构，鼓励建设互联网金融信息交流平台，积极开展互联网金融研究。

（五）落实和完善有关财税政策。按照税收公平原则，对于业务规模较小、处于初创期的从业机构，符合我国现行对中小企业特别是小微企业税收政策条件的，可按规定享受税收优惠政策。结合金融业营业税改征增值税改革，统筹完善互联网金融税收政策。落实从业机构新技术、新产品研发费用税前加计扣除政策。

（六）推动信用基础设施建设，培育互联网金融配套服务体系。支持大数据存储、网络与信息安全维护等技术领域基础设施建设。鼓励从业机构依法建立信用信息共享平台。推动符合条件的相关从业机构接入金融信用信息基础数据库。允许有条件的从业机构依法申请征信业务许可。支持具备资质的信用中介组织开展互联网企业信用评级，增强市场信息透明度。鼓励会计、审计、法律、咨询等中介服务机构为互联网企业提供相关专业服务。

二、分类指导，明确互联网金融监管责任

互联网金融本质仍属于金融，没有改变金融风险隐蔽性、传染性、广泛性

和突发性的特点。加强互联网金融监管，是促进互联网金融健康发展的内在要求。同时，互联网金融是新生事物和新兴业态，要制定适度宽松的监管政策，为互联网金融创新留有余地和空间。通过鼓励创新和加强监管相互支撑，促进互联网金融健康发展，更好地服务实体经济。互联网金融监管应遵循“依法监管、适度监管、分类监管、协同监管、创新监管”的原则，科学合理界定各业态的业务边界及准入条件，落实监管责任，明确风险底线，保护合法经营，坚决打击违法和违规行为。

（七）互联网支付。互联网支付是指通过计算机、手机等设备，依托互联网发起支付指令、转移货币资金的服务。互联网支付应始终坚持服务电子商务发展和为社会提供小额、快捷、便民小微支付服务的宗旨。银行业金融机构和第三方支付机构从事互联网支付，应遵守现行法律法规和监管规定。第三方支付机构与其他机构开展合作的，应清晰界定各方的权利义务关系，建立有效的风险隔离机制和客户权益保障机制。要向客户充分披露服务信息，清晰地提示业务风险，不得夸大支付服务中介的性质和职能。互联网支付业务由中国人民银行负责监管。

（八）网络借贷。网络借贷包括个体网络借贷（即 P2P 网络借贷）和网络小额贷款。个体网络借贷是指个体和个体之间通过互联网平台实现的直接借贷。在个体网络借贷平台上发生的直接借贷行为属于民间借贷范畴，受《合同法》《民法通则》等法律法规以及最高人民法院相关司法解释规范。个体网络借贷要坚持平台功能，为投资方和融资方提供信息交互、撮合、资信评估等中介服务。个体网络借贷机构要明确信息中介性质，主要为借贷双方的直接借贷提供信息服务，不得提供增信服务，不得非法集资。网络小额贷款是指互联网企业通过其控制的小额贷款公司，利用互联网向客户提供的小额贷款。网络小额贷款应遵守现有小额贷款公司监管规定，发挥网络贷款优势，努力降低客户融资成本。网络借贷业务由银监会负责监管。

（九）股权众筹融资。股权众筹融资主要是指通过互联网形式进行公开小额股权融资的活动。股权众筹融资必须通过股权众筹融资中介机构平台（互联网网站或其他类似的电子媒介）进行。股权众筹融资中介机构可以在符合法律法规规定前提下，对业务模式进行创新探索，发挥股权众筹融资作为多层次资本市场有机组成部分的作用，更好地服务创新创业企业。股权众筹融资方应为小微企业，应通过股权众筹融资中介机构向投资人如实披露企业的商业模式、经营管理、财务、资金使用等关键信息，不得误导或欺诈投资者。投资者应当充分了解股权众筹融资活动风险，具备相应风险承受能力，进行小额投资。股权众筹融资业务由证监会负责监管。

（十）互联网基金销售。基金销售机构与其他机构通过互联网合作销售基金等理财产品的，要切实履行风险披露义务，不得通过违规承诺收益方式吸引客户；基金管理人应当采取有效措施防范资产配置中的期限错配和流动性风险；基金销售机构及其合作机构通过其他活动为投资人提供收益的，应当对收益构成、先决条件、适用情形等进行全面、真实、准确表述和列示，不得与基金产品收益混同。第三方支付机构在开展基金互联网销售支付服务过程中，应当遵守人民银行、证监会关于客户备付金及基金销售结算资金的相关监管要求。第三方支付机构的客户备付金只能用于办理客户委托的支付业务，不得用于垫付基金和其他理财产品的资金赎回。互联网基金销售业务由证监会负责监管。

（十一）互联网保险。保险公司开展互联网保险业务，应遵循安全性、保密性和稳定性原则，加强风险管理，完善内控系统，确保交易安全、信息安全和资金安全。专业互联网保险公司应当坚持服务互联网经济活动的基本定位，提供有针对性的保险服务。保险公司应建立对所属电子商务公司等非保险类子公司的管理制度，建立必要的防火墙。保险公司通过互联网销售保险产品，不得进行不实陈述、片面或夸大宣传过往业绩、违规承诺收益或者承担损失等误导性描述。互联网保险业务由保监会负责监管。

（十二）互联网信托和互联网消费金融。信托公司、消费金融公司通过互联网开展业务的，要严格遵循监管规定，加强风险管理，确保交易合法合规，并保守客户信息。信托公司通过互联网进行产品销售及开展其他信托业务的，要遵守合格投资者等监管规定，审慎甄别客户身份和评估客户风险承受能力，不能将产品销售给予风险承受能力不相匹配的客户。信托公司与消费金融公司要制定完善产品文件签署制度，保证交易过程合法合规，安全规范。互联网信托业务、互联网消费金融业务由银监会负责监管。

三、健全制度，规范互联网金融市场秩序

发展互联网金融要以市场为导向，遵循服务实体经济、服从宏观调控和维护金融稳定的总体目标，切实保障消费者合法权益，维护公平竞争的市场秩序。要细化管理制度，为互联网金融健康发展营造良好环境。

（十三）互联网行业管理。任何组织和个人开设网站从事互联网金融业务的，除应按规定履行相关金融监管程序外，还应依法向电信主管部门履行网站备案手续，否则不得开展互联网金融业务。工业和信息化部负责对互联网金融业务涉及的电信业务进行监管，国家互联网信息办公室负责对金融信息服务、互联网信息内容等业务进行监管，两部门按职责制定相关监管细则。

（十四）客户资金第三方存管制度。除另有规定外，从业机构应当选择符合条件的银行业金融机构作为资金存管机构，对客户资金进行管理和监督，实现客户资金与从业机构自身资金分账管理。客户资金存管账户应接受独立审计并向客户公开审计结果。中国人民银行会同金融监管部门按照职责分工实施监管，并制定相关监管细则。

（十五）信息披露、风险提示和合格投资者制度。从业机构应当对客户进行充分的信息披露，及时向投资者公布其经营活动和财务状况的相关信息，以便投资者充分了解从业机构运作状况，促使从业机构稳健经营和控制风险。从业机构应当向各参与方详细说明交易模式、参与方的权利和义务，并进行充分的风险提示。要研究建立互联网金融的合格投资者制度，提升投资者保护水平。有关部门按照职责分工负责监管。

（十六）消费者权益保护。研究制定互联网金融消费者教育规划，及时发布维权提示。加强互联网金融产品合同内容、免责条款规定等与消费者利益相关的信息披露工作，依法监督处理经营者利用合同格式条款侵害消费者合法权益的违法、违规行为。构建在线争议解决、现场接待受理、监管部门受理投诉、第三方调解以及仲裁、诉讼等多元化纠纷解决机制。细化完善互联网金融个人信息保护的原则、标准和操作流程。严禁网络销售金融产品过程中的不实宣传、强制捆绑销售。中国人民银行、银监会、证监会、保监会会同有关行政执法部门，根据职责分工依法开展互联网金融领域消费者和投资者权益保护工作。

（十七）网络与信息安全。从业机构应当切实提升技术安全水平，妥善保管客户资料和交易信息，不得非法买卖、泄露客户个人信息。中国人民银行、银监会、证监会、保监会、工业和信息化部、公安部、国家互联网信息办公室分别负责对相关从业机构的网络与信息安全保障进行监管，并制定相关监管细则和技术安全标准。

（十八）反洗钱和防范金融犯罪。从业机构应当采取有效措施识别客户身份，主动监测并报告可疑交易，妥善保存客户资料和交易记录。从业机构有义务按照有关规定，建立健全有关协助查询、冻结的规章制度，协助公安机关和司法机关依法、及时查询、冻结涉案财产，配合公安机关和司法机关做好取证和执行工作。坚决打击涉及非法集资等互联网金融犯罪，防范金融风险，维护金融秩序。金融机构在和互联网企业开展合作、代理时应根据有关法律和规定签订包括反洗钱和防范金融犯罪要求的合作、代理协议，并确保不因合作、代理关系而降低反洗钱和金融犯罪执行标准。中国人民银行牵头负责对从业机构履行反洗钱义务进行监管，并制定相关监管细则。打击互联网金融犯罪工作由公安部牵头负责。

（十九）加强互联网金融行业自律。充分发挥行业自律机制在规范从业机构市场行为和保护行业合法权益等方面的积极作用。人民银行会同有关部门，组建中国互联网金融协会。协会要按业务类型，制订经营管理规则和行业标准，推动机构之间的业务交流和信息共享。协会要明确自律惩戒机制，提高行业规则和标准的约束力。强化守法、诚信、自律意识，树立从业机构服务经济社会发展的正面形象，营造诚信规范发展的良好氛围。

（二十）监管协调与数据统计监测。各监管部门要相互协作、形成合力，充分发挥金融监管协调部际联席会议制度的作用。中国人民银行、银监会、证监会、保监会应当密切关注互联网金融业务发展及相关风险，对监管政策进行跟踪评估，适时提出调整建议，不断总结监管经验。财政部负责互联网金融从业机构财务监管政策。中国人民银行会同有关部门，负责建立和完善互联网金融数据统计监测体系，相关部门按照监管职责分工负责相关互联网金融数据统计和监测工作，并实现统计数据和信息共享。

附录七

网络借贷信息中介机构业务活动管理暂行办法

银监会、工业和信息化部、公安部、国家互联网信息办公室联合发布

为促进网络借贷（以下简称“网贷”）行业健康发展，引导其更好地满足小微企业、“三农”、创新企业和个人投融资需求，本着维护互联网金融稳定、保护消费者权益、提升互联网金融效率三大监管目标，按照党中央、国务院工作部署和人民银行等十部委《关于促进互联网金融健康发展的指导意见》（以下简称《指导意见》）明确的总体要求和基本原则，银监会会同工业和信息化部、公安部、国家互联网信息办公室等部门研究起草了《网络借贷信息中介机构业务活动管理暂行办法》（以下简称《办法》），《办法》向社会公开征求了意见，并定向征求了31个省（区、市）政府金融监管部门、国家有关部委及第三方评估机构的意见，对各方意见进行充分吸收考虑，修改完善。《办法》已报国务院同意，现以四部委规章形式发布实施。《办法》共有八章四十七条，主要内容如下：

一是界定了网贷内涵，明确了适用范围及网贷活动基本原则，重申了从业机构作为信息中介的法律地位。网贷机构以互联网为主要渠道，为出借人和借款人提供信息搜集、信息公布、资信评估、信息交互、借贷撮合等服务，具有高效便捷、贴近客户需求、成本低等特点，在完善金融体系，弥补小微企业融资缺口、满足民间资本投资需求、促进普惠金融发展等方面发挥了积极的作用。《办法》规定，从事网贷业务，应当遵循依法、诚信、自愿、公平的原则，

对出借人及相关当事人合法权益以及合法的网贷业务和创新活动予以支持和保护。

二是确立了网贷监管体制，明确了网贷监管各相关主体的责任，促进各方依法履职，加强沟通、协作，形成监管合力，增强监管效力。按照《指导意见》提出的“依法监管、适度监管、分类监管、协同监管、创新监管”的原则及中央和地方金融监管职责分工的有关规定，按照“双负责”的原则，《办法》明确银监会及其派出机构负责对网贷业务活动实施行为监管，制定网贷业务活动监管制度；地方金融监管部门负责本辖区网贷的机构监管，具体监管职能包括备案管理、规范引导、风险防范和处置工作等。《办法》还明确了工业和信息化部、公安部、国家互联网信息办公室等相关业务主管部门的监管职责以及相关主体法律责任。

三是明确了网贷业务规则，坚持底线思维，加强事中事后行为监管。根据《指导意见》提出的“鼓励创新、防范风险、趋利避害、健康发展”总体要求，为网贷机构提供充足的发展和创新空间，进一步释放市场活力，引导其回归信息中介、小额分散、服务实体以及普惠金融的本质，《办法》以负面清单形式划定了业务边界，明确提出不得吸收公众存款、不得归集资金设立资金池、不得自身为出借人提供任何形式的担保等，并根据征求意见，增设不得从事的债权转让行为、不得提供融资信息中介服务的高风险领域等内容，旨在对打着网贷旗号从事非法集资等违法违规行为，坚决实施市场退出，按照相关法律和工作机制予以打击和取缔，净化市场环境，保护投资人等合法权益。

四是对业务管理和风险控制提出了具体要求。《办法》落实《指导意见》有关要求，规定实行客户资金由银行业金融机构第三方存管制度，防范平台道德风险，保障客户资金安全，严守风险底线。同时，为防止信贷集中度风险，根据相关部门意见，实现《办法》与刑事法律中非法集资有关规定衔接，引导网贷机构遵循小额分散原则，避免刑事执法混乱，规范行业乱象，《办法》明确规定了同一借款人在同一网贷机构及不同网贷机构的借款余额上限。

五是注重加强消费者权益保护，明确对出借人进行风险揭示及纠纷解决途径等要求，明确出借人应当具备的条件。《办法》设置了借款人和出借人的义务、合格出借人条件，明确对出借人风险承受能力进行评估和实行分级管理，通过风险揭示等措施保障出借人知情权和决策权，保障客户信息采集、处理及使用的合法性和安全性。《办法》还明确了纠纷、投诉和举报等解决渠道和途径，确保及时有效地解决纠纷、投诉和举报等，保护消费者合法权益。

六是强化信息披露监管，发挥市场自律作用，创造透明、公开、公平的网贷经营环境。《办法》规定网贷机构应履行的信息披露责任，充分披露借款人和融资项目信息，定期披露网贷平台有关经营管理信息，对信息披露情况等进行审计和公布，保证披露的信息真实、准确、完整、及时。《办法》坚持市场自律为主，行政监管为辅的思路，明确了行业自律组织、资金存管机构、审计等第三方机构职责和义务，充分发挥网贷市场主体自治、行业自律和社会监督的作用。

为避免《办法》出台对行业造成较大冲击，《办法》做出了 12 个月过渡期的安排，在过渡期内通过采取自查自纠、清理整顿、分类处置等措施，进一步净化市场环境，促进机构规范发展。

《办法》的制定和出台，始终坚持服务实体经济主旨，坚持风险底线思维，坚持发展和规范并举，坚持保护投资者权益和提高公众风险意识并重，为网贷行业的规范发展提供了制度依据，下一步根据《办法》有关规定，相关配套措施将陆续出台落地，共同构建网贷行业制度体系，确保网贷行业健康可持续发展。